DIREITOS DO HOMEM

*UM DOS CLÁSSICOS
DA DEMOCRACIA MODERNA*

THOMAS PAINE

*Secretário para Assuntos Estrangeiros
junto ao Congresso durante a Guerra de Independência Norte-americana*

DIREITOS DO HOMEM

UM DOS CLÁSSICOS DA DEMOCRACIA MODERNA

Tradução, notas e textos adicionais
Edson Bini

DIREITOS DO HOMEM

Um dos Clássicos da Democracia Moderna

THOMAS PAINE

1ª Edição 2005

Supervisão Editorial: *Jair Lot Vieira*
Editor: *Alexandre Rudyard Benevides*
Tradução, notas e textos adicionais: *Edson Bini*
Capa: *Equipe Edipro*
Revisão: *Edson Bini* e *Ricardo Virando*
Digitação: *Disquetes fornecidos pelo Tradutor*

Nº de Catálogo: 1352

Dados Internacionais de Catalogação na Publicação (CIP)
(Câmara Brasileira do Livro, SP, Brasil)

Paine, Thomas, 1737-1809
Direitos do homem / Thomas Paine / tradução Edson Bini. -- Bauru, SP : EDIPRO, 2005. – (Série Clássicos Edipro)

Título original: *The Rights of Man*.
ISBN 85-7283-482-6

1. Burke, Edmund, 1729-1797. Reflexões sobre a Revolução na França 2. Democracia 3. Direitos humanos 4. França - História - Revolução - Causas 5. Grã-Bretanha - Política e governo 6. Política I. Título. II. Série.

04-7736   CDU-323.5

Índices para catálogo sistemático:
1. Direitos do homem : Direitos políticos : Ciência política : 323.5

EDIPRO – Edições Profissionais Ltda.
Rua Conde de São Joaquim, 332 – Liberdade
CEP 01320-010 – São Paulo – SP – Brasil
Fone (11) 3107-4788 – Fax (11) 3107-0061
e-mail: *edipro@uol.com.br*

A George Washington
Presidente dos Estados Unidos da América

Senhor,

Apresento-vos um pequeno tratado em defesa daqueles Princípios de Liberdade que vossa Virtude exemplar tão eminentemente contribuiu para estabelecer. Que os Direitos do Homem possa tornar-se tão universal quanto vossa Benevolência venha a desejar, e que possais fruir da Felicidade de ver o Novo Mundo regenerar o Velho é a prece de...

Senhor,
Vosso muito obrigado,
e obediente humilde servo,

Thomas Paine

SUMÁRIO

Paine e sua Contribuição Política 9

Dados Biográficos e Bibliográficos 13

Cronologia 17

Prefácio à Edição Inglesa 21

Parte I
DOS DIREITOS DO HOMEM 25
  Direitos do Homem 25
  Declaração dos Direitos do Homem e do Cidadão 95
  Observações sobre a Declaração dos Direitos 98
  Capítulo de Assuntos Variados 100
  Conclusão 123

Parte II
COMBINANDO PRINCÍPIO E PRÁTICA 131
  A M. de la Fayette 131
  Prefácio 132
  Introdução 138
  Capítulo I – Da Sociedade e da Civilização 141
  Capítulo II – Da Origem dos Atuais Velhos Governos 146

SUMÁRIO

Capítulo III – Dos Velhos e Novos Sistemas de Governo 148

Capítulo IV – Das Constituições 162

Capítulo V – Modos e Meios de Melhorar a Condição da Europa Entremeados de Observações Diversas 186

Apêndice 251

PAINE
E SUA CONTRIBUIÇÃO POLÍTICA

THOMAS PAINE foi um dos fundadores da democracia moderna nas últimas décadas do século XVIII, na América do Norte. Foi de uma estirpe e safra de homens públicos que não existem mais. Como George Washington, Thomas Jefferson e Benjamin Franklin, era um racionalista imbuído de espírito heróico para quem, de fato, tratava-se de servir à coisa pública e não dela se servir, como é tão comum hoje entre os políticos contemporâneos bem sucedidos. Mas, diferentemente daqueles homens, jamais teve a vocação para ocupar cargos políticos.

Como Montesquieu e Rousseau, foi teórico político (além de dedicar-se também a assuntos econômicos e financeiros), mas nunca propriamente político de carreira, embora tenha ocupado por algum tempo o cargo de secretário junto ao recém formado Congresso dos Estados Unidos da América e ter sido durante alguns anos membro da Assembléia Nacional da França.

Para homens como Paine, a dedicação à causa de uma nação era ponto de honra e de princípio, mistura de paixão e responsabilidade, quase razão de ser de uma existência. Servir a um país e a um povo era uma missão em que se empenhavam todas as energias físicas e intelectuais, ficando freqüentemente a vida particular em segundo plano. Enquanto hoje a frase "Quero servir ao país" faz parte do jargão político para efeito retórico, naqueles tempos os poucos homens que a pronunciavam, quando o faziam, geralmente o faziam sinceramente, com entusiasmo, completo destemor e, principalmente, total desapego de ambições materiais, pois os cargos políticos não representavam a profissão bem remunerada e cercada de vantagens econômicas, como ocorre atualmente nas democracias contemporâneas.

Além do mais, os homens públicos tinham que ser paradigmas de moralidade, qualquer deslize nesse sentido lhes acarretando sérios dissabores, sendo que muitas vezes a corrupção era considerada simplesmente traição ao povo e à nação, e punida severamente, resquícios saudáveis do período áureo da República romana.

Partindo da Inglaterra para a América do Norte, e depois voltando à Inglaterra, instalando-se pouco depois na França por ocasião da Revolução Francesa, Paine alimentava um intenso copírito libortário e revolucionário que não conhecia fronteiras. Em *Os Direitos do Homem*, chega, inclusive, a cogitar do desenvolvimento da América do Sul, naquela época presa principalmente do imperialismo espanhol e português. Talvez não fosse exagerado comparar aquele inglês atípico e rebelde, descontadas as obvias diferenças, ao *Che Guevara* do século XX.

Mas na Inglaterra de seu tempo já existia um *establishment* chefiado pela aristocracia britânica, que ele enfrentou não como político de carreira, mas como cidadão e articulista político divulgador das idéias libertarias do novo mundo contra o velho. Como Voltaire, atuou como inimigo mortal da monarquia e da nobreza européias, a respeito do que o leitor colherá fartas informações da pena do próprio Paine nas paginas de *Os Direitos do Homem*.

A publicação deste texto panfletário e polêmico é oportuna porque nos intima a verificar, ao menos sumariamente, a situação atual dos princípios e valores (geradores de direitos civis ou políticos) nas democracias contemporâneas. Afinal, tais princípios e direitos foram promulgados legalmente há mais de dois séculos (a partir de 1776) pelos liberais norte-americanos (entre eles o inglês Thomas Paine), e ratificados pelos revolucionários franceses na Assembléia Constituinte, logo após a queda da Bastilha em 1789.

É lamentável constatar que, a despeito da instauração do chamado Estado de Direito em várias repúblicas ocidentais, da Europa central à América do Sul, tais direitos (entre eles, alimentação, abrigo, saúde, educação), embora assegurados pelos Estados Nacionais em suas Constituições, estão longe de ser respeitados e concretizados, e embora a ciência jurídica, veiculada pelos legisladores, haja avançado num elenco adicional de outros direitos individuais e civis de segunda e terceira geração, os direitos básicos do homem e do cidadão continuam espezinhados pelo Estado, sob as mais variadas e inventivas justificativas dos seus funcionários e defensores.

No Brasil, por exemplo, há os que alegam *cinicamente* (a maior parte deles tornaram-se membros da elite econômica graças ao que ganharam como altos funcionários do Estado) que a Constituição de 1988, nada realistamente, promete e assegura *demais* (e o que o Estado não tem recursos de prover) aos cidadãos... Por outro lado, há aqueles (geralmente políticos profissionais que aumentaram suas fortunas ou enriqueceram na carreira pública) que, *hipocritamente*, propalam a doutrina da "construção da democracia"...

Enquanto isso, o país passa por altos e baixos em matéria de crescimento econômico, mas mesmo quando prospera consideravelmente, a riqueza da nação (como uma herança secular desde a colonização portuguesa) não é distribuída, mas fortemente concentrada, mantendo uma das elites econômicas mais aquinhoadas e nababescas do mundo.

PAINE E SUA CONTRIBUIÇÃO POLÍTICA

O que há de democrático nisso? Decerto a Constituição não proíbe a riqueza individual, mas uma democracia de fato (não só de direito) não pode ser construída, sob a égide do principio da igualdade, a não ser com distribuição de renda e justa tributação da renda (o que também não é realizado no Brasil).

Mas falemos da própria Inglaterra de Paine.

Contrariamente ao que ardentemente desejou Paine, o sistema monárquico não foi alijado de seu país, embora o Parlamento tenha subtraído quase todo o poder da Coroa. De qualquer forma, podemos classificar a Inglaterra como *democrática*, ainda que não seja estruturalmente uma república federativa ou confederativa.

Especialmente a partir da década de 90 do século passado, sob os ventos da *New World Order* (Nova Ordem Mundial), capitaneada pelos EUA, grande aliado da Inglaterra, os valores democráticos têm sofrido pesadas perdas: direitos femininos duramente conquistados têm sido postos em perigo, a repressão prossegue na Irlanda do Norte, o racismo volta à cena social e política, a indústria britânica perde terreno em função do excessivo gasto em armamento. A isso soma-se o enfraquecimento institucional do Estado britânico, inclusive envolvendo os tribunais em manipulações políticas.

Embora as instituições democráticas estejam menos deterioradas em países como Alemanha, França, Dinamarca e Suécia, há indícios não de uma estagnação na evolução dos direitos humanos, mas, na prátca, de um retrocesso. Embora hoje a Europa se fortaleça através da União Européia, isso se reflete mais economicamente (*euro* versus *dólar*) do que socialmente e, a despeito de favorecer as economias locais de países como Espanha (que continua dura na questão dos bascos), Portugal e Grécia, em pouco ou nada alteram os contingentes de pobres, miseráveis, drogados e excluídos destes países. É necessário lembrar sempre que crescimento econômico, por maior que seja, não significa automaticamente desenvolvimento social, o que somente ocorre quando há uma vontade política no Estado (em cumprimento das normas constitucionais e atendimento efetivo dos direitos) de "dividir o bolo". Se isso não acontecer, apesar de uma ligeira e transitória melhoria na condição de vida dos indivíduos das camadas sociais inferiores, o resultado que se consolidará é que os ricos ficarão mais ricos, surgirão mais alguns *nouveaux riches,* mas os grandes bolsões de miséria humana prosseguirão existindo, e os direitos fundamentais continuarão ignorados.

Por outro lado, há dois outros fatores que agravam seriamente a situação das democracias contemporâneas e que o crescimento econômico, por si só, é impotente para estancar – na verdade ele é, em grande parte, mero produto desses fatores e não propriamente da atividade produtiva.

O primeiro, fator conjuntural, é uma seqüência tardia da tal *New World Order*, na qual a atual potência hegemônica E.U.A., secundada pela Inglaterra (*por certo isso horrorizaria Paine!*) e contando com a neutralidade *politicamente correta* ou oposição morna da Alemanha, Rússia, França e China, sob o pretexto de combater o terrorismo internacional, desacata a ONU, desres-

PAINE E SUA CONTRIBUIÇÃO POLÍTICA

peita o direito internacional e invade um país soberano, num franco ato imperialista – quando muitos pensavam que o imperialismo, tal como a guerra fria e a União Soviética, estavam sepultados!

O segundo fator, de caráter estrutural, em conexão estreita com o primeiro, é a falência do Estado moderno e contemporâneo, que desinteressado em promover e executar sua reforma, optou pelo neo-liberalismo político e econômico e "se deu mal"; ao minimizar suas funções (algumas precípuas, como educação e saúde, no que feriu frontalmente princípios constitucionais) e delegar atividades ao setor privado, além de permitir o começo da "ditadura do mercado" (que chamou ingenuamente de "mercado livre"), soltou um monstro predador do qual perdeu totalmente o controle. É a nova "caixa de Pandora", com a diferença de que nada restou no interior desta... É de se notar, que o Estado, embora reduzido nas suas atribuições, conservou mais ou menos os mesmos elevados níveis de tributação, que num país como o Brasil chegam globalmente a quase 40%.

Hoje, a especulação financeira mundial, engordada inclusive pelos bilhões e bilhões das atividades *ilegais* do crime organizado (que se ampara, inclusive, não só da informática como também de mecanismos *legais* e competentes advogados para camuflar a lavagem de dinheiro) determina os *destinos do mundo e de seis bilhões de criaturas...*, das quais aproximadamente a metade *não goza sequer do direito fundamental* (direito natural individual) da *alimentação.*

Se acrescentarmos a isso que há um poder internacional efetivo constituído pelo crime organizado atuando diuturna e fisicamente nos enormes espaços sociais deixados vazios e abandonados pelo Estado, teremos que eliminar os verbetes *esperança* e *otimismo* do dicionário, ou, como pessoas verdadeiramente religiosas, rogar aos céus pela intervenção divina...

Edson Bini

DADOS BIOGRÁFICOS E BIBLIOGRÁFICOS

Thomas Paine nasceu em Thetford, Norfolk, Inglaterra em 29 de janeiro de 1737. Recebeu educação básica em sua cidade natal somente até os treze anos, quando teve que abandonar os estudos para aprender um ofício, o mesmo de seu pai, confeccionador de espartilhos. Antes de dedicar-se a esta profissão, teve uma breve experiência no mar. Quando tinha por volta de vinte e três anos, largou a atividade de que vivia para tornar-se um exator. Entretanto, não demorou a ser dispensado desta ocupação, voltando a ser confeccionador de espartilhos, além de trabalhar também como professor particular.

Paine jamais teria uma chance para retomar os estudos, mesmo porque sua existência, tal como sua mente, logo seriam tomadas por uma constante agitação. Tendo mais uma vez assumido o cargo de exator, casado pela segunda vez e passado a trabalhar numa tabacaria, com a esposa, a fim de suplementar seu ganho como exator, escreveu o seu primeiro artigo de cunho crítico e panfletário (em 1772): *The Case of the Officers of Excise*.

Esse panfleto teve boa repercussão e lançou o auto-didata Thomas Paine no rol dos escritores, mas também levou-o a perder sua propriedade, devido provavelmente às críticas que assestara no sistema vigente de exação.

Nessa ocasião, Paine veio a conhecer o conceituado cientista e inventor norte-americano Benjamin Franklin, futuro congressista dos EUA.

Franklin aconselhou Paine a partir para a América, sugestão aceita, não tardando para o ativo inglês desembarcar em Filadélfia.

Na América, especialmente na Filadélfia, principiavam a repercutir idéias libertárias, e Paine, tornou-se editor da Pennsylvania Magazine, além de escrever ensaios contundentes e muito *oportunos* (ou *inoportunos*, do ponto de vista dos colonialistas e escravagistas) sobre temas como direitos da mulher a abolição da escravidão.

DADOS BIOGRÁFICOS E BIBLIOGRÁFICOS

Essas publicações, embora tenham atraído alguma atenção para Paine – tanto olhares suspeitos e reprovadores, quanto alguns olhares aprovadores, obtiveram modesta repercussão. Foi só com a publicação de *Common Sense* (*O Senso Comum*), precisamente em 1776 (coincidindo com o ano da Declaração de Independência das treze colônias inglesas da América do Norte) que Paine finalmente atingiu uma massa de leitores populares – em *Common Sense* Paine advogava exatamente a completa independência da Inglaterra.

Durante a guerra, Paine atuou corajosa e brilhantemente como repórter, tendo registrado suas impressões numa série de dezesseis panfletos (trabalho que foi publicado entre 1776 e 1783), a cujo conjunto chamou de *The Crisis* (*A Crise*). Paine foi eleito em 1777 Secretário do Comitê para Assuntos Estrangeiros pelo Congresso norte-americano.

Não muito à vontade num cargo político, Paine foi levado a renunciar ao cargo em 1779, depois de um desentendimento com uma figura do Governo, ou o chamado escândalo Deane. Em 1780 escreve *Public Good on the Control of Western Lands*. Em 1786, Paine publica *Dissertations on Government* e dois textos de teor financeiro: *The Affairs of the Bank* e *Paper Money*.

Um tanto desapontado com a falta de reconhecimento do Governo norte-americano, Paine voltou à Inglaterra em 1787.

Com a publicação em 1790 das *Reflections on the Revolution in France* (*Reflexões sobre a Revolução Francesa*), do ultra-conservador Edmund Burke, francamente desfavoráveis à Revolução Francesa e suas conquistas, Paine se arvorou em firme defensor desta, escrevendo aquela que seria a primeira parte de *The Rights of Man* (*Direitos do Homem*), publicada em 1791.

Mas a segunda parte desse livro viria à luz em 1792 e nela, indo além da réplica essencialmente específica que produzira na primeira parte contra as posições de Burke, Paine se estende, agora em tom ainda mais inflamado e radical, a uma crítica dura das monarquias em geral, e da monarquia britânica em particular (inclusive expondo projetos para uma reforma urgente na assistência social na Inglaterra à luz de explícito e lúcido levantamento estatístico).

Mas a Coroa britânica, mais sensível aos ataques a ela desferidos do que às sugestões de reforma social, processou Paine.

Esperando o pior, o ousado panfletista fugiu para a França, embora tenha sido julgado *in absentia*.

Contudo, o romântico revolucionário se indispôs com a Assembléia Nacional francesa (*tão insistente e vigorosamente defendida por ele em Os Direitos do Homem*) ao proferir um discurso na Assembléia a favor da eliminação da pena de morte para Luís XVI, o que lhe granjeou simplesmente a condenação à pena de morte para si mesmo...

Na prisão, aguardando sua execução, Paine escreveu parte de seu livro sobre deísmo *The Age of Reason* (A Idade da Razão) (1794-1796).

DADOS BIOGRÁFICOS E BIBLIOGRÁFICOS

Mas a coerência revolucionária que não poupou o monarca deposto, não se excedeu a ponto de matar o grande amigo das causas libertárias e da própria Revolução francesa...
Não só Paine escapou da guilhotina como retomou seu assento na Assembléia Nacional. Em 1797 Paine escreve *Agrarian Justice*.
No ano de 1802 Paine deixou a França para voltar à América e não ao seu país natal que o condenara. Passou os últimos anos de sua vida na pobreza (diga-se, a propósito, perfeitamente congruente com seus princípios e ideais), ignorado e mesmo evitado pelos norte-americanos, que não souberam reconhecer os valiosíssimos serviços que aquele inglês brilhante e sensível, mas totalmente avesso ao Poder, às ambições políticas, às vaidades pessoais e ao trato diplomático, prestara à jovem nação norte-americana.
Aparentemente, só George Washington prestou-lhe uma homenagem, mais cortês do que enfática.
Thomas Paine morreu em 1809.

CRONOLOGIA

Obs.: Não constam as datas das publicações das obras de Paine, já indicadas nos Dados Biográficos e Bibliográficos.

1737 – Nasce Thomas Paine em Thetford, Inglaterra, em 29 de janeiro.
1747 – Benjamin Franklin descobre o princípio do pára-raios.
1748 – É publicada a obra *Do Espírito das Leis,* de Montesquieu.
1750 – Paine trabalha com seu pai na profissão de confeccionador de espartilhos.
1753-1754 – Paine viaja a bordo do *King of Prussia.*
1755 – Morre Montesquieu.
1757-1758 – Paine trabalha como espartilheiro em Londres e Dover.
1759 – Paine casa-se com Mary Lambert, que morre um ano depois.
1759-1760 – Abre sua própria oficina de confeccionador de espartilhos em Sandwich.
1760 – Franklin inventa o pára-raios.
1762 – Paine é nomeado exator em Lincolnshire. Publicação de *Do Contrato Social*, de Rousseau.
1763 – Publicação de *Dos delitos e das penas*, de Cesare Beccaria.
1765 – Paine é demitido de seu cargo de exator.
1766 – Exerce seu ofício de espartilheiro em Diss, Norfolk.
1767 – James Watt inventa a máquina a vapor.
1768 – Paien é readmitido como exator em Lewes, Sussex.
1770 – Abre tabacaria. Cook explora as costas da Austrália.

CRONOLOGIA

1771 – Paine casa-se com Elizabeth Ollive.

1774 – Sucessão de infortúnios para P.: demitido como exator, falência de sua oficina e insucesso na tabacaria; fim de seu segundo casamento. Emigra para a América, quase morrendo de tifo na viagem.

1775-1776 – Edita a Pennsylvania Magazine.

1776 – A Declaração da Independência norte-americana em 4 de julho. Paine alista-se no exército norte-americano.

1777-1779 – Eleito pelo Congresso norte-americano como Secretário do Comitê para Assuntos Estrangeiros.

1778 – Morte de Rousseau e Voltaire.

1779 – Paine se torna membro da Assembléia da Pensilvânia.

1780 – Formação da Sociedade para Promoção das Informações Constitucionais.

1781 – Paine parte para a França a fim de colher recursos para a América. Publicação da *Crítica da Razão Pura* (1ª. Ed.), de Immanuel Kant.

1782 – Fim da Guerra de Independência norte-americana.

1782-1783 – Paine atua como agente secreto das ex-colônias recebendo uma remuneração de US$ 800 anuais.

1787 – Paine na França envolvido num projeto de engenharia civil: sua invenção de uma ponte de ferro.

1788 – Retorna à Inglaterra, visita sua mãe e trata do interesse de sua invenção.

1789 – A queda da Bastilha ocorre em 14 de julho.

1789-1791 – Na França é realizada a Assembléia Constituinte.

1789-1790 – Paine estabelece residência na França.

1790 – A chave da Bastilha, entregue a Paine pelo Marquês de La Fayette, é transferida para a América. Publicação da *Crítica da Razão Prática*, de Immanuel Kant.

1791 – Paine em seu país natal.

1792 – Após a publicação da segunda parte de *Rights of Man*, Paine é processado pelo Governo britânico, o julgamento vindo a realizar-se em dezembro. Paine foge para a França antes, isto é, em setembro, e na França representa Calais na Convenção Francesa. Abolição da monarquia francesa neste mesmo mês. Em dezembro Paine *é colocado fora da lei* na Inglaterra.

1793 – Em janeiro Paine pronuncia discurso na Assembléia Nacional solicitando clemência para Luís XVI. Mas o rei é executado. Em fevereiro, a França declara guerra à Inglaterra. Devido à sua posição a favor de poupar a vida do ex-monarca, Paine é aprisionado no cárcere de Luxembourg.

1794 – Queda de Robespierre, o braço de ferro do Governo revolucionário. Em novembro Paine é libertado e conhece James Monroe, então embaixador norte-americano na França.

1795 – Paine reassume seu assento na Assembléia Nacional.

1797 – Edmund Burke morre em 9 de julho.

1798 – Irrompe movimento rebelde na Irlanda.

1802 – Paine chega a Baltimore (Maryland – uma das treze colônias independentes), vindo da França. Mas logo parte para New York, onde passa a viver numa espécie de retiro.

1809 – Thomas Paine morre em New Rochelle (Estado de New York) em 8 de junho.

PREFÁCIO À EDIÇÃO INGLESA

Partindo do papel que o Sr. Burke desempenhou na Revolução Norte-Americana, era natural que o devesse considerar um amigo da espécie humana; e como nossas relações principiaram nesse campo, teria sido a mim mais agradável haver tido motivos para continuar com tal opinião do que mudá-la.

Na oportunidade na qual o Sr. Burke proferiu seu violento discurso no último inverno no Parlamento Inglês contra a Revolução Francesa e a Assembléia Nacional, encontrava-me em Paris, e a ele escrevera pouco tempo antes a fim de informá-lo quão auspiciosamente os assuntos progrediam. Logo depois disso, vi o anúncio do texto panfletário que pretendia publicar. Como o ataque era para ser realizado numa língua pouco estudada e, ainda, menos compreendida na França, e como tudo sofre quando traduzido, prometi a alguns amigos da Revolução naquele país que quando a publicação panfletária do Sr. Burke aparecesse, eu responderia a ela. Isto me pareceu mais necessário de ser feito ao me cientificar das flagrantes deturpações contidas no texto do Sr. Burke; e que ao mesmo tempo que constitui um ultraje à Revolução Francesa e aos princípios libertários, constitui um embuste para o resto do mundo.

Fico ainda mais perplexo e desapontado diante dessa conduta do Sr. Burke na medida em que (com base na circunstância que vou mencionar) havia formado outras expectativas.

Eu já tinha visto o bastante das misérias da guerra a ponto de desejar que ela pudesse nunca mais existir no mundo e que algum outro meio pudesse ser encontrado para dirimir as diferenças que ocasionalmente surgissem entre as nações. Isso certamente poderia ser

PREFÁCIO À EDIÇÃO INGLESA

realizado se as Cortes estivessem dispostas a se pronunciarem honestamente acerca disso, ou se os países fossem suficientemente esclarecidos para não se converterem nas vítimas incautas das Cortes. O povo da América fora educado com os mesmos preconceitos contra a França, que naquela época caracterizavam o povo da Inglaterra; mas a experiência e um relacionamento com a nação francesa mostraram com máxima efetividade aos americanos a falsidade desses preconceitos e eu não acredito que haja relações mais cordiais e de confiança entre dois países do que as existentes entre a América[1] e a França.

Quando cheguei à França na primavera de 1787, o arcebispo de Toulouse era, então, Ministro e, naquela ocasião, objeto de elevada estima. Passei a ter um relacionamento bastante estreito com o secretário desse Ministro, um homem dotado de um coração sumamente benevolente e descobri que seus sentimentos e os meus encontravam perfeito consenso no que tangia à insanidade da guerra e à incivilidade ignóbil de duas nações, como a Inglaterra e a França, continuamente causando transtornos mútuos que não tinham outro propósito senão o aumento recíproco de encargos e impostos. Para que pudesse me assegurar que não o compreendera mal, e nem ele a mim, registrei por escrito a substância de nossas opiniões e a remeti a ele, juntando uma solicitação: se eu visse junto ao povo da Inglaterra qualquer disposição para cultivar um melhor entendimento entre as duas nações do que aquele que até então prevalecera, a que ponto estava autorizado a declarar que uma disposição idêntica predominava por parte da França? Ele me respondeu por carta da maneira mais franca, e isso não só em seu próprio nome, como também naquele do Ministro, declarando ter sido aquela carta escrita com ciência do Ministro.

Coloquei essa carta nas mãos do Sr. Burke há quase três anos atrás e com ele a deixei, onde ainda permanece, na esperança e, ao mesmo tempo, naturalmente na expectativa – em função da opinião que dele tinha – que encontraria algum ensejo de fazer dela bom uso, com a finalidade de eliminar esses erros e preconceitos que duas nações vizinhas, por carência de mútuo conhecimento, têm abrigado para o dano de ambas.

---

1. O leitor deve entender por *América* exclusivamente os *Estados Unidos da América*. (n.t.)

PREFÁCIO À EDIÇÃO INGLESA

Quando a Revolução Francesa irrompeu, decerto proporcionou ao Sr. Burke uma oportunidade de fazer algum bem caso estivesse para isso predisposto; em lugar disso, tão longo percebeu os velhos preconceitos produzindo sua corrosão, de imediato começou a plantar as sementes de um novo hábito inveterado, como se temesse que a Inglaterra e a França deixassem de ser inimigas. Que existem homens em todos os países que vivem da guerra e graças à manutenção dos conflitos das nações é tão chocante quando verdadeiro. Mas quando aqueles que estão engajados no governo de um país se dedicam a semear a discórdia e cultivar preconceitos entre as nações, isso se torna indesculpável.

No que respeita a um parágrafo neste trabalho alusivo ao fato do Sr. Burke ter uma pensão, o relatório com a informação esteve circulando por algum tempo, ao menos dois meses; e como, com freqüência, uma pessoa é a última a ficar ciente do que mais lhe interessa saber, eu o mencionei, de modo que o Sr. Burke possa dispor de uma oportunidade de contestar o rumor, se o julgar apropriado.

Thomas Paine

PARTE I
DOS DIREITOS DO HOMEM

DIREITOS DO HOMEM

Entre as incivilidades por meio das quais nações e indivíduos se provocam e se irritam mutuamente, o texto panfletário do Sr. Burke sobre a Revolução Francesa se destaca como um extraordinário exemplo. Nem o povo francês, nem a Assembléia Nacional se preocupavam com os assuntos da Inglaterra, ou com o Parlamento inglês, e o fato do Sr. Burke ter desencadeado um ataque não precedido de provocação a eles, tanto no parlamento quanto em público, constitui uma conduta inescusável no que tange às maneiras, bem como injustificável no que diz respeito à diplomacia.

Dificilmente se poderá encontrar na língua inglesa um epíteto de abuso com o qual o Sr. Burke não haja oprimido a nação francesa e a Assembléia Nacional. Tudo que o ressentimento, o preconceito, a ignorância ou conhecimento poderiam sugerir, é despejado numa fúria copiosa de quase quatrocentas páginas. Na tensão e no desígnio em que o Sr. Burke estava escrevendo, poderia ter produzido muitas milhares. Quando a língua ou a pena é solta numa paixão frenética, é o homem e não o assunto que se esgota.

Até aqui o Sr. Burke tem estado equivocado e frustrado nas opiniões que formara sobre os assuntos da França; mas tal é o engenho de sua esperança, ou a malignidade de seu desespero, que o suprem de novos pretextos para prosseguir. Houve um tempo no qual era impossível fazer o Sr. Burke crer que haveria qualquer revolução na França. Seu parecer, então, era o de que os franceses não tinham nem o moral para empreendê-la, nem a fortaleza para suportá-la; e agora que há uma, ele busca uma fuga condenando-a.

Não suficientemente satisfeito em insultar a Assembléia Nacional, grande parte de sua obra se dedica a insultar o Dr. Price (um dos homens de melhor coração vivo) e as duas sociedades na Inglaterra conhecidas pelos nomes de Sociedade da Revolução e Sociedade para Informação Constitucional.

O Dr. Price pronunciara um sermão em 4 de novembro de 1789, aniversário do que é chamado na Inglaterra de *a Revolução* ocorrida em 1688. O Sr. Burke, se referindo a esse sermão, diz:

"O sacerdote político procede dogmaticamente para asseverar que pelos princípios da Revolução, o povo da Inglaterra adquiriu três direitos fundamentais:

1º) eleger nossos próprios governantes;

2º) cassá-los por má conduta;

3º) moldar um governo para nós mesmos."

O Dr. Price não diz que o direito de realizar essas coisas existe nesta ou naquela pessoa, ou nesta ou naquela classe de pessoas, mas que existe no *todo*: que é um direito que reside na nação. O Sr. Burke, ao contrário, nega que um tal direito exista na nação, quer no todo ou em parte, ou que exista em qualquer lugar, e o que é ainda mais estranho e espantoso, diz "que o povo inglês repudia cabalmente um tal direito e que oferecerá resistência à afirmação prática dele com sua vida e fortuna". Que homens empunhem armas e despendam suas vidas e fortunas *não para* manter seus direitos, mas para manter que *não* tenham direitos, que constitui uma espécie inteiramente nova de descoberta e que se ajusta ao caráter paradoxal do Sr. Burke.

O método que o Sr. Burke utiliza para provar que o povo da Inglaterra não tem esses direitos e que tais direitos não existem atualmente na nação, quer no todo ou em parte, ou em lugar algum, apresenta o mesmo cunho espantoso e monstruoso do que já declarou, uma vez que seu argumento é que as pessoas, ou a geração das pessoas

Dos Direitos do Homem

no seio das quais realmente existiram, estão mortas e com elas também mortos estão os direitos. A fim de prová-lo, ele cita uma declaração feita no Parlamento cerca de cem anos atrás, a William e Mary, nos seguintes termos: "Os lordes Espirituais e Temporais, e Comuns, em nome das pessoas anteriormente mencionadas *(querendo dizer o povo inglês então vivo)*, o mais humilde e fielmente *submetem* a si mesmos, a seus *herdeiros* e *pósteros*, para SEMPRE.". Ele também cita uma cláusula de uma outra lei do Parlamento promulgada no mesmo reinado, cujos termos, diz ele "nos obriga *(querendo dizer o povo daquele tempo)*, nossos *herdeiros* e nossa *posteridade a eles*, seus *herdeiros* e *pósteros*, até o fim do tempo".

O Sr. Burke concebe seu ponto suficientemente estabelecido pela apresentação dessas cláusulas, que ele impõe dizendo que excluem o direito da nação para *sempre*. E não se dando por satisfeito em fazer tais declarações, repetidas inúmeras vezes, também diz "que se o povo inglês possuísse tal direito antes da *Revolução (que ele reconhece ter sido o caso, não só na Inglaterra, mas em toda a Europa, num período mais anterior)*, ainda assim a *Nação Inglesa* realmente a ele renunciou e dele abdicou no tempo da *Revolução* o mais solenemente no que concernia a si mesmo e a *toda sua posteridade, para sempre*".

Como o Sr. Burke aplica o veneno extraído de seus horrendos princípios (se não constituir uma profanação denominá-los princípios)[2] não somente à nação inglesa, como também à Revolução Francesa e à Assembléia Nacional, e ataca esse augusto, esclarecido e esclarecedor corpo de homens com o epíteto de *usurpadores*, eu exibirei, *sans cérémonie*[3] um outro sistema de princípios em oposição ao dele.

O Parlamento inglês de 1688 fez uma certa coisa, a qual, para ele mesmo e seus constituintes tinha um direito de fazer, e que parecia certo que fosse feito: mas, somando-se a esse direito que possuía por delegação, *estabeleceu um outro direito por presunção*, o de obrigar e controlar a posteridade até o fim do tempo. Esta situação, contudo, cinde-se em duas partes, o direito que possuía por delegação e o direito que estabeleceu por presunção. Admite-se o primeiro, porém com respeito ao segundo, eu respondo...

---

2. O conteúdo entre parênteses não consta em todas as edições desta obra. (n.t.)
3. Em francês no original: sem cerimônia. (n.t.)

Nunca houve, nunca haverá e nunca poderá haver um Parlamento, ou qualquer representação de homens, ou qualquer linhagem de homens em qualquer país que detenha o direito ou o poder de obrigar e controlar a posteridade até *"o fim do tempo"*, ou de determinar para sempre como o mundo será governado, ou quem o governará; e, portanto, todas essas cláusulas, leis ou declarações pelas quais os seus autores tentam fazer o que não têm nem o direito nem o poder de fazer, nem o poder de implantar, são em si mesmas nulas e sem efeito. Toda época e geração devem ser tão livres para agirem por si mesmas *em todos os casos* quanto as épocas e gerações que as precederam. A vaidade e presunção de governar além do túmulo constituem a mais grotesca e insolente de todas as tiranias. O homem não detém propriedade alguma presente no homem... tampouco detém qualquer geração uma propriedade presente nas gerações subseqüentes. O Parlamento do povo de 1688, ou de qualquer outro período, não tinha mais direito de dispor do povo do presente, ou de o obrigar ou o controlar *de absolutamente qualquer forma*, do que o Parlamento ou o povo do presente tem de dispor, obrigar ou controlar aqueles que viverão cem ou mil anos à frente. Toda geração é, e tem que ser competente em relação a todos os propósitos requeridos por aquilo que é nela ensejado. São os vivos e não os mortos que devem ser abrigados. Quando o ser humano deixa de existir, seu poder e suas necessidades deixam de existir com ele; e não tendo mais qualquer participação nos interesses deste mundo, não tem mais qualquer autoridade quanto a nortear quais serão os governantes deste mundo, ou como o governo deste será organizado ou administrado.

Não estou argumentando a favor ou contra qualquer forma de governo, nem a favor ou contra qualquer partido, aqui ou em outra parte. Aquilo que toda uma nação escolhe fazer, tem ela o direito de fazer. O Sr. Burke diz: Não. Onde, então, existe o direito? Estou argumentando a favor dos direitos dos *vivos*, e contra terem sua vontade afastada, serem controlados e reprimidos pela pretensa autoridade escrita dos mortos; e o Sr. Burke argumenta a favor da autoridade dos mortos sobre os direitos e a liberdade dos vivos. Houve um tempo em que reis depunham suas coroas voluntariamente em seus leitos de morte e confiavam os súditos, como animais do campo, a qualquer sucessor que indicassem. Isso é atualmente tão condenável que mal o lembramos, e tão monstruoso que mal o acreditamos. Entretanto, as cláusulas parlamentares com base nas quais o Sr. Burke constrói seu credo político são da mesma natureza.

As leis de todo país precisam apresentar analogia com algum princípio comum. Na Inglaterra, nenhum pai ou senhor, nem toda a autoridade do Parlamento, onipotente como classifica a si mesma, podem obrigar ou controlar a liberdade pessoal mesmo de um indivíduo com mais de vinte e um anos de idade. Por conseguinte, com qual fundamento jurídico poderia o Parlamento de 1688, ou qualquer outro Parlamento, obrigar toda a posteridade para sempre?

Aqueles que deixaram o mundo e aqueles que ainda a ele não chegaram estão tão distantes entre si quanto pode conceber o mais extremo esforço da imaginação dos mortais. Assim, que possível obrigação pode existir entre eles? Que regra ou princípio pode ser formulado indicando que de dois não existentes, um que deixou a existência e o outro que nela ainda não ingressou e que jamais foi encontrado neste mundo, um deles deve controlar o outro até o fim dos tempos?

Na Inglaterra, se diz que o dinheiro não pode ser retirado dos bolsos das pessoas sem seu consentimento. Mas quem autorizou, ou quem poderia autorizar o Parlamento de 1688 a controlar e suprimir a liberdade da posteridade (a qual não existia para dar ou negar seu consentimento), e limitar e restringir seu direito de agir em certos casos para sempre?

Não é possível apresentar ao entendimento humano um maior absurdo do que aquilo que o Sr. Burke oferece aos seus leitores. Ele lhes diz e diz ao mundo vindouro que um certo grupo de homens que existiu há cem anos produziu uma lei e que não existe agora na nação, nem jamais existirá, e tampouco poderá existir, um poder que a altere. Sob quantas sutilezas ou absurdos tem sido o direito divino de governar imposto à credulidade da espécie humana! O Sr. Burke descobriu um novo e ele encurtou sua viagem a Roma ao recorrer ao poder desse Parlamento infalível de outrora; e ele exibe o que tal Parlamento produziu como sendo de autoridade divina, uma vez que esse poder deve ser certamente mais do que humano, já que nenhum poder humano é capaz de alterá-lo até o fim dos tempos.

O Sr. Burke, contudo, prestou algum serviço, não à sua causa, mas ao seu país ao trazer essas cláusulas a público. Servem para demonstrar quão necessário é a todo o tempo estar de atalaia contra a tentativa de usurpação do poder e prevenir que se torne excessivo. É um tanto extraordinário que a violação pela qual Jaime II foi expulso, a de estabelecer o poder por *presunção*, fosse reativada, sob uma outra configuração e forma, pelo Parlamento que o expulsou. Mostra que os direitos do homem foram apenas imperfeitamente entendidos na *Revolução*, pois é certo que o direito que aquele Parlamento estabeleceu por *presunção* (uma vez que por delegação não o tinha e não poderia o ter, porque nada poderia conferi-lo) sobre as pessoas e a liberdade dos pósteros para sempre, foi do mesmo tipo tirânico sem fundamento que Jaime tentou estabelecer sobre o Parlamento e a nação, e pelo que foi expulso. A única diferença (pois no que tange ao princípio não diferem) é que um era um usurpador sobre os vivos e o outro sobre os não nascidos; e como um não detinha maior autoridade para se basear do que o outro, ambos devem ser igualmente nulos e vazios, e sem efeito.

A partir do que ou a partir de onde o Sr. Burke demonstra o direito de qualquer poder humano obrigar a posteridade para sempre? Ele apresentou suas cláusulas, mas precisa apresentar também suas provas de que tal direito existiu, e mostrar como existiu. Se algum dia existiu, deve agora existir, pois seja o que for que pertença à natureza do homem, não pode ser aniquilado pelo homem. É da natureza do ser humano morrer e ele continuará morrendo enquanto continuar nascendo. Mas o Sr. Burke instituiu uma espécie de Adão político, no qual toda a posteridade está obrigada para sempre; ele precisa, portanto, provar que esse Adão possuía tal poder, ou tal direito.

Quanto mais fraca a corda, menos suportará ser estirada e pior a política de estirá-la, a não ser que se destine a rompê-la. Tivesse alguém proposto a derrubada das posições do Sr. Burke, teria procedido como fez o Sr. Burke. Teria engrandecido as autoridades, com o propósito de trazer o *direito* destas à baila; e no instante que a questão do direito fosse iniciada, ter-se-ia que desistir das autoridades.

Basta um ligeiro lampejo de pensamento para perceber que embora leis produzidas em uma geração freqüentemente continuam vigentes ao longo de sucessivas gerações, prosseguem extraindo sua força da aprovação dos vivos. Uma lei não revogada se mantém vigente não porque *não pode* ser revogada, mas porque *não é* revogada, e a não revogação passa por aprovação.

Mas as cláusulas do Sr. Burke sequer detêm essa qualificação a seu favor. Tornam-se nulas ao tentarem se tornar imortais. A natureza delas obsta a aprovação. Elas destroem o direito que *poderiam* ter ao fundá-lo num direito que *não podem* ter. Poder imortal não é direito humano e, por conseguinte, não pode ser um direito do Parlamento. O Parlamento de 1688 poderia também ter sancionado uma lei que os autorizasse a viver para sempre, de modo a fazer sua autoridade viver para sempre. Tudo, portanto, que pode ser dito dessas cláusulas é que constituem uma formalidade de palavras, de tanta importância como se aqueles que as utilizaram houvessem dirigido um cumprimento a si mesmos, e no estilo oriental antigo tivessem dito: *"Ó Parlamento, vivei para sempre!"*.

A situação mundial se altera continuamente e as opiniões dos homens igualmente mudam; e como o governo é para os vivos e não para os mortos, são somente os vivos que têm qualquer direito nele. Aquilo que pode ser considerado correto e conveniente numa época pode ser considerado errado e inconveniente em outra. Em tais casos, a quem cabe decidir, aos vivos ou aos mortos?

Como quase cem páginas do livro do Sr. Burke tratam dessas cláusulas, se concluirá, conseqüentemente, que se as próprias clausulas, enquanto estabelecem um *suposto* domínio *usurpado* sobre a posteridade para sempre, são destituídas de autoridade e, em sua natureza, nulas e vazias; que todas suas copiosas inferências e a arenga delas decorrente ou nelas baseada, são igualmente nulas e vazias: e assim deixo eu este assunto.

Aportamos, agora, mais particularmente aos negócios da França. O livro do Sr. Burke parece ter sido escrito na qualidade de uma instrução oferecida à nação francesa. Mas se me permito usar uma bizarra metáfora, adequada ao bizarro do caso, trata-se de trevas tentando iluminar a luz.

Enquanto escrevo, acidentalmente tenho diante de mim algumas propostas para uma declaração de direitos da autoria do Marquês de la Fayette (a quem me escuso por empregar seu discurso anterior, o que faço somente em razão de distinção) dirigidas à Assembléia Nacional em 11 de julho de 1789, três dias antes da tomada da Bastilha e só me resta observar com perplexidade quão opostas são as fontes das quais esse cavalheiro e o Sr. Burke extraem seus princípios. Em lugar de se referir a registros mofados e pergaminhos bolorentos para provar que os direitos dos vivos estão perdidos, "renunciados e abdicados para sempre", por força daqueles que não existem mais, como fez o Sr. Burke, M. de la Fayette se refere ao mundo vivo e diz enfaticamente: "Convocar à mente os sentimentos que a natureza gravou no coração de todo cidadão, e que ganham uma nova força ao serem solenemente reconhecidos por todos: para uma nação amar a liberdade, basta que a conheça; e para ser livre, basta que o queira." Quão árida, estéril e obscura é a fonte da qual o Sr. Burke se serve; e quão ineficaz, ainda que enfeitada de flores, é toda a sua arenga e seus argumentos comparados a estes pontos de vista límpidos, concisos e vivificantes! Poucos e breves como são, conduzem a um vasto campo de reflexão generosa e viril e não findam, como os períodos do Sr. Burke, produzindo música ao ouvido e nada no coração.

Como citei a palavra de M. de la Fayette, tomarei a liberdade de acrescentar um episódio referente ao seu discurso de despedida, proferido ao Congresso da América em 1783 e que me veio à mente recentemente quando tive ciência do trovejante ataque do Sr. Burke à Revolução Francesa. M. de la Fayette foi para a América no período inicial da guerra e permaneceu como voluntário a seu serviço até o fim. Sua conduta durante todo esse empreendimento é das mais extraordinárias que podemos testemunhar na vida de um jovem, que mal completara então vinte anos de idade. Presentes num país que era como o regaço dos prazeres sensuais e com os recursos para gozá-los, quão poucos se pode encontrar dispostos a trocar um tal cenário pelas florestas e ermos da América, e dispostos a despender o viço da juventude em meio a perigos e sofrimentos sem qualquer vantagem! Mas tal é o fato. Finda a guerra, e estando ele na iminência de partir definitivamente, apresentou-se ao Congresso e, contemplando no seu adeus afetuoso a revolução que vira, se manifestou nas seguintes palavras: "Que possa este grandioso monumento erigido à Liberdade servir como lição aos opressores, e como exemplo aos oprimidos!". Quando este discurso chegou às mãos do Dr. Franklin, que se achava então na França, ele recorreu ao Conde Vergennes para que o inserisse na Gazeta francesa, mas jamais conseguiu obter seu consentimento. O fato é que o Conde Vergennes era um déspota aristocrata em seu país e temia o exemplo da Revolução Americana na França, tal como certas outras pessoas atualmente temem o exemplo da Revolução Francesa na Inglaterra. E o tributo ao temor do Sr. Burke (pois é sob esta luz que seu livro deve ser considerado) encontra paralelo na recusa do Conde Vergennes.

Mas retornemos mais particularmente ao seu trabalho...

"Vimos", diz o Sr. Burke, "o rebelde francês se opor a um brando e legítimo monarca, com mais fúria, ultraje e insulto do que se soube que qualquer povo haja se insurgido contra o mais ilegal dos usurpadores, ou contra o mais sanguinário dos tiranos.". Este é um entre mil outros exemplos no qual o Sr. Burke demonstra sua ignorância sobre as causas e princípios da Revolução Francesa.

Não foi contra Luís XVI mas contra os princípios despóticos do governo que a nação se revoltou. Esses princípios não tinham nele a sua origem, mas no *establishment* original, muitos séculos atrás, e haviam se tornado demasiado profundamente arraigados para serem eliminados, e o estábulo de Áugeas de parasitas e saqueadores demasiado abominavelmente imundo para ser limpo por nada que não fosse uma completa e universal revolução. Quando se torna necessário realizar uma coisa, coração e alma na sua plenitude devem empreendê-lo ou nem sequer tentá-lo. Esta crise se apresentava então e não restava alternativa senão agir com vigor determinado ou nada fazer. O rei era conhecido como amigo da nação e essa circunstância era favorável ao empreendimento. Talvez nenhum homem educado no estilo de um rei absoluto jamais tenha possuído um coração tão pouco disposto ao exercício daquela espécie de poder como o então monarca de França. Mas os princípios do próprio governo ainda permaneciam idênticos. O monarca e a monarquia eram coisas distintas e separadas e foi contra o despotismo estabelecido desta última, e não contra a pessoa ou princípios do primeiro que a revolta eclodiu e a revolução foi realizada.

O Sr. Burke não atenta para a distinção entre *homens* e *princípios* e, portanto, não percebe que uma revolta pode ocorrer contra o despotismo destes últimos, enquanto não há acusação de despotismo contra os primeiros.

A natural moderação de Luís XVI em nada contribuiu para alterar o despotismo hereditário da monarquia. Todas as tiranias de reinados anteriores, efetivadas com base nesse despotismo hereditário, ainda eram passíveis de serem revividas nas mãos de um sucessor. Não era a pausa de um reinado que traria satisfação a uma França iluminada, como se tornara então. Uma descontinuidade fortuita da *prática* do despotismo não constitui uma descontinuidade de seus *princípios*; a primeira depende da virtude do indivíduo que está de posse imediata do poder; a segunda da virtude e coragem da nação. No que toca a

Carlos I e Jaime II da Inglaterra, a insurreição foi contra o despotismo pessoal dos homens, ao passo que na França, foi contra o despotismo hereditário do governo estabelecido. Mas homens que conseguem submeter os direitos da posteridade para sempre com base na autoridade de um pergaminho bolorento, como o Sr. Burke, não estão qualificados para julgar essa revolução. Ela abrange um campo vasto demais para a visão deles explorar e procede com uma pujança da razão que eles não são capazes de acompanhar.

Contudo, essa revolução pode ser considerada sob múltiplos pontos de vista. Estabelecido o despotismo por gerações num país, como na França, este não reside somente na pessoa do rei. É o que parece no que é manifestado e no que tange à autoridade nominal. Mas não é assim na prática e de fato. O despotismo possui seu padrão em toda parte. Todo cargo e departamento possuem seu despotismo, fundado no costume e no uso. Todo lugar tem sua Bastilha, e toda Bastilha seu déspota. O despotismo hereditário original residente na pessoa do rei divide-se e subdivide-se em mil configurações e formas, até finalmente o seu todo atuar por delegação. Este foi o caso na França e para essa espécie de despotismo, que procede mediante um labirinto interminável de cargos até sua fonte se tornar mal perceptível, não há reforma. Fortalece-se assumindo a aparência do dever e tiraniza sob o pretexto de fazer obedecer.

Quando se reflete na condição na qual se achava a França por conta da natureza de seu governo, nota-se a presença de outras causas para a rebelião além das que se relacionam imediatamente à pessoa ou ao caráter de Luís XVI. Havia, se posso assim me expressar, mil despotismos a serem *reformados* em França, que tinham se desenvolvido sob o despotismo hereditário *do monarca*, e se tornaram tão enraizados a ponto de serem, em grande medida, independentes *dele*.[4] Entre a monarquia, o Parlamento e a Igreja havia uma *rivalidade* em matéria de despotismo, além do despotismo feudal que operava localmente e o despotismo administrativo que operava em toda parte. O Sr. Burke, entretanto, ao considerar o rei como o único

---

4. É possível que neste trecho haja uma falha do manuscrito. O leitor deve contemplar a possibilidade de ler nos termos por nós grifados: *removidos* (no lugar de reformados), *da monarquia* (no lugar de do monarca) e *dela* (no lugar de dele). O que sugerimos é por mera questão de coerência, já que o autor acabou de distinguir entre sistema monárquico e a figura pessoal do monarca e nos parece ter também distinguido entre *reforma* política e *revolução* política no caso da França de então. (n.t.)

objeto possível de uma revolta, se expressa como se a França fosse um povoado, no qual tudo que se passava tivesse que ser conhecido pelo oficial de comando do povoado e nenhuma opressão pudesse ser praticada, senão o que ele pudesse imediatamente controlar. O Sr. Burke poderia ter estado na Bastilha sua vida inteira, bem como sob Luís XVI, e também sob Luís XIV, e nem um nem outro teriam sabido que um homem como o Sr. Burke existia. Os princípios despóticos do governo foram os mesmos em ambos reinados, embora as disposições dos homens distassem tanto quanto a tirania e a benevolência.

O que o Sr. Burke julga ser uma vergonha para a Revolução Francesa (o fato de ter ela se apresentado num reinado mais brando do que os precedentes) constitui uma de suas mais elevadas honras. As revoluções ocorridas em outros países da Europa foram instigadas pelo ódio pessoal. A ira era contra o homem e este se tornou a vítima. No exemplo da França, contudo, assistimos a uma revolução gerada na contemplação racional dos direitos humanos e que distingue desde o início pessoas e princípios.

O Sr. Burke, porém, parece não fazer idéia de princípios quando contempla governos. "Há dez anos", ele diz, "eu poderia ter felicitado a França por ter ela um governo, sem indagar sobre a natureza desse governo ou como era administrado.". Esta é a linguagem de um homem racional? É a linguagem de um coração que abriga o sentimento devido pelos direitos e a felicidade da raça humana? Com este fundamento, o Sr. Burke deve cumprimentar todos os governos do mundo, enquanto as vítimas que sofrem sob seu jugo, sejam as que são objeto do tráfico de escravos ou as vítimas da tortura em suas existências, são completamente esquecidas. É o poder e não os princípios o que o Sr. Burke venera, e contaminado por esta detestável perversão, não está ele qualificado para julgar entre poder e princípios. E basta no que respeita à sua opinião sobre as causas da Revolução Francesa. Volto-me agora para outras considerações.

Conheço um lugar na América chamado *Ponto-nenhum-Ponto* porque à medida que se avança pela linguagem ornada de praia e flores do Sr. Burke, ele continuamente some de vista e se apresenta a uma certa distância diante de vós; mas quando avançastes o máximo possível, não há ponto algum. É precisamente o que acontece com as trezentas e cinqüenta e seis páginas do Sr. Burke. E, por conseguinte, difícil retorquir-lhe. Mas como os pontos que ele deseja estabelecer podem ser inferidos daquilo de que ele abusa, é nos seus paradoxos que devemos procurar os argumentos.

Quanto aos trágicos quadros com os quais o Sr. Burke ultrajou sua própria imaginação e tenta atingir a de seus leitores, são muito bem calculados para efeito de representação teatral, onde os fatos são fabricados em favor do espetáculo, e combinados para produzir, através da debilidade da simpatia, um efeito lastimoso. Mas o Sr. Burke tem que lembrar que está escrevendo história e não *teatro*, e que seus leitores esperam a verdade e não a efusão de uma arenga aguda e extravagante.

Quando vemos um homem lamentando em tom dramático numa publicação destinada a merecer crédito que *"A era da cavalaria acabou!"*, que *"a glória da Europa está extinta para sempre!"*, que *"a graça não comprada da vida* (se alguém sabe o que é isso...), *a defesa barata das nações, a nutriz do sentimento viril e da empresa heróica morreram!"* e tudo isso porque a era Quixote da tolice da cavalaria se foi, que opinião podemos formar de seu julgamento, ou que consideração podemos atribuir a seus fatos? Na rapsódia de sua imaginação ele descobriu um mundo de moinhos de vento e sua tristeza é não haver Quixotes para os atacar. Mas se a era da aristocracia, como a da cavalaria, vier a cair (e elas tinham originalmente alguma conexão), o Sr. Burke, o trombeteiro da Ordem, poderá continuar sua paródia até o fim e encerrá-la com a exclamação: *"A ocupação de Otelo acabou!"*.

A despeito das horrendas imagens do Sr. Burke, quando a Revolução Francesa é comparada com as revoluções de outros países, é de se surpreender que seja marcada por um número relativamente baixo de sacrifícios; mas a surpresa cessará ao refletirmos que *princípios* e não *pessoas* constituíram os objetos conscientes da destruição. A inteligência da nação foi ativada por um estímulo superior ao que poderia inspirar a consideração de pessoas e buscou uma conquista mais elevada do que aquela que poderia ser produzida pela queda de um inimigo. Entre os poucos que aí tombaram não parece haver nenhum que tenha sido propositalmente selecionado. Todos encontraram seu destino nas circunstâncias do momento e não foram perseguidos com aquela vingança cruel, inarredável com a qual o foram os infelizes escoceses nos acontecimentos de 1745.

DOS DIREITOS DO HOMEM

Ao longo de todas as páginas do livro do Sr. Burke, só pude observar a menção da Bastilha uma única vez, e isso acompanhado de uma certa insinuação, como se ele lamentasse que houvesse sido derrubada e desejasse que fosse reconstruída. "Reconstruímos *Newgate*", diz ele, "e ocupamos a residência; e temos prisões quase tão sólidas quanto a Bastilha para aqueles que ousam difamar as rainhas de França.".[5] Quanto ao que um louco, como a pessoa chamada de *Lord* George Gordon poderia dizer, e para quem *Newgate* é mais um manicômio do que uma prisão, isso não merece uma consideração racional. Foi um lunático o difamador, o que constitui suficiente apologia. E forneceu uma oportunidade para aprisioná-lo, que era o que se desejava. Mas é certo que o Sr. Burke, que não se classifica como louco (seja o que for que outras pessoas possam fazer) caluniou, da maneira mais espontânea e no estilo mais grosseiro do insulto mais vulgar, toda a autoridade representativa de França e, todavia, o Sr. Burke toma assento na Câmara dos Comuns da Grã-Bretanha! Por sua violência e sua angústia, seu silêncio em alguns pontos e seu excesso em outros, é difícil não acreditar que o Sr. Burke lamente, sumamente lamente, que o poder arbitrário, o poder do Papa e a Bastilha estejam derrubados.

Em todo seu livro, não consigo encontrar passagem alguma em que ele tenha lançado um olhar de compaixão, ou haja expresso um pensamento de comiseração para os que padeceram a mais desgraçada das vidas, uma vida sem esperança no mais miserável dos cárceres. É penoso contemplar um homem a empregar seus talentos para corromper a si próprio. A natureza foi mais bondosa com o Sr. Burke do que ele é com ela. Ele não é afetado pela realidade da amargura que toca seu coração, mas pela vistosa semelhança desta excitando sua imaginação. Compadece-se da plumagem, mas esquece-se da ave moribunda. Acostumado a beijar a mão aristocrática que o furtou de si mesmo, ele descamba numa composição artificial e

---

5. Na verdade, além do registrado acima, em dois outros trechos do texto do Sr. Burke, o termo Bastilha é mencionado, porém nos mesmos moldes. Num deles ele o introduz numa espécie de questão obscura, e indaga: "Será que quaisquer desses ministros que ora servem um tal rei, movidos tão-só por decente aparência de respeito, cordialmente obedecerão às ordens daqueles que simplesmente outro dia, *em seu nome*, os haviam encerrado na Bastilha?" No outro, a tomada da Bastilha é mencionada insinuando crime dos guardas franceses, que ajudaram na sua demolição. "Eles não", diz ele, "esqueceram a tomada dos castelos do rei em Paris.". Este é o Sr. Burke, que simula escrever sobre liberdade constitucional.

a genuína alma da natureza o abandona. Seu herói ou sua heroína deve ser uma vítima de tragédia que expira pomposa e teatralmente e não a real prisioneira da miséria, que desliza para a morte no silêncio de um calabouço.

Como o Sr. Burke omitiu todos os acontecimentos da Bastilha (e seu silêncio nada conta a seu favor) e entreteve seus leitores com reflexões baseadas em pretensos fatos distorcidos sob a forma de efetivas falsidades, apresentarei, visto que ele não o fez, um relato das circunstâncias que precederam tais acontecimentos. Servirão para demonstrar que dificilmente menos dano poderia ter acompanhado tais acontecimentos, diante das provocações traiçoeiras e hostis dos inimigos da revolução.

O espírito mal pode conceber, através de imagens para si mesmo, um cenário mais tremendo do que aquele exibido pela cidade de Paris por ocasião da tomada da Bastilha e nos dois dias que a precederam e a sucederam, e, tampouco, perceber a possibilidade de que tão brevemente houvesse tranquilização a seu respeito. A uma certa distância, essa operação se afigurou apenas como um ato de heroísmo independente, e a estreita conexão política que mantinha com a revolução se perde em meio ao brilho da proeza. Mas temos que considerá-la na medida em que a força dos partidos juntou homem a homem e na luta pela causa. A Bastilha era para ser ou o prêmio ou a prisão dos que a assaltaram. A sua queda encerrava a idéia da queda do despotismo e esta imagem composta era para se tornar tão figurativamente unida quanto o Castelo da Dúvida de Bunyan e o Desespero do Gigante.

A Assembléia Nacional, antes e na ocasião da tomada da Bastilha, estava sediada em Versailles, a doze milhas de Paris. Cerca de uma semana antes da insurreição dos parisienses e sua tomada da Bastilha, descobriu-se que uma conspiração era formada, liderada pelo Conde D'Artois, o irmão mais novo do rei, para destruir a Assembléia Nacional, agarrando seus membros e, com isso, esmagando, mediante um *coup de main*[6] todas as esperanças e perspectivas de formar um governo livre. Para o bem da humanidade, e também da liberdade, esse plano não obteve êxito. Não faltam exemplos que mostram quão horrivelmente vingativos e cruéis são todos os velhos governos quando saem vitoriosos contra o que chamam de rebelião.

---

6. Em francês no original: ataque repentino, ataque de surpresa. (n.t.)

Tal plano deve ter sido cogitado por algum tempo porque para pô-lo em execução foi necessário reunir um grande contingente militar em torno de Paris e interromper a comunicação entre essa cidade e a Assembléia Nacional em Versailles. As tropas destinadas a esse serviço foram principalmente as tropas estrangeiras pagas pela França, e que, para essa particular finalidade, foram retiradas das províncias distantes onde estavam aquarteladas. Quando reunidas, atingiram o número que variava entre vinte e cinco e trinta mil soldados, e julgou-se que era a hora levar o plano à execução. O Ministério que desempenhava então suas funções oficiais, e que encarava amistosamente a revolução, foi imediatamente demitido e um novo Ministério formado por aqueles que haviam concebido o projeto, entre os quais se achava o Conde de Broglio, sendo a ele confiado o comando dessas tropas. O caráter desse homem como me foi descrito numa carta cujo conteúdo comuniquei ao Sr. Burke, antes que este começasse escrever seu livro, e procedente de uma autoridade que o Sr. Burke bem sabe que era boa, era o de "um ambicioso aristocrata, frio e capaz de produzir todo dano".

Enquanto esses acontecimentos tomavam corpo, a Assembléia Nacional permaneceu na mais perigosa e crítica situação na qual se imagina se encontrar um grupo de homens. Eles eram as vítimas condenadas e estavam cientes disso. Tinham do seu lado os corações e as aspirações de seu país, mas não detinham nenhum poder militar. Os soldados de Broglio cercaram o salão onde a assembléia tinha assento, prontos, a uma palavra de comando, para deitar mãos sobre seus integrantes, como havia sido feito um ano antes com o parlamento de Paris. Tivesse a Assembléia Nacional abandonado sua fé e responsabilidade, ou tivesse ela exibido sinais de fraqueza ou medo, e seus inimigos teriam ganho coragem e o país caído em desalento. Quando a situação em que se achava, a causa em que estava engajada e a crise prestes a irromper, que deveria determinar o seu destino político, o destino pessoal de seus membros e aquele de seu país, são examinadas, somente um coração insensibilizado pelo preconceito ou corrompido pela dependência poderia se esquivar a interessar-se no seu êxito.

O arcebispo de Viena era, na ocasião, o presidente da Assembléia Nacional — uma pessoa demasiado idosa para suportar o cenário que alguns dias ou algumas horas poderiam trazer em seu bojo. Era necessário um homem mais ativo e detentor de coragem mais ousada e a Assembléia Nacional elegeu (na figura de um vice-presidente, pois o arcebispo ainda era o presidente) M. de la Fayette, sendo este o único exemplo da eleição de um vice-presidente. Foi no momento em que aquela tempestade estava pendente (11 de julho) que uma declaração de direitos foi apresentada por M. de la Fayette, a qual é a mesma a que aludimos na página 31. Foi esboçada apressadamente e constitui apenas uma parte da declaração de direitos mais extensiva que obteve consenso e foi adotada, posteriormente, pela Assembléia Nacional. A razão em particular para apresentá-la nesse momento (M. de la Fayette desde então me informou) era que se a Assembléia Nacional sucumbisse na destruição pela qual se via ameaçada pelos que a cercavam, algum vestígio de seus princípios poderia ter a chance de sobreviver ao desastre.

Tudo agora caminhava para uma crise. O acontecimento seria liberdade ou escravidão. De um lado, um exército de quase trinta mil soldados; de outro, um conjunto de cidadãos desarmados, uma vez que os cidadãos de Paris dos quais a Assembléia Nacional devia então, de imediato, depender, estavam tão desarmados e eram tão indisciplinados quanto os cidadãos de Londres estão e são hoje. A guarda francesa dera nítidos sinais de sua adesão à causa nacional, mas o seu contingente era pequeno, não chegando a uma décima parte da força comandada por Broglio, além do que seus oficiais atendiam ao interesse de Broglio.

Estando as coisas agora no ponto de execução, o novo ministério entrou oficialmente em cena. O leitor terá em mente que a Bastilha foi tomada em 14 de julho; a ocasião de que estou falando agora é o dia 12. Logo que a notícia da mudança do ministério alcançou Paris, à tarde, todos os teatros e locais de entretenimento, lojas e casas foram fechados. A mudança do ministério era considerada como o prelúdio de hostilidades, e a opinião estava fundamentada corretamente.

As tropas estrangeiras começaram avançar rumo à cidade. O príncipe de Lambesc, que comandava um corpo de cavalaria alemã, aproximou-se pela praça de Luís XV, a qual se liga a algumas ruas. Em sua marcha, ele insultou e golpeou um velho com uma espada. Os franceses se destacam por seu respeito à velhice e a insolência que pareceu acompanhar aquele ato unida à comoção geral na qual se achavam envolvidos produziu um efeito poderoso, e um brado de *"Às armas! Às armas!"* ecoou com extraordinária rapidez pela cidade.

Dos Direitos do Homem

Armas eles não tinham, e dificilmente alguém que soubesse como usá-las. Mas a resolução desesperada, quando toda esperança está em jogo, supre, por algum tempo, a carência de armas. Próximo de onde o príncipe de Lambesc estava alinhado, havia grandes montes de pedras ajuntadas para a construção da nova ponte, e com estas as pessoas atacaram a cavalaria. Um destacamento de soldados franceses, ao ouvir os disparos de armas de fogo, abandonou muito depressa suas posições e se juntou ao povo; ao anoitecer a cavalaria bateu em retirada.

As ruas de Paris, por serem estreitas, favorecem a defesa e a altura das casas, constituídas por muitos andares, que poderia ser a fonte de grandes aborrecimentos, as protegeu de investidas noturnas. E a noite passou enquanto eles se supriam de toda sorte de armas que podiam fazer ou obter: armas de fogo, espadas, martelos de ferreiros, machados de carpinteiros, pés de cabra, piques, alabardas, forcados, espetos, porretes, etc., etc.. O incrível número em que se reuniram na manhã seguinte e a ainda mais incrível determinação que exibiam, constrangeram e surpreenderam seus inimigos. O novo ministério mal esperava um tal ato tão honroso. Eles próprios acostumados à escravidão, não haviam concebido que a liberdade fosse capaz de tal inspiração, ou que um conjunto de cidadãos desarmados ousasse afrontar a força militar de trinta mil homens. Todos os momentos desse dia foram empregados na coleta de armas, na combinação de planos e na melhor organização de si mesmos que um rápido movimento como aquele podia permitir. Broglio permaneceu nos arredores da cidade, mas não realizou outras investidas nesse dia e a noite que se sucedeu foi tão tranquila quanto tal cenário podia admitir.

Mas a defesa não era o único objetivo dos cidadãos. Havia uma causa sob risco, cujo efeito seria sua liberdade ou sua escravidão. A todo momento, esperavam um ataque, ou ficar sabendo de um feito contra a Assembléia Nacional, e nessa situação as medidas mais imediatas são, por vezes, as melhores. O objetivo que agora se apresentava era a Bastilha, e o *éclat*[7] de tomar tal fortaleza diante de um tal exército não deixou de transmitir terror ao novo ministério, que mal tivera tempo para se reunir. Graças a uma certa correspondência interceptada naquela manhã, descobriu-se que o prefeito de Paris, M. Defflesselles, que parecia estar do lado dos interesses do Ministério,

---

7. Em francês no original: notoriedade, brilho. (n.t.)

o estava traindo; com essa descoberta, não havia dúvida alguma que Broglio proveria a Bastilha de reforços na noite que se aproximava. Era, portanto, necessário atacá-la naquele dia, mas antes que isso pudesse ser realizado, era primeiramente necessário conseguir um melhor suprimento de armas do que aquele de que então dispunham.

Havia, vizinho à cidade, um grande arsenal de armas encerradas no Hospital dos Inválidos, que os cidadãos intimaram à rendição, e como o lugar não era nem defensável e nem muita defesa foi esboçada, eles não demoraram em levar a melhor. Assim supridos, se puseram em marcha para atacar a Bastilha: uma enorme multidão heterogênea, pessoas de todas as idades e de todas as categorias, armados de toda espécie de armas. A imaginação seria incapaz de descrever para si mesma a aparência de tal cortejo e da ansiedade em relação aos acontecimentos que poderiam se produzir em algumas horas ou alguns minutos. O que planejava o ministério era tão ignorado pelo povo no interior da cidade quanto era ignorado pelo ministério o que fazia o povo; e quais seriam os movimentos que podiam ser empreendidos por Broglio a título de reforços ou revezamento de tropas no lugar – isto era para os cidadãos, igualmente ignorado. Tudo era mistério e perigo.

Que a Bastilha foi atacada com um entusiasmo heróico, o qual somente o mais acentuado ímpeto de liberdade podia inspirar, e isso levado a efeito no espaço de umas poucas horas, constitui um acontecimento do qual o mundo se acha completamente familiarizado. Não estou empreendendo um detalhamento do ataque, mas trazendo à luz a conspiração contra a nação que o provocou e que ruiu com a Bastilha. A prisão à qual o novo ministério estava condenando a Assembléia Nacional, além de ser o altar mor e fortaleza do despotismo, tornou-se o próprio objeto por onde começar. Essa operação esfacelou o novo ministério, cujos membros começavam agora a fugir da ruína que haviam preparado para outros. As tropas de Broglio se dispersaram e ele próprio igualmente fugiu.

O Sr. Burke falou largamente de conspirações, mas nem uma só vez referiu-se a essa conspiração contra a Assembléia Nacional, e as liberdades da nação; e por que não pudesse, ignorou todas as circunstâncias que poderiam colocá-la em seu caminho. Os exilados que debandaram da França, em cuja situação ele pessoalmente tanto se interessa, e dos quais ele aprendera sua lição, fugiram em conseqüência do malogro dessa conspiração. Nenhuma conspiração foi urdida contra eles; eles é que conspiravam contra outros e os que tombaram se defrontaram, não injustamente, com o castigo que se preparavam para pôr em prática. Mas dirá o Sr. Burke que se essa conspiração, planejada com o refinamento de uma emboscada, houvesse obtido êxito, o partido vitorioso teria refreado sua ira tão cedo? Que a história de todos os governos antigos responda a esta questão. Quem a Assembléia Nacional conduziu ao patíbulo? Ninguém. Seus próprios membros eram as vítimas condenadas dessa conspiração, e não buscaram uma retaliação; por que, então, são acusados de uma vingança da qual não são autores? No tremendo irromper de todo um povo, no qual todas as intensidades, temperamentos e caracteres são confundidos, libertando a si mesmos mediante um portento de esforço da destruição contra eles planejada, é de se esperar que nada acontecesse? Quando homens se encontram aflitos padecendo opressões e ameaçados pela perspectiva de outras, seria de se procurar a serenidade da filosofia ou o marasmo da insensibilidade? O Sr. Burke brada contra o ultraje e, no entanto, o maior deles é o que ele próprio cometeu. Seu livro é um tomo de insultos, que não apresenta a escusa de um impulso momentâneo, mas nutrido no decurso de um período de dez meses; e, ainda assim, o Sr. Burke não tinha nenhuma provocação, nenhuma vida, nenhum interesse em jogo.

Mais cidadãos do que seus oponentes tombaram nessa luta, mas quatro ou cinco pessoas foram agarradas pela multidão e imediatamente mortas: o diretor da Bastilha, o prefeito de Paris, que foi descoberto ao traí-los e, posteriormente, Foulon, um dos novos ministros, além de Berthier, seu genro, que aceitara o cargo de intendente de Paris. Suas cabeças foram transpassadas por grandes pregos [8] e carregadas pela cidade e é em torno dessa forma de castigo que o Sr. Burke tece grande parte de seus cenários trágicos. Vamos, portanto, examinar como ocorreu aos homens a idéia de punir dessa maneira.

Eles a aprendem com os governos sob os quais vivem e se vingam dos castigos que foram acostumados a contemplar. As cabeças

---

8. Em algumas edições lê-se *pikes* (piques, lanças antigas) em lugar de *spikes* (pregos grandes e longos). (n.t.)

espetadas em grandes pregos,[9] que estiveram durante anos em *Temple Bar*, não eram diferentes no que respeita ao horror da cena daquelas carregadas em grandes pregos em Paris... e, contudo, isso era feito pelo governo inglês. Talvez se possa dizer que não significa nada a um homem o que lhe é feito depois que está morto; mas significa muito aos vivos: tortura seus sentimentos ou endurece seus corações e, num caso ou outro, os instrui quanto a como punir quando o poder cair em suas mãos.

Apliquemos então o machado à raiz e ensinemos humanidade aos governos. São seus castigos sanguinários que corrompem a espécie humana. Na inglaterra, a punição em certos casos é por *enforcamento, estiramento* e *esquartejamento*: o coração da vítima é extraído de seu corpo e erguido para que a multidão o veja. Na França, sob o governo anterior, as punições não eram menos bárbaras. Quem não se recorda da execução de Damien, despedaçado por cavalos? A conseqüência de tais espetáculos de crueldade exibidos ao populacho é extinguir a ternura ou excitar a vingança e, com base na idéia vil e falsa de governar os homens pelo terror, em lugar da razão, eles se tornam precedentes. É sobre a mais baixa classe da espécie humana que o governo do terror pretende operar e é sobre esta que opera gerando o pior dos efeitos. E os membros dessa classe têm suficiente percepção para sentir que são eles os objetivos visados; e eles, por seu turno, aplicam os exemplos de terror que foram ensinados a praticar.

Há em todos os países da Europa uma grande classe de pessoas que se enquadram nessa descrição, que na Inglaterra é chamada de *ralé*.[10] Pertenciam a essa classe os que produziram os incêndios e devastações em Londres em 1780, e a essa classe pertenciam os que carregaram as cabeças em grandes pregos[11] em Paris. Foulon e Berthier haviam sido apanhados no campo e enviados a Paris, a fim de serem submetidos a interrogatório no Hotel de Ville, pois a Assembléia Nacional, imediatamente junto ao novo ministério, sancionou um decreto, comunicado ao rei e seu gabinete, segundo o qual eles (a Assembléia Nacional) assumiriam o ministério, do qual Foulon era um membro, se responsabilizando pelas medidas que aconselha-

---

9. Ver nota acima. (n.t.)
10. *Mob*. (n.t.)
11. Ver nota 8. (n.t.)

vam e praticavam. A ralé, porém, inflamada diante do aparecimento de Foulon e Berthier, os tiraram à força de seus condutores antes de serem levados ao Hotel de Ville, e os lincharam no local. Por que, então, o Sr. Burke acusa todo um povo de excessos dessa ordem? Da mesma forma poderia acusar todo o povo de Londres dos tumultos e excessos de 1780 ou atribuir aqueles na Irlanda a todos os seus compatriotas.

Mas tudo que vemos ou ouvimos que seja ofensivo aos nossos sentimentos e que avilte a natureza humana deveria ensejar outras reflexões além daquelas de censura. Mesmo os seres que o perpetram têm algum direito à nossa consideração. Por que, perguntamos, ocorre de tais classes humanas de enormes contingentes, classes que distinguimos pela designação de vulgo, ou de massa ignorante, são tão numerosas em todos os velhos países? No instante em que fazemos a nós mesmos essa pergunta, já a reflexão pressente uma resposta. Surgem, como conseqüência inevitável, da má formação de todos os velhos governos da Europa, inclusive da Inglaterra. É pela exaltação distorcida de alguns homens que outros são rebaixados de maneira distorcida, até que o todo se torna desnaturado. Um vasto contingente da humanidade é arrojado, de modo degradante, ao plano de fundo do quadro humano para promover, com maior resplendor, o espetáculo de marionetes do Estado e da aristocracia. No início de uma revolução, essa humanidade é mais a seguidora do grupo *acampado* em torno de uma causa do que da *bandeira* da liberdade, tendo ainda que ser instruída a como reverenciá-la.

Tomarei todos os exageros teatrais do Sr. Burke por fatos e, então, lhe indagarei se não estabelecem a certeza daquilo que estou aqui formulando. Supondo que são verdadeiros, demonstram a necessidade da Revolução Francesa, tanto quanto qualquer outra coisa que pudesse ele ter afirmado. Esses excessos não foram o resultado dos princípios revolucionários, mas da mente degradada que existia antes da Revolução, e que a Revolução pretende corrigir. Coloca-os no devido lugar que a eles cabe, e assume a reprovação dos mesmos do teu próprio lado.

Deve-se à Assembléia Nacional e à cidade de Paris o fato de, no decorrer desses tremendos acontecimentos envolvendo armas e confusão, além do controle de qualquer autoridade, terem sido capazes, pela força do exemplo e da exortação, de refrear tanta coisa. Nunca antes foi uma maior quantidade de sofrimentos captados para instruir e esclarecer a humanidade e para fazê-la ver que seu interesse residia em sua virtude e não em sua vingança, do que na Revolução Francesa. Eu agora prossigo, fazendo algumas observações acerca do relato do Sr. Burke da expedição a Versailles em 5 e 6 de outubro.

É possível para mim considerar o livro do Sr. Burke dificilmente sob outra luz senão sob aquela de uma encenação dramática, e penso que ele próprio o deve ter considerado sob a mesma luz, a julgar pelas liberdades poéticas que tomou na omissão de alguns fatos, na distorção de outros e fazendo todo o mecanismo se torcer, de modo a produzir um efeito teatral. Desta espécie é seu relato da viagem a Versailles. Inicia esse relato omitindo os únicos fatos que, na qualidade de causas, são conhecidos como verdadeiros. Qualquer coisa além destes, é conjectural mesmo em Paris. E, então, ele elabora um conto que se ajusta às suas próprias paixões e preconceitos.

É de se observar ao longo de todo o livro do Sr. Burke que ele nunca se refere a conspirações *contra* a Revolução; e são essas conspirações que deram origem a todos os danos. Serve ao seu propósito exibir os efeitos sem suas causas. Fazê-lo constitui uma das artes do drama. Se os crimes dos homens fossem exibidos acompanhados de seus sofrimentos, por vezes o efeito teatral se perderia, e o público se inclinaria a aprovar onde se pretendia que devessem experimentar comiseração.

Depois de todas as investigações feitas em relação a esse assunto intricado (a expedição a Versailles), este ainda permanece envolvido em todo aquele tipo de mistério que sempre acompanha acontecimentos produzidos mais por força de uma confluência de complicadas circunstâncias do que em função de um projeto estabelecido. Enquanto as personalidades dos homens estão se formando, como sempre ocorre nas revoluções, há uma suspeita recíproca, e uma disposição para mútua má interpretação; e mesmo partidos que, em princípio, diretamente se opõem às vezes confluirão no fomentar o mesmo movimento com base em visões muito distintas e com a esperança que produza conseqüências muito diferentes. Muito disso pode ser detectado nesse complicado caso e, no entanto, o resultado do todo foi o que ninguém tinha em vista.

A única coisa que se sabe com certeza é que uma considerável intranqüilidade foi, nessa ocasião, estimulada em Paris por conta da

DOS DIREITOS DO HOMEM

demora do rei em não sancionar e expedir os decretos da Assembléia Nacional, especialmente o da *Declaração dos Direitos do Homem*, e os *Decretos de 4 de Agosto*, que continham os princípios basilares com fundamento nos quais a Constituição era para ser construída. A hipótese mais complacente, e talvez a mais justa, no que tange a essa matéria, é que alguns dos ministros tencionavam fazer reparos e observações a certas partes deles antes que fossem finalmente sancionados e despachados para as províncias. Mas fosse o que fosse, os inimigos da Revolução, dessa demora extraíram esperança, enquanto os amigos da Revolução dela tiraram inquietação.

Em meio a esse estado de suspense, a *Garde du Corps*, que era composta, como o são geralmente tais regimentos, de pessoas muito ligadas à corte, ofereceu uma festa em Versailles (em 1º de outubro) a alguns regimentos estrangeiros recém-chegados. Quando a diversão estava no auge, a um sinal dado os membros da *Garde du Corps* arrancaram a cocarda nacional de seus chapéus, nela pisaram e a substituíram por uma outra cocarda, preparada com esse propósito. Uma indignidade desse jaez atingia as raias de uma provocação. Era como declarar guerra – e se os homens lançam reptos, devem esperar conseqüências. Tudo isso, porém, o Sr. Burke deixa de considerar. Principia seu relato nos seguintes termos: "A História registrará que na manhã de 6 de outubro, de 1789, o rei e a rainha de França, após um dia de confusão, alarme, pavor e morticínio, estavam deitados sob a segurança afiançada da fé pública, a fim de atender à natureza durante umas poucas horas de trégua ante a execução, e transtornado repouso agitado pela tristeza.". Não temos aqui nem o estilo sóbrio da história, nem a sua intenção. Deixa tudo ao sabor da conjectura e do equívoco. Pensar-se-ia, ao menos, que tenha havido uma batalha, e uma batalha provavelmente teria havido não fosse pela moderada prudência daqueles que o Sr. Burke envolve em suas censuras. Ao omitir a *Garde du Corps*, o Sr. Burke proporcionou a si mesmo a licença dramática de colocar o rei e a rainha em seus lugares, como se o objetivo da expedição fosse contra eles.

Mas retornemos ao meu relato.

Essa conduta da *Garde du Corps*, como era de se esperar, alarmou e enraiveceu os parisienses. As cores da causa, tanto quanto a própria causa, haviam se tornado demasiado irmanadas para não se perceber o propósito do insulto, e os parisienses estavam determinados a intimar a *Garde du Corps* para um acerto de contas. Certamente nada havia da covardia do assassinato em marchar à luz do dia com o fito de exigir satisfação, se esta expressão pode ser usada, de uma corporação de homens armados que haviam voluntariamente feito uma provocação. Mas a circunstância que serve para complicar esse incidente é que os inimigos da Revolução parecem tê-lo estimulado bem como os seus amigos. Uns esperavam barrar uma guerra civil detendo-a a tempo, ao passo que os outros esperavam travar uma. As esperanças dos que se opunham à Revolução se baseavam em fazer o rei de seu partido, e levá-lo de Versailles para Metz, onde esperavam reunir uma tropa e levantar uma bandeira. Temos, portanto, dois objetivos distintos que se apresentavam simultaneamente, e a serem levados a cabo empregando-se os mesmos meios: um castigar a *Garde du Corps*, o objetivo dos parisienses; o outro, transformar a conclusão de um tal ato numa instigação para o rei partir para Metz.

Em 5 de outubro, um grande número de mulheres e homens disfarçados de mulheres, se reuniram em torno do Hotel de Ville ou prefeitura de Paris, e partiram para Versailles. Seu claro objetivo era a *Garde du Corps*. Entretanto, homens sábios recordam prontamente que é mais fácil iniciar um dano do que dar-lhe um fim. E aquilo impressionou de maneira mais marcante por força das suspeitas já indicadas, somadas ao bizarro daquela cavalgada. Assim, logo que uma força suficiente pôde ser organizada, M. de la Fayette, por ordem da autoridade civil de Paris, se pôs em seu encalço comandando vinte mil soldados pertencentes a milícia de Paris. A Revolução não podia extrair benefício algum da confusão, o que podia os seus opositores. Graças a um discurso afável e vivaz, ele conseguira até agora dissipar inquietudes, no que obtivera extraordinário êxito; para frustrar, portanto, as esperanças dos que poderiam buscar melhorar esse cenário, convertendo-o numa espécie de necessidade justificável para o rei deixar Versailles e retirar-se para Metz e, para evitar, ao mesmo tempo, os efeitos que poderiam resultar do confronto entre a *Garde du Corps* e aquela falange de homens e mulheres, ele remeteu mensagem urgente ao rei de que marchava para Versailles, por ordem da autoridade civil de Paris, com a missão de apaziguamento e proteção, declarando ao mesmo tempo a necessidade de conter a *Garde du Corps*, no sentido desta não atirar nas pessoas.[12]

---

12. Estou autorizado a afirmar isso, uma vez que o ouvi pessoalmente de M. de la Fayette, de quem fui amigo durante catorze anos.

Ele chegou em Versailles entre 10 e 11 da noite. A *Garde du Corps* estava alinhada e as pessoas haviam chegado algum tempo antes. Entretanto, tudo permanecia em suspenso. Sabedoria e diplomacia consistiam agora em transformar um quadro de perigo iminente num feliz acontecimento. M. de la Fayette se tornou o mediador entre os partidos enfurecidos, e o rei, a fim de afastar a intranqüilidade que fora gerada pela demora já mencionada, mandou chamar o Presidente da Assembléia Nacional e assinou a *Declaração dos Direitos do Homem*, além de outras partes do texto constitucional que já se achavam prontas.

Era cerca de uma hora da manhã. Tudo parecia estar resolvido e instaurou-se um clima de felicitação geral. Ao rufar dos tambores foi proclamado que os cidadãos de Versailles concederiam a hospitalidade de suas casas aos seus concidadãos de Paris. Os que não puderam ser acomodados dessa maneira permaneceram nas ruas ou se alojaram nas igrejas. E às duas horas o rei e a rainha se retiraram.

Assim se passaram as coisas até o romper do dia, quando um novo distúrbio ocorreu devido ao comportamento reprovável de alguns indivíduos de ambos os partidos, pois em todos esses cenários sempre haverá tais tipos. Um integrante da *Garde du Corps* surgiu a uma das janelas do palácio e as pessoas que tinham permanecido durante a noite nas ruas o abordaram com termos insultuosos e provocativos. Em lugar de se retirar, como em tal caso recomendaria a prudência, ele ergueu seu mosquete, disparou e matou um dos milicianos de Paris. Destruída assim a paz, as pessoas invadiram rapidamente o palácio em busca do ofensor. Atacaram o quartel da *Garde du Corps* dentro do palácio e perseguiram seus membros através das alamedas do palácio, atingindo os aposentos do rei. Em meio a esse tumulto, não apenas a rainha, como o Sr. Burke o deu a entender, porém todas as pessoas no palácio foram acordadas e ficaram atônitas. M. de la Faytette teve, pela segunda vez, que intervir entre os dois partidos, evento que foi encerrado com a *Garde du Corps* colocando a cocarda nacional, o assunto sendo finalizado como por força de anistia, após a perda de duas ou três vidas.

Durante a última parte do período no qual acontecia essa confusão, o rei e a rainha se apresentavam em público na sacada do palácio, e nenhum deles se ocultava por questão de segurança, como é insinuado pelo Sr. Burke. Tendo sido a situação apaziguada e a tranqüilidade recuperada, irrompeu uma aclamação geral de *Le roi à Paris, Le roi à Paris* – o rei para Paris. Foi o brado de paz e imediatamente aceito por parte do rei. Através disso todos os futuros planos de atrair enganosamente o rei para Metz e erguer a bandeira de oposição à Constituição eram impedidos e as suspeitas, extintas. O rei e sua família alcançaram Paris ao anoitecer e foram saudados à sua chegada por M. Bailly, o prefeito de Paris, em nome dos cidadãos. O Sr. Burke, que ao longo de todo seu livro confunde coisas, pessoas e princípios, em suas observações a respeito do discurso de M. Bailly, também se confundiu quanto ao tempo. Ele censura a M. Bailly por chamá-lo de *un bon jour*, um bom dia. O Sr. Burke deveria ter se instruído que esse cenário ocupou o espaço de dois dias, o dia em que foi principiado com toda a aparência de perigo e prejuízo e o dia em que terminou sem os danos ameaçadores e que é a esse desfecho pacífico que M. Bailly alude, e à chegada do rei em Paris. Não menos que trezentas mil pessoas se organizaram no cortejo de Versailles a Paris, não tendo ocorrido um só incidente de perturbação durante toda a marcha.

O Sr. Burke, com base na autoridade de M. Lally Tollendal, um desertor da Assembléia Nacional, diz que, ao entrar em Paris, as pessoas gritaram *Tous les évèques à la lanterne* – Que todos os bispos sejam enforcados nos postes de luz. É surpreendente que ninguém tenha ouvido isso exceto Lally Tollendal e que ninguém tenha nisso acreditado exceto o Sr. Burke. Não tem a menor conexão com qualquer parte da operação e é totalmente estranho a todas as suas circunstâncias. Os bispos jamais haviam sido introduzidos antes em qualquer cena do drama do Sr. Burke: por que, então, são eles todos de imediato e juntos, *tout à coup, e tous ensemble*, introduzidos agora? O Sr. Burke apresenta seus bispos e suas figuras lanteniformes numa lanterna mágica e cria suas cenas por contraste, em lugar de conexão. Mas serve para mostrar, juntamente com o resto de seu livro, que pouco crédito deve ser dado onde mesmo a probabilidade é contestada, com o propósito da calúnia. E com essa reflexão, em lugar de um solilóquio em louvor ao cavalheirismo, como fez o Sr. Burke, encerro este relato da expedição a Versailles.[13]

---

13. Um relato da expedição a Versailles pode ser encontrado no nº 13 da *Revolução de Paris*, contendo os eventos de 3 a 10 de outubro de 1789.

Dos Direitos do Homem

Devo agora seguir o Sr. Burke por um deserto intransitável de rapsódias e uma espécie de discurso prolixo a respeito de governos, no qual ele afirma tudo o que lhe apraz, presumindo que recebe crédito sem apresentar quer evidências, quer razões para assim agir.

Antes que qualquer coisa possa ser concluída, certos fatos, princípios, ou dados a partir dos quais se raciocina, precisam ser estabelecidos, admitidos ou negados. O Sr. Burke, praticando seu usual excesso, insultou a *Declaração dos Direitos do Homem*, publicada pela Assembléia Nacional de França como a base sobre a qual é construída a Constituição da França. Esta ele classifica como "folhas de papel desprezíveis e enodoadas sobre os direitos do homem". Pretende o Sr. Burke negar que o *homem* tenha quaisquer direitos? Se é o que pretende, então terá que convir que não há essas coisas a que se chama direitos em parte alguma, e que ele próprio não dispõe de nenhum, pois afinal quem se encontra no mundo salvo o homem? Mas se o Sr. Burke pretende admitir que o homem tem direitos, a questão então será: Quais são esses direitos e como chegou o homem a eles originalmente?

O erro daqueles que raciocinam com base em precedentes extraídos da antigüidade, no que tange aos direitos do homem, é não remontarem o suficiente à antigüidade. Não trilham o caminho inteiro. Detêm-se em alguns dos estágios intermediários de cem anos ou mil anos atrás e apresentam o que foi feito então como uma regra para o presente. Isso não constitui, em absoluto, autoridade. Se nos embrenharmos ainda mais remotamente na antigüidade, encontraremos opiniões e práticas predominantes frontalmente contrárias; e se é para a antigüidade ser autoridade, mil autoridades desse jaez poderão ser aventadas, que se contradirão sucessivamente; mas se prosseguirmos nesse recuo no tempo, acabaremos finalmente por nos dar bem. Atingiremos o tempo quando o homem nasceu das mãos de seu Criador. E o que era ele então? Homem. Homem era o seu insigne título e também o único, e um título mais elevado a ele não pode ser conferido. Mas de títulos falarei depois.

Chegamos agora ao ponto da origem do homem e da origem de seus direitos. No que toca ao modo em que o mundo foi governado daqueles dias até os dias de hoje, não há qualquer interesse de nossa parte exceto fazer um adequado uso dos erros ou dos aprimoramentos apresentados por sua história. Aqueles que viveram há cem ou mil anos eram então modernos, como o somos agora. Tinham *seus* antigos, e esses antigos tinham outros, e nós, por nosso turno, também seremos antigos. Se o mero nome antigüidade tiver que governar nos assuntos da vida, as pessoas que irão viver daqui há cem ou mil anos podem, também, nos tomar por precedente, tal como fazemos um precedente daqueles que viveram há cem ou mil anos atrás. O fato é que porções da antigüidade, ao provarem tudo, nada estabelecem. É autoridade contra autoridade por todo o caminho até atingirmos a origem divina dos direitos do homem no momento da criação. Aqui nossas investigações encontram um lugar de repouso e nossa razão encontra um lar. Se uma discussão acerca dos direitos do homem houver surgido a um tempo que distava cem anos da criação, foi a essa fonte de autoridade que devem ter se referido, e é a essa mesma fonte de autoridade que devemos agora nos referir.

A despeito de não pretender tocar em qualquer princípio sectário religioso, ainda assim poderia valer a pena observar que a genealogia de Cristo remonta a Adão. Por que, então, não fazer remontar os direitos do homem à criação do homem? Responderei a pergunta. Porque tem havido governos pretensiosos, infiltrando-se e presunçosamente atuando no sentido de *desfazer* o homem.

Se qualquer geração humana algum dia possuiu o direito de ditar a maneira pela qual o mundo deveria ser governado para sempre, tal geração foi a primeira que existiu, e se essa geração não o realizou, nenhuma geração sucessiva pode revelar qualquer autoridade para realizá-lo, ou estabelecer uma. O princípio iluminador e divino dos direitos iguais do homem (pois sua origem reside no Criador do homem) se relaciona não somente aos indivíduos vivos, como também às gerações humanas que se sucedem. Toda geração é igual em matéria de direitos à geração que a precedeu, por força da mesma regra segundo a qual todo indivíduo nasce igual em matéria de direitos ao seu contemporâneo.

Toda história da criação e toda narrativa tradicional, quer oriundas do mundo culto ou do inculto, ainda que possam variar em sua opinião ou crença quanto a certos detalhes, são todas concordes em estabelecer um ponto, qual seja, *a unidade dos homens*, com base no que pretendo que os homens são todos de um *mesmo grau*, e conseqüentemente que todos os homens nascem iguais e com iguais direitos naturais, da mesma maneira como se a posteridade houvesse prosseguido por *criação* em lugar de *geração*, esta segunda sendo o

DOS DIREITOS DO HOMEM

único modo pelo qual a primeira é levada adiante; e, por conseguinte, toda criança nascida no mundo deve ser considerada como tendo sua existência procedente de Deus. O mundo é tão novo para ela como o foi para o primeiro homem que existiu e o seu direito natural nele é de idêntica espécie.

A narrativa mosaica da criação, seja tomada como detentora de autoridade divina ou como narrativa meramente histórica, se enquadra plenamente neste ponto, *a unidade ou igualdade do homem*. As expressões não admitem controvérsia: *"E Deus disse: Façamos o homem à nossa própria imagem. À imagem de Deus ele o criou; macho e fêmea ele os criou."*. A distinção dos sexos é destacada, porém nenhuma outra distinção é sequer insinuada. Se não se trata de autoridade divina, trata-se, ao menos, de autoridade histórica, e mostra que a igualdade do homem, longe de ser uma doutrina moderna, é a mais antiga de que se tem registro.

Também é de se observar que todas as religiões conhecidas no mundo se fundam, na medida em que se relacionam ao homem, na *unidade dos homens*, como sendo todos de uma mesma categoria. Quer no céu ou no inferno, ou seja em qual for o estado em que se possa supor existir o homem na vida futura, o bom e o mau são as únicas distinções. Nem mesmo as leis dos governos são forçadas a se imiscuírem nesse princípio ao criarem categorias que consistem em crimes e não em pessoas.

Trata-se de uma das maiores verdades entre todas e cujo cultivo é sumamente proveitoso. Considerando o homem sob essa luz e o instruindo a considerar a si mesmo sob essa luz, ele é colocado numa conexão estreita com todos seus deveres, seja em relação ao seu Criador, seja em relação à criação da qual ele constitui uma parte; e é somente quando ele esquece sua origem ou, para usar uma expressão mais à moda, seu *nascimento e família*, que se torna dissoluto. Não está entre os menores dos males dos atuais governos existentes em todas as partes da Europa o fato do homem, considerado como homem, ser arrojado a uma vasta distância de seu Criador, e o abismo artificial preenchido por uma sucessão de barreiras, ou uma espécie de postos de pedágio, através dos quais ele tem que passar. Citarei o elenco de barreiras que o Sr. Burke estabeleceu entre o homem e seu Criador. Assumindo para si mesmo o papel de um arauto, ele diz: "Tememos a Deus – contemplamos os reis com *assombro*

– os parlamentos com estima – os magistrados com dever – os sacerdotes com reverência e a nobreza com respeito." O Sr. Burke esqueceu de incluir a "cavalaria". Esqueceu também de incluir *Peter*.

O dever do homem não é um deserto de postos de pedágio através dos quais ele tem que passar mediante bilhetes de um a outro. É claro e simples e consiste apenas de dois pontos. Seu dever para com Deus, que deve ser sentido por todo homem, e o respeito por seu próximo, de tratar os outros como esperaria ser tratado. Se aqueles aos quais o poder é delegado agem corretamente, serão respeitados; caso contrário, serão desprezados. No que tange àqueles aos quais nenhum poder é delegado, mas que o assumem, o mundo da racionalidade nada pode saber deles.

Até aqui discorremos somente (e isso apenas parcialmente) sobre os direitos naturais do homem. Cabe-nos agora examinar os direitos civis do homem e mostrar como uns se originam dos outros. O homem não ingressou na sociedade para se tornar *pior* do que era antes, nem tampouco para ter menos direitos do que tinha anteriormente, mas para ter esses direitos melhor assegurados. Seus direitos naturais constituem o fundamento de todos seus direitos civis. Entretanto, a fim de indicar essa distinção mais precisamente, será necessário assinalar as distintas qualidades dos direitos naturais e civis.

Bastarão algumas palavras para explicá-lo. Os direitos naturais são aqueles que concernem ao homem por força de sua existência. Desse tipo são todos os direitos intelectuais, ou direitos da mente, e também todos aqueles direitos de agir como indivíduo em função de seu próprio conforto e felicidade, que não sejam ofensivos aos direitos naturais dos outros. Os direitos civis são aqueles que concernem ao homem por força de ser ele um membro da sociedade. Todo direito civil tem por fundamento algum direito natural preexistente no indivíduo, mas para cujo gozo seu poder individual, em todos os casos, não é suficientemente competente. Deste tipo são todos os que se relacionam com a segurança e a proteção.

Pode-se, a partir desse sumário exame, distinguir facilmente entre a classe de direitos naturais retidos pelo homem após seu ingresso na sociedade e aqueles de que participa na qualidade de membro da sociedade.

Os direitos naturais por ele retidos são todos aqueles em que o *poder* de execução é tão perfeito no indivíduo quanto o próprio direito.

DOS DIREITOS DO HOMEM

Nessa classe, como foi mencionado anteriormente, estão todos os direitos intelectuais, ou direitos da mente. Por conseguinte, a religião é um desses direitos. Os direitos naturais que não são retidos são todos aqueles nos quais, ainda que o direito seja perfeito no âmbito do indivíduo, o poder de realizá-los é deficiente. Não atendem ao seu propósito. Um homem, pelo direito natural, dispõe do direito de julgar em sua própria causa e na medida em que o direito intelectual está envolvido, ele jamais dele abre mão. Mas de que lhe vale julgar se não detém poder para retificar? Assim, ele deposita esse direito na ação comum da sociedade e se apóia no braço da sociedade, da qual ele faz parte, de preferência e em acréscimo ao seu próprio. A sociedade nada lhe *concede*. Todo ser humano é um proprietário na sociedade e se vale do capital como uma questão de direito.

Dessas premissas se seguem duas ou três conclusões certas.

Eis a primeira: todo direito civil brota de um direito natural, ou, em outras palavras, trata-se de um direito natural substituído.

Em segundo lugar: o poder civil propriamente considerado como tal é constituído do agregado daquela classe dos direitos naturais do homem, que se tornam falhos no indivíduo do ponto de vista do poder e não atendem ao seu propósito, mas que quando reunidos na direção de um foco tornam-se aptos a atender os propósitos de todos.

Em terceiro lugar: o poder produzido com base no agregado de direitos naturais, imperfeito no âmbito do indivíduo, não pode ser aplicado para invadir os direitos naturais que são retidos no indivíduo, e no qual a capacidade de exercê-lo é tão perfeita quanto o próprio direito.

Em poucas palavras, reconhecemos o homem vindo de uma condição de indivíduo natural para a de membro da sociedade, e mostramos, ou nos empenhamos em mostrar a qualidade dos direitos naturais retidos e daqueles que são substituídos por direitos civis. Apliquemos agora esses princípios aos governos.

Ao lançarmos nosso olhar sobre o mundo fica extremamente fácil distinguir os governos que emergiram da sociedade ou do pacto social dos que não emergiram. Contudo, para explicitá-lo com maior clareza do que aquela que pode ser proporcionada por um simples olhar, será conveniente examinar as várias fontes das quais surgiram os governos e com base nas quais têm sido eles fundados.

É possível enquadrá-los todos em três categorias: em primeiro lugar, os fundados na superstição; em segundo, os fundados no poder; em terceiro, os fundados no interesse comum da sociedade e nos direitos comuns do homem.

O primeiro foi um governo de sacerdotes,[14] o segundo de conquistadores e o terceiro da razão.

Quando um grupo de homens hábeis pretendeu, por meio de oráculos, manter comunicação com a divindade, tão familiarmente quanto sobe agora as escadas posteriores das cortes européias, o mundo esteve completamente sob o governo da superstição. Os oráculos eram consultados e, seja o que for que eram levados a dizer se transformava em lei. Essa espécie de governo durou enquanto durou essa espécie de superstição.

Depois desses surgiu uma raça de conquistadores cujos governos, como o de Guilherme, o Conquistador, eram baseados no poder, e a espada substituiu o cetro. Governos assim estabelecidos duram enquanto durar o poder que os sustenta; mas nesse caso eles podem recorrer a todo engenho a seu favor: uniram a fraude à força e erigiram um ídolo ao qual deram o nome de *Direito Divino*, e que, imitando o papa, que afeta ser espiritual e temporal, e em contradição com o fundador da religião cristã, se desfigurou posteriormente num ídolo de um outro aspecto, chamado *Igreja e Estado*. A chave de São Pedro e a chave da tesouraria tornaram-se aquarteladas uma na outra e a multidão ludibriada em pasmo venerou tal invenção.

Quando contemplo a dignidade natural do homem, quando experimento (pois a natureza não foi suficientemente bondosa comigo no sentido de embotar meus sentimentos) a honra e ventura contidas em seu caráter, fico irritado com a tentativa de governar os seres humanos pela força e a fraude, como se fossem todos biltres e tolos e mal consigo evitar a aversão por aqueles que assim se impõem.

Cabe-nos agora examinar os governos que emergem da sociedade em contraste com aqueles que se originaram da superstição e da conquista.

Tem sido julgada como considerável avanço rumo ao estabelecimento dos princípios da liberdade a afirmação de que o governo é um

---

14. Ou seja, uma teocracia. (n.t.)

pacto entre os que governam e os que são governados. Entretanto, não é possível que isso seja verdadeiro, uma vez que significa colocar o efeito antes da causa; como a existência do homem deve preceder a dos governos, houve necessariamente um tempo em que não existiam governos e, conseqüentemente, não podia originalmente existir governantes com os quais firmar tal pacto. O fato, portanto, é forçosamente o de que os *próprios indivíduos*, cada um com base em seu próprio direito pessoal e soberano, *ingressaram mutuamente num pacto* com o objetivo de criar um governo. Eis a única maneira que confere direito de origem aos governos e o único princípio que lhes confere direito de existência.

A fim de fazermos uma clara idéia do que é o governo, ou do que deve ser, precisamos fazê-lo remontar à sua origem. Assim fazendo, descobriremos facilmente que os governos devem ter surgido ou *do* povo ou *sobre* o povo. O Sr. Burke não fez distinções. Ele nada investiga até suas fontes, de modo que confunde tudo. Indicou, contudo, sua intenção de empreender, em alguma futura oportunidade, uma comparação entre as Constituições da Inglaterra e da França. Como ele o transforma num tema de controvérsia lançando um repto, eu o aceito em seu próprio terreno. É nos grandes desafios que grandes verdades gozam do direito de surgirem e eu o aceito com a maior prontidão porque me proporciona, ao mesmo tempo, um ensejo de considerar a matéria relativa aos governos que emergem da sociedade.

Mas será necessário primeiramente definir o que se entende por *Constituição*. Não basta adotarmos a palavra; temos também que estabelecer para ela um significado padrão.

Uma Constituição não é apenas algo nominal, porém é algo no domínio dos fatos. Não encerra uma idéia, mas uma existência real e onde não pode ser produzida sob uma forma visível, não há nenhuma Constituição. A Constituição é algo *antecedente* a um governo e o governo é tão-só a criatura de uma Constituição. A Constituição de um país não é a deliberação legislativa de seu governo, mas do povo que constitui seu governo. É o corpo de elementos ao qual se pode referir, e citar artigo por artigo e que contém os princípios com base nos quais o governo será estabelecido, a maneira na qual será organizado, os poderes de que estará investido, a forma das eleições, a duração dos "parlamentos", ou seja por qualquer outro nome que possam ser designados esses corpos; os poderes de que será investida a parte executiva do governo; e, em suma, tudo que se relaciona à organização completa de um governo civil e os princípios segundo os quais ele atuará, e pelos quais ele será obrigado. Uma Constituição, portanto, é para um governo o que as leis produzidas posteriormente por esse governo são para uma corte de justiça. A corte de justiça não produz as leis e, tampouco, pode alterá-las. Limita-se a atuar em conformidade com as leis promulgadas; o governo, de modo análogo, é governado pela Constituição.

Pode, então, o Sr. Burke produzir a Constituição inglesa? Se ele não pode, nos é facultado concluir razoavelmente que a despeito de tanta conversa acerca disso, não existe essa coisa de Constituição, ou jamais existiu, e, conseqüentemente, que o povo ainda tem uma Constituição a ser formada.

O Sr. Burke não negará, presumo, a afirmação que já apresentei, a saber, que os governos emergem ou *do* povo ou *sobre* o povo. O governo inglês é um destes que resultaram de uma conquista e não de uma sociedade; por conseguinte, surgiu sobre o povo, e embora haja sido muito modificado dada a oportunidade das circunstâncias desde a época de Guilherme, o Conquistador, o país jamais reformou a si mesmo, faltando-lhe, portanto, uma Constituição.

Percebo de pronto a razão porque o Sr. Burke declinou de encetar a comparação entre as Constituições inglesa e francesa, uma vez que não pôde deixar de notar, ao debruçar-se na tarefa, que nada que seja uma Constituição existia do seu lado da questão. Seu livro é decerto suficientemente volumoso para que pudesse ter contido tudo que ele pudesse dizer acerca desse assunto, e teria sido a melhor maneira com base na qual as pessoas poderiam ter julgado de seus méritos independentes. Por que, então, ele recusou a única coisa sobre a qual valeria a pena escrever? Era o fundamento mais sólido que ele poderia assumir se as vantagens estivessem de seu lado, porém o mais cediço se não estivessem, e sua recusa em assumi-lo é ou um sinal de que ele não era capaz de possuí-lo ou de que não seria capaz de conservá-lo.

O Sr. Burke declarou num discurso no Parlamento no inverno passado que quando a Assembléia Nacional pela primeira vez se reuniu em três classes (os *Terceiros Estados*, o clero e a nobreza), a França teve então uma boa Constituição. Isso mostra, em meio a inúmeros outros exemplos, que o Sr. Burke não entende o que é uma Constituição. As pessoas assim reunidas não eram uma Constituição, mas uma Convenção para criar uma Constituição. A atual Assembléia Nacional de França é, falando estritamente, o pacto social das pessoas. Seus membros são os delegados da nação em seu caráter *original*; futuras assembléias serão os delegados da nação em seu caráter *organizado*. O poder da atual assembléia é diferente daquele que será o poder das futuras assembléias. O poder da atual é o de formar uma Constituição; o poder das futuras será o de legislar de acordo com os princípios e moldes prescritos naquela Constituição, e se a experiência demonstrar no futuro que alterações, emendas ou adições são necessárias, a Constituição indicará o procedimento pelo qual tais coisas serão feitas, não o deixando nas mãos do poder discricionário do futuro governo.

Um governo conforme os princípios com base nos quais governos constitucionais oriundos da sociedade são estabelecidos, não pode dispor do direito de alterar a si mesmo. Se dele dispusesse, seria arbitrário. Poderia fazer ele mesmo o que lhe agradasse, e onde quer que um tal direito é estabelecido, mostra que não há Constituição. A lei pela qual o Parlamento inglês outorgou poder a si mesmo de ter assento por sete anos demonstra que não há Constituição na Inglaterra. Poderia, por força da mesma autoridade arbitrária ter determinado para o mandato qualquer outro número maior de anos, ou o tornado vitalício. O projeto de lei que o atual Sr. Pitt trouxe ao Parlamento alguns anos atrás para a reforma deste, se baseava no mesmo princípio errôneo. O direito de reforma se encontra na nação em seu caráter original, e o método constitucional seria uma convenção geral eleita com essa finalidade. Há, ademais, um paradoxo na idéia de corporações viciadas reformando a si mesmas.

A partir dessas considerações preliminares, passo a fazer algumas comparações. Já me referi à declaração dos direitos e como pretendo ser o mais conciso possível, passarei a outras partes da Constituição francesa.

A Constituição da França diz que todo homem que paga um imposto de sessenta soldos *per annum* (2s. 6d. ingleses) é um eleitor. Qual artigo oporá o Sr. Burke a isso? É possível que alguma coisa seja mais limitada e, ao mesmo tempo, mais caprichosa do que são as qualificações dos eleitores na Inglaterra? Limitadas porque nem um homem numa centena (falo muito dentro da periferia) será admitido ao voto. Caprichosas porque o mais vil dos indivíduos que se possa supor que exista e que não dispõe sequer de meios conspícuos para seu honesto sustento é um eleitor em certos lugares, enquanto em outros lugares, o homem que paga elevados tributos e tem caráter reconhecidamente íntegro, e o fazendeiro que arrenda em torno da soma de trezentas ou quatrocentas libras por ano, possuidor de uma propriedade nessa fazenda correspondente a três ou quatro vezes essa soma, não é admitido como eleitor. Tudo contraria a natureza, como diz o Sr. Burke numa outra oportunidade, nesse estranho caos, e todos os tipos de loucuras se misturam a todos os tipos de crimes. Guilherme, o Conquistador e seus descendentes dividiram o país dessa maneira e subornaram algumas partes dele pelo que chamam de cartas patentes, a fim de manter as demais partes dele melhor submetidas às suas vontades. Esta é a razão de tantas dessas cartas patentes existirem copiosamente na Cornualha. As pessoas se opuseram ao governo estabelecido por ocasião da conquista e as cidades foram providas de guarnições e seduzidas a fim de escravizar o país. Todas as antigas cartas patentes são as insígnias dessa conquista e é esta a origem do surgimento do capricho no que tange às eleições.

A Constituição francesa diz que o número dos representantes de qualquer lugar deverá ser proporcional ao número de habitantes ou eleitores tributáveis. Qual o artigo que o Sr. Burke opõe a isso? O condado de Yorkshire, que contém quase um milhão de almas envia dois membros do condado e o mesmo faz o condado de Rutland, que não contém sequer uma centésima parte desse número. A cidade de Old Sarum, que não possui três casas, envia dois membros; e à cidade de Manchester, que contém mais de sessenta mil almas, não é permitido enviar um. Há algum princípio nessas coisas? Há qualquer coisa pela qual se possa reconhecer as marcas da liberdade, ou descobrir aquelas da sabedoria? Não é de se admirar que o Sr. Burke tenha se esquivado da comparação e se empenhado em afastar seus leitores do ponto através de uma exibição extravagante e assistemática de rapsódias paradoxais.

A Constituição francesa diz que a Assembléia Nacional será eleita de dois em dois anos. Que artigo o Sr. Burke oporá a isso? Ora, que a nação não tem, em absoluto, direito no caso; que o governo é perfeitamente arbitrário com respeito a esse ponto. E ele pode citar a seu favor o precedente de um parlamento anterior.

DOS DIREITOS DO HOMEM

A Constituição francesa diz que não haverá leis de caça, que o fazendeiro em cujas terras animais de caça forem encontrados (pois é através dos produtos dessas terras que eles são alimentados) terá um direito ao que for capaz de tomar; que não haverá monopólios de espécie alguma, que todo comércio será livre e todo homem livre para seguir qualquer ocupação da qual possa extrair um sustento honesto, e em qualquer lugar, cidade pequena ou grande em toda a nação. O que o Sr. Burke dirá em relação a isso? Na Inglaterra, a caça é tornada propriedade daqueles que não têm despesa com a alimentação dos animais caçados. Quanto aos monopólios, o país é dividido em monopólios. Toda cidade privilegiada com carta patente é em si mesma um monopólio aristocrático, e a qualificação de eleitores procede desses monopólios do privilégio. É isso liberdade? É isso o que o Sr. Burke entende por Constituição?

Nesses monopólios da carta patente, um homem que vem de uma outra parte do país é expulso deles como se fosse um inimigo estrangeiro. Um inglês não é livre em seu próprio país; cada um desses lugares barra o seu caminho e lhe diz que ele não é um homem livre – que ele não tem direitos. Dentro desses monopólios existem outros monopólios. Numa cidade, como, por exemplo, Bath, que contém entre vinte e trinta mil habitantes, o direito de eleger representantes para o Parlamento é monopolizado por cerca de trinta e uma pessoas. E dentro destes monopólios ainda existem outros. Um homem até da mesma cidade cujos pais não estavam em condições de dar-lhe uma ocupação, é em muitos casos privado do direito natural de adquirir uma, não importando qual possa ser o seu talento e esforço.

São essas coisas exemplos a serem apresentados a um país que, como a França, se regenera da escravidão? Por certo que não, e estou seguro que quando o povo da Inglaterra vier a refletir sobre elas, aniquilarão, como a França, essas insígnias da antiga opressão, esses vestígios de uma nação conquistada. Tivesse o Sr. Burke um talento semelhante ao do autor de *Da Riqueza das Nações*,[15] teria compreendido todas as partes que se conjugam e que, reunidas, formam uma Constituição. Teria raciocinado a partir de minúcias até atingir a grandeza. Não é somente em função de seus preconceitos, como também da disposição confusa de seu gênio que ele não é apto

---

15. Adam Smith (1723-1790). (n.t.)

para a matéria sobre a qual escreve. Mesmo seu gênio carece de uma constituição. É um talento que atua fortuitamente e não um talento constituído. Mas ele tem que dizer alguma coisa. E, assim, ele se elevou aos ares como um balão, para tirar os olhos da multidão do solo sobre o qual se acha colocado.

Muito deve ser aprendido com a Constituição francesa. A conquista e a tirania se deslocaram com Guilherme, o Conquistador, da Normandia para a Inglaterra, e o país ainda se acha desfigurado com essas marcas. Que possa, então, o exemplo de toda a França contribuir para recuperar a liberdade que uma província sua destruiu!

A Constituição francesa diz que para manter a incorruptibilidade da representação nacional, nenhum membro da Assembléia Nacional será um funcionário do governo, um funcionário público ou um pensionista. O que o Sr. Burke oporá a isso? Direi num murmúrio sua resposta: *vantagens pessoais*. Ah, este governo de vantagens pessoais encerra mais dano em si do que as pessoas já pensaram. A Assembléia Nacional fez a descoberta e apresenta o exemplo ao mundo. Tivessem os governos concordado em lutar propositalmente para espoliar seus países mediante impostos e não teriam obtido melhor êxito do que obtiveram.

Tudo[16] no governo inglês me parece o oposto do que devia ser e do que se diz ser. Não se *supõe* que o Parlamento, eleito da maneira imperfeita e excêntrica como é, mantenha o erário nacional *custodiado* para a nação; mas da maneira na qual um parlamento inglês é formado é como um homem que é tanto devedor hipotecário quanto credor hipotecário, e no caso de desvio do crédito, temos o criminoso postado no julgamento de si mesmo. Se os que votam os orçamentos são os mesmos que recebem os orçamentos uma vez votados, e são os responsáveis pela contabilidade dos gastos desses orçamentos perante aqueles que os votaram, então serão *eles mesmos a fazer a contabilidade de si mesmos* e a Comédia dos Erros fechará acordo com a Pantomima do Encobrimento. Nem os membros do ministério nem a oposição tocarão nesse assunto. O tesouro nacional é o cavalo de aluguel comum em que cada um monta. É como dizem as pessoas do campo: "Cavalga e amarra –

---

16. Em muitas edições consta ... *Many things* ... (... Muitas coisas ...) em lugar de ... *Everything* ... (... Tudo ...). (n.t.)

cavalgas um pedaço do caminho e, depois, eu.".[17] Organizam isso melhor na França.

A Constituição francesa declara que o direito de guerra e de paz reside na nação. E onde mais poderia ele residir senão naqueles que deverão arcar com as despesas?

Na Inglaterra diz-se que esse direito reside numa *metáfora* exibida na Torre por meio xelim ou um xelim a unidade: assim são as curiosidades, e significaria estar um passo mais próximo da razão dizer que residia nelas, pois qualquer metáfora inanimada não é mais do que um chapéu ou um gorro. Todos nós somos capazes de perceber o absurdo de adorar o bezerro derretido de Aarão, ou a imagem de ouro de Nabucodonozor. Mas por que os homens continuam a praticar eles próprios os absurdos que desprezam nos outros?

Pode-se com razão dizer que do modo que a nação inglesa é representada, não há indicação de onde o direito reside, se na Coroa ou no Parlamento. A guerra é a colheita comum de todos aqueles que participam da divisão e gasto do dinheiro público em todos os países. É a arte de *conquistar em casa*; seu objetivo é um aumento de renda, e como a renda não pode ser aumentada sem impostos, tem-se que criar um pretexto para o gasto. Ao examinar a história do governo inglês, suas guerras e seus tributos, um espectador, não privado da visão por força do preconceito nem pervertido pelo interesse, declararia que os impostos não foram aumentados para empreender guerras, mas que as guerras foram multiplicadas para promover a tributação.

O Sr. Burke, como um membro da Câmara dos Comuns, é uma parte do governo inglês, e embora se julgue um inimigo da guerra, ele insulta a Constituição francesa, que procura condená-la. Ele exibe o governo inglês em todas as suas partes como um modelo à França, mas deveria primeiramente estar ciente das observações que os franceses fazem sobre esse governo. Lutam a favor do que lhes pertence, que o quinhão de liberdade fruído na Inglaterra é apenas o suficiente para escravizar um país mais produtivamente do que pelo

---

17. Constitui prática em alguns pontos da região rural, quando dois viajantes dispõem de um só cavalo, o qual, como o erário nacional, não suportará carga dupla, um montar e cavalgar duas ou três milhas, depois do que desmonta, amarra o cavalo a uma porteira e segue caminho a pé. Quando o segundo viajante alcança essa porteira, ele monta o cavalo, cavalga, ultrapassa seu companheiro em uma milha ou duas, amarra o animal novamente e, assim sucessivamente: *Cavalga e amarra*.

despotismo, e que como a meta real de todo despotismo é a renda, um governo assim formado obtém mais do que poderia fazê-lo quer pelo despotismo direto, quer numa condição plena de liberdade, estando, conseqüentemente, no terreno do interesse, em oposição a ambos. Levam também em conta a prontidão que sempre se apresenta em tais governos para se envolverem em guerras ao observarem os diferentes motivos que as produzem. Nos governos despóticos, as guerras são o efeito do orgulho, mas naqueles nos quais elas se tornam o meio de tributação, adquirem com isso uma presteza mais permanente.

A Constituição francesa, portanto, com o fito de prevenir-se contra esses dois males, suprimiu o poder de declarar guerra dos reis e ministros, e colocou o direito onde a despesa deve recair.

Quando a questão do direito de guerra e de paz fervilhava na Assembléia Nacional, o povo inglês parecia estar muito interessado no evento e altamente disposto a aplaudir a decisão. Na qualidade de um princípio, aplica-se tanto a um país quanto a outro. Guilherme, o Conquistador, *enquanto um conquistador*, reteve esse poder de guerra e de paz em si mesmo, e seus descendentes desde então o reivindicaram em nome dele como um direito.

A despeito do Sr. Burke ter afirmado o direito do Parlamento na revolução de obrigar e controlar a nação e a posteridade para *sempre*, ele nega, ao mesmo tempo, que o Parlamento ou a nação tivesse qualquer direito de alterar o que chama de sucessão da Coroa exceto em parte, ou mediante uma espécie de modificação. Ao penetrar esse terreno dessa sua forma, ele faz remontar o assunto à *Conquista Normanda*, e por assim traçar uma linha de sucessão, começando com Guilherme, o Conquistador e que alcança os nossos dias, ele cria a necessidade de indagar quem e o que foi Guilherme, o Conquistador, de onde ele veio e indagar sobre a origem, história e natureza daquilo que é chamado de prerrogativas. É imperioso que tudo haja tido um início e a névoa do tempo e da antigüidade deve ser penetrada para descobri-lo. Que o Sr. Burke, então, apresente seu Guilherme da Normandia, pois é para essa origem que seu argumento se dirige. Infelizmente também ocorre, ao se traçar esta linha de sucessão, que uma outra linha paralela a essa se apresenta, ou seja, que se a sucessão caminha na linha da conquista, a nação caminha na linha de ser conquistada, e deve resgatar-se desse opróbrio.

Mas será, talvez, dito que embora o poder de declarar guerra seja oriundo da herança da conquista, é mantido obstruído pelo direito do Parlamento de negar as verbas. Sempre acontecerá quando uma coisa é originalmente errada que reformas não a tornam certa, e ocorre amiúde que produzem tanto dano, tornando um meio tão bom quanto o outro, sendo este o caso aqui, pois se um declara precipitadamente a guerra por uma questão de direito, enquanto o outro nega peremptoriamente as verbas por uma questão de direito, o remédio se torna tão ruim, ou pior do que a doença. Um obriga a nação a combater, ao passo que o outro ata suas mãos. O resultado mais provável, porém, é o conflito terminar num conluio entre os partidos, e que seja construída uma tela para ambos.

Nessa questão da guerra, três coisas devem ser consideradas. Primeiro, o direito de declará-la; em segundo lugar, o custo para sustentá-la; em terceiro lugar, o modo de conduzi-la após ser declarada. A Constituição francesa coloca o *direito* onde deve incidir o *custo*, e essa união só pode estar na nação. O modo de conduzir a guerra depois de ter sido declarada se consigna ao órgão executivo. Fosse este o caso em todos os países e ouviríamos apenas pouco mais sobre guerras.

Antes de passar ao exame de outros trechos da Constituição francesa, e a título de obter um alívio diante da fadiga gerada pelo argumento, contarei uma história que escutei do Dr. Franklin.[18]

No período em que Franklin morou na França na qualidade de ministro da América[19] durante a guerra, recebeu numerosas propostas que lhe foram feitas por visionários de todos os países e de toda espécie, que desejavam ir para a terra que flui leite e mel, América. Entre eles houve um que se ofereceu para ser rei. Apresentou sua proposta a Franklin por carta – a qual se encontra hoje de posse de M. Beaumarchais, de Paris – afirmando para começar que como os americanos haviam despedido ou demitido[20] seu rei, desejariam um outro; em segundo lugar, que ele próprio era um normando; em terceiro lugar, que pertencia a uma família mais antiga do que os duques da Normandia, e de uma progênie mais nobre, sua linhagem

---

18. Benjamin Franklin (1706-1790), político, congressista, cientista, inventor e autor norte-americano. (n.t.)
19. Ou seja, Estados Unidos da América do Norte. (n.t.)
20. A palavra por ele usada foi *renvoyé*, despedido ou demitido.

jamais tendo sido abastardada; em quarto lugar, que já havia um precedente na Inglaterra quanto a reis provenientes da Normandia, sendo que era nesses fundamentos que apoiava sua oferta, *mandando* que Franklin a enviasse para a América. Mas como o Dr. Franklin nem fez isso nem tampouco lhe deu uma resposta, o visionário escreveu uma segunda carta na qual não ameaçou, é verdade, partir e conquistar a América, mas apenas com grande dignidade propôs que se sua oferta não fora aceita, uma soma em torno de trinta mil libras lhe fosse concedida em reconhecimento por sua generosidade! Ora, como todos os argumentos concernentes à sucessão, devem necessariamente ligar essa sucessão a alguma origem, os argumentos do Sr. Burke acerca deste assunto se prestam a mostrar que não existe origem inglesa de reis, e que eles são descendentes da linhagem normanda por direito da *conquista*. Pode, portanto, ser útil à sua doutrina tornar essa história conhecida e informá-lo que, no caso dessa extinção natural, à qual está sujeita toda mortalidade, pode-se novamente ter reis da Normandia, em termos mais razoáveis do que Guilherme, o Conquistador; e, conseqüentemente, que o bom povo da Inglaterra na Revolução de 1688, *podia ter feito muito melhor* tivesse um tal generoso normando como *esse* sabido de *suas* necessidades, e o povo soubera das *dele*! É muito mais fácil, certamente, realizar um bom negócio com o tipo fidalgo que o Sr. Burke tanto admira do que com um *holandês de difícil trato*.

Mas voltemos às matérias da Constituição.

A Constituição francesa diz: *Não haverá títulos* e, por conseguinte, toda aquela classe de geração equívoca que em alguns países é chamada de *aristocracia* e em outros de *nobreza* é suprimida, e o *par* é enaltecido no HOMEM.

Títulos não passam de alcunhas e toda alcunha é um título. Isso é perfeitamente inócuo em si mesmo, porém imprime uma marca de uma certa afetação na natureza humana, que a degrada. Reduz o homem ao seu diminutivo nas coisas que são grandes e à falsificação das mulheres nas coisas que são pequenas. Fala de sua bela *fita azul* como uma garota e mostra sua nova *liga* como uma criança. Um certo escritor, um tanto antigo, diz: "Quando eu era uma criança, pensava como uma criança, porém quando me tornei um homem, descartei as coisas pueris.".

É, propriamente, do elevado espírito de França que a tolice dos títulos caiu. Cresceu além dos cueiros de *conde* e *duque* e rompeu para a humanidade. A França não nivelou, mas exaltou. Demoliu o anão para erguer o homem. A insignificância de palavras sem sentido como *duque* ou *conde* deixou de agradar. Mesmo aqueles que possuíam tais títulos dispensaram esse linguajar e quando superaram o raquitismo infantil, desprezaram o chocalho. O espírito genuíno do homem, sedento de seu lar nativo, a sociedade, desdenha as futilidades que o separam dele. Títulos são como círculos traçados pelo bastão do mago para contrair a esfera da felicidade humana. Ele vive isolado no interior da Bastilha de uma palavra e sonda, à distância, a invejada vida do homem.

É de se surpreender, portanto, que os títulos devessem cair na França? E não será ainda mais surpreendente que possam ser preservados em qualquer parte? O que são eles? Qual é o seu valor e "qual sua importância"? Quando pensamos ou falamos de um *juiz* ou de um *general*, associamos a isso as idéias de cargo e caráter; pensamos em seriedade em relação a um e em bravura em relação ao outro. Mas quando usamos as palavras *meramente como títulos*, não há a associação de idéias com elas. Em todo o vocabulário de Adão não há nenhum animal que responda pelo nome de *duque* ou *conde*; tampouco somos capazes de vincular qualquer idéia determinada a essas palavras. Se significam força ou fraqueza, sabedoria ou loucura, uma criança ou um homem, ou o cavaleiro ou o cavalo, tudo é equívoco. Que respeito pode, então, ser conferido àquilo que nada descreve e que nada significa? A imaginação concedeu forma e caráter aos centauros, sátiros e à toda a comunidade das fadas, mas os títulos frustram mesmo os poderes da fantasia e são coisas desconhecidas e quiméricas.

Mas isso não é tudo. Se um país inteiro se dispor a votar-lhes desprezo, todo o valor deles desaparecerá e ninguém os possuirá. É exclusivamente a opinião pública que faz deles alguma coisa ou nada, ou piores do que nada. Não há ocasião para fazer desaparecer os títulos, pois estes fazem desaparecer a si mesmos quando a sociedade concorre para ridicularizá-los. Essa espécie de importância imaginária tem visivelmente entrado em declínio em todas as regiões da Europa e se apressa rumo ao seu desaparecimento à medida que o mundo da razão prossegue crescendo. Houve um tempo em que a mais baixa classe do que é denominado nobreza era mais considerada do que a mais elevada o é hoje, e em que um homem de armadura cavalgando pelos domínios da cristandade em busca de aventuras era maior objeto de olhares do que um moderno duque. O mundo assistiu à queda dessa tolice, e esta caiu pelo fato de ser ridicularizada – e a farsa dos títulos seguirá seu destino. Os patriotas franceses descobriram em bom tempo que posição e dignidade na sociedade devem ter um novo fundamento. O antigo fundamento desmoronou. Deve agora ter o fundamento substancial do caráter, em lugar do fundamento quimérico dos títulos. E eles levaram seus títulos ao altar e deles fizeram um holocausto à *razão*.

Se nenhum dano houvesse se incorporado à loucura dos títulos, não teriam sido merecedores de uma destruição séria e formal, tal como a que a Assembléia Nacional para eles decretou. Isso exige que investiguemos melhor a natureza e o caráter da aristocracia.

O que é designado como aristocracia em alguns países e como nobreza em outros nasceu nos governos fundados na conquista. Era originalmente uma ordem militar com a função de dar suporte ao governo militar (pois desta natureza foram todos os governos fundados na conquista); e para garantir a sucessão dessa ordem ao desempenho das funções para as quais havia sido criada, todos os ramos mais jovens dessas famílias foram deserdados e a lei da primogenitura instituída.

A natureza e o caráter da aristocracia exibem-se a nós nessa lei. É a lei que contraria qualquer outra lei natural e a própria natureza clama por sua destruição. Estabeleça-se a justiça familiar e teremos o fim da aristocracia. Pela lei aristocrática da primogenitura, numa família de seis filhos cinco são abandonados. A aristocracia jamais tem mais do que um filho. Os demais são gerados para serem devorados. São lançados como presa aos canibais e os pais naturais preparam o repasto desnaturado.

Como tudo que está fora da natureza no homem afeta, mais ou menos, o interesse da sociedade, o mesmo ocorre com isso. Todos os filhos que a aristocracia repudia (que são todos exceto o mais velho) são, em geral, arrojados como órfãos numa paróquia, para serem sustentados publicamente, mas a um custo maior. Órgãos e instituições desnecessários nos governos e nas cortes são criados às custas da população para mantê-los.

Com que tipo de pensamentos paternos ou maternos pode o pai ou a mãe contemplar seus filhos mais jovens? Segundo a natureza são filhos e segundo o casamento são herdeiros, mas segundo a aristocracia são bastardos e órfãos. São a carne e o sangue de seus pais numa linha, e nada a eles aparentado na outra. Com a intenção, portanto, de devolver os pais aos seus filhos e os filhos aos seus pais – os parentes aos parentes e o homem à sociedade – e a fim de exterminar o monstro chamado *aristocracia*, sua raiz e seus ramos, a Constituição francesa deu fim à lei da *primogenitura*. Aqui, então, jaz o monstro e o Sr. Burke, se quiser, pode escrever seu epitáfio.

Até agora consideramos a aristocracia principalmente sob um ponto de vista. É preciso, neste momento, que a consideremos sob um outro. Mas quer a encaremos frontalmente, por trás, lateralmente ou de qualquer outra forma, do prisma doméstico ou do público, ela continuará sendo um monstro.

Na França, a aristocracia possuía uma característica a menos em sua fisionomia que o possuído em alguns outros países. Não compunha um corpo de legisladores por hereditariedade. Não era uma "corporação aristocrática", como ouvi M. de la Fayette descrever uma Câmara inglesa dos Pares. Examinemos, então, com que razões a Constituição francesa chegou a uma solução contrária à presença de uma tal Câmara na França.

Em primeiro lugar, como já mencionado, porque a aristocracia é mantida pela tirania e injustiça familiares. Em segundo, porque existe uma inaptidão anti-natural numa aristocracia para os aristocratas serem legisladores de uma nação. Suas idéias de *justiça distributiva* são corrompidas na própria fonte. Começam a vida pisando em todos os irmãos mais jovens e irmãs, além de parentes de todo tipo, e são ensinados e educados a assim agir. Com que idéias de justiça ou honra podem tais homens ingressar numa Assembléia legislativa, indivíduos que absorvem em suas próprias pessoas a herança de toda uma família de filhos ou a estes distribui algum quinhão lastimável com a insolência de uma dádiva?

Em terceiro lugar, porque a idéia de legisladores por hereditariedade é tão inconsistente quanto a de juízes por hereditariedade, ou a de júris por hereditariedade – e tão absurda quanto a de um matemático por hereditariedade, ou a de um sábio por hereditariedade, e tão ridícula como a de um poeta laureado por hereditariedade.

Em quarto lugar, porque um grupo de homens, que não se apresenta como responsável por ninguém, não deve merecer a confiança de ninguém.

Em quinto lugar, porque continua a dar guarida ao princípio incivilizado dos governos fundados na conquista e na idéia torpe do homem ser proprietário do homem e governá-lo por força de um direito pessoal.

Em sexto lugar, porque a aristocracia tem uma tendência a deteriorar a espécie humana. Sabe-se com base na economia universal da natureza, e está provado com base no exemplo dos judeus, que a espécie humana apresenta uma tendência para degenerar em qualquer pequeno contingente de indivíduos separado do tronco geral da sociedade, e que se casam entre si constantemente. Frustra mesmo seu suposto propósito e se torna, com o tempo, o oposto do que é nobre no ser humano. O Sr. Burke fala de nobreza: que ele mostre o que é isso. As maiores personalidades que o mundo conheceu surgiram em solo democrático. A aristocracia não tem sido capaz de manter um passo proporcional em relação à democracia. O *nobre* artificial se contrai transformando-se num anão ante o *nobre* da natureza; e nos poucos exemplos daqueles (pois há alguns em todos os países) nos quais a natureza, como se por milagre, sobreviveu na aristocracia, *esses homens a desprezam.*

É tempo, todavia, de passar a uma outra matéria.

A Constituição francesa corrigiu a condição do clero. Aumentou a renda da classe baixa e da classe média por redução daquela da classe alta. Ninguém tem agora menos que mil e duzentas libras (cinqüenta libras esterlinas) ou mais do que cerca de duas ou três mil libras. O que o Sr. Burke oporá a isso?[21]

Ele diz: "Que o povo da Inglaterra pode ver sem sofrimento ou ressentimento, um arcebispo preceder um duque; pode ver um bispo de Durham, ou um bispo de Winchester de posse de dez mil libras por ano, e não pode perceber porque não se encontra em piores mãos do que propriedades rurais numa quantia análoga, nas mãos deste conde ou daquele aristocrata rural.". E o Sr. Burke oferece isso como um exemplo para a França.

No que diz respeito à primeira parte, se o arcebispo precede o duque, ou o duque o arcebispo, é para o povo em geral algo como *Sternhold* e *Hopkins*, ou *Hopkins* e *Sternhold*. Pode-se colocar o que quiser em primeiro lugar e como tenho que confessar que não compreendo o mérito desta questão, não a disputarei com o Sr. Burke.

---

21. Este parágrafo está ausente em algumas edições modernas. (n.t.)

Mas no que toca à segunda, tenho algo a dizer. O Sr. Burke não formulou o assunto com acerto. A comparação se mostra descabida ao ser feita entre o bispo e o conde ou o aristocrata rural. Devia ser feita entre o bispo e o cura e, então, seria formulada assim: "O povo da Inglaterra pode ver sem sofrimento ou ressentimento um bispo de Durham, ou um bispo de Winchester, de posse de dez mil libras por ano e um cura com trinta ou quarenta libras por ano, ou menos.". Não, senhor, certamente não vê tais coisas sem grande sofrimento ou ressentimento. É uma situação que toca ao senso de justiça de todo ser humano e uma entre muitas que clama por uma Constituição.

Na França, o brado de "A Igreja! A Igreja!" foi repetido com a mesma freqüência na qual o é no livro do Sr. Burke, e tão alto como quando o Projeto de lei dos Dissidentes esteve perante o Parlamento inglês. Mas o clero francês em geral não era para ser enganado mais por esse brado. Sabia que não importa qual pudesse ser o pretexto, era ele mesmo um dos seus principais objetos. Era o brado do clero altamente beneficiado com o propósito de impedir qualquer regulamentação da renda que ocorresse entre aqueles que recebiam dez mil libras por ano e o pároco. Assim, juntou seu caso àqueles de toda outra classe de homens oprimida, e mediante essa união logrou a retificação.

A Constituição francesa aboliu as dízimas, esta fonte de perpétuo descontentamento entre o titular da dízima e o paroquiano. Quando a terra é mantida submetida à dízima, encontra-se na condição de uma propriedade rural mantida entre dois partidos, um que recebe um terço e outro que recebe nove décimos da produção e, conseqüentemente, com base nos princípios da eqüidade, se a propriedade rural puder ser melhorada e capacitada, devido a esse melhoramento, a produzir o dobro ou o triplo do que produzia antes, ou em qualquer outra razão, o custo de tal melhoramento devia ser arcado numa mesma proporção entre as partes que irão partilhar da produção. Mas não é o que ocorre com as dízimas. O fazendeiro arca com toda a despesa e o titular da dízima abiscoita um décimo da melhoria a se somar ao décimo original, e desta forma, obtém o valor de dois décimos ao invés de um décimo. Eis outra situação que reclama uma Constituição.

A Constituição francesa aboliu ou abandonou a *tolerância* bem como a *intolerância*, e estabeleceu o DIREITO UNIVERSAL DE CONSCIÊNCIA.

A *tolerância* não é o oposto da *intolerância*, mas a sua *imitação*. Ambas são despotismos. Uma assume para si mesma o direito de obstar a *liberdade de consciência*, e a outra o de concedê-la. Uma é o papa armado da fogueira e do feixe de madeira e a outra é o papa vendendo ou proporcionando indulgências. A primeira é a Igreja e o Estado, a segunda a Igreja e o comércio.

Mas a *tolerância* pode ser contemplada sob uma luz muito mais intensa. O homem não venera a si próprio, mas ao seu Criador e a liberdade de consciência que ele reivindica não é para o serviço de si mesmo, porém para o de seu Deus. Neste caso, portanto, devemos necessariamente ter a idéia conjugada de duas coisas: o *mortal* que procede à veneração, e o *ser imortal* que é venerado. A tolerância, por conseguinte, se coloca não entre o homem e o homem nem entre a Igreja e a Igreja, nem tampouco entre uma denominação religiosa e uma outra, mas entre Deus e o ser humano, entre o ser que venera e o *ser* que é venerado, e pelo mesmo ato de autoridade assumida pela qual tolera que o homem preste sua veneração, de maneira presunçosa e blasfema se institui para tolerar que o Todo Poderoso a receba.

Fosse um projeto de lei trazido a qualquer Parlamento sob o título "Uma lei para tolerar ou conceder liberdade ao Todo Poderoso para receber a veneração de um judeu ou de um turco," ou "para proibir o Todo Poderoso de recebê-la," e todos os homens ficariam chocados e o julgariam uma blasfêmia. Haveria um tumulto. A presunção de tolerância em matérias religiosas se apresentaria, então, desmascarada; mas a presunção não é de menos porque somente o nome "homem" consta nessas leis, uma vez que a idéia conjugada do *venerador* e do *venerado* não pode ser dissociada. Quem, então, és tu, pó e cinzas de vaidade!... por qualquer nome que sejas denominado, quer um rei, um bispo, uma Igreja, ou um Estado, um Parlamento, ou qualquer outra coisa que intrometes tua insignificância entre a alma do homem e o Criador desta? Preocupa-te com teus próprios interesses. Se ele não acredita como tu acreditas, é uma prova de que não acreditas como ele acredita, e não há nenhum poder terreno que possa decidir entre vós.

Com respeito ao que é chamado de denominações religiosas, se a cada um cabe julgar de sua própria religião, não há uma religião que seja errada; se, entretanto, se trata de julgar um a religião do outro, não há uma religião que seja certa e, portanto, todo o mundo está certo ou todo o mundo está errado. Mas no que tange à religião ela mesma, desconsiderando-se nomes, e na medida em que dirige a si própria da família universal da humanidade ao objeto *divino* de toda adoração, *trata-se do ser humano trazendo ao seu Criador os frutos de seu coração*; e embora esses frutos possam diferir entre si como os frutos da terra, o tributo de gratidão de cada um é aceito.

Um bispo de Durham, ou um bispo de Winchester, ou o arcebispo que chefia os duques, não recusará a dízima sobre um feixe de trigo porque não é uma meda de feno, nem uma meda de feno porque não é um feixe de trigo; nem um porco porque não é nem um nem outro. Essas mesmas pessoas, contudo, sob o símbolo de uma Igreja estabelecida, não permitirão que seu Criador receba as variadas dízimas da devoção dos homens.

Um dos contínuos estribilhos do livro do Sr. Burke é "Igreja e Estado".

Ele não quer dizer alguma Igreja em particular, ou algum Estado em particular, mas qualquer Igreja e Estado; e ele emprega a expressão como uma figura geral para exibir a doutrina política de unir sempre a Igreja ao Estado em todos os países, além de censurar a Assembléia Nacional por não ter feito isso na França. Reflitamos um pouco sobre esse assunto.

Todas as religiões são em sua natureza bondosas, benignas e unidas a princípios morais. Não poderiam inicialmente ter feito prosélitos professando qualquer coisa que fosse viciosa, cruel, fomentadora de perseguição, ou imoral. Como tudo mais, tiveram o seu começo e prosseguiram mediante persuasão, exortação e exemplo. Como explicar, então, a perda de sua parte de brandura original e o fato de se tornarem sombrias e intolerantes?

Isso tem a ver com a ligação recomendada pelo Sr. Burke. Ao unir a Igreja ao Estado, uma espécie de *mulo*, capaz somente de destruir e incapaz de gerar, é produzida, e que se denomina *Igreja estabelecida pela lei*. Trata-se de uma estranha, mesmo desde de seu nascimento, para qualquer mãe em cujo útero tenha sido gerada e que, com o tempo, ela expulsa e aniquila.

A Inquisição na Espanha não provém da religião originalmente professada, mas desse mulo engendrado entre a Igreja e o Estado. Os incêndios em Smithfield provieram dessa mesma criatura heterogênea; e foi a regeneração desse estranho animal na Inglaterra, posteriormente, que renovou o rancor e a irreligião entre os habitantes e que expulsou as pessoas chamadas de *quakers* e *dissenters*[22] para a América. A perseguição não constitui uma característica original em *nenhuma* religião, mas constitui sempre a característica mais marcante de todas as religiões de direito, ou religiões estabelecidas pela lei. Retira o estabelecimento oficial por força de lei e toda religião reassumirá sua benignidade original. Na América um sacerdote católico é um bom cidadão, uma boa pessoa e um bom vizinho; um ministro da Igreja episcopal é o mesmo, o que se origina, independentemente dos homens, de não haver oficialização legal da religião na América.

Se observarmos também essa matéria num sentido temporal, veremos os maus efeitos que produziu no tocante à prosperidade das nações. A união da Igreja e do Estado empobreceu a Espanha. A revogação do edito de Nantes expulsou a fabricação da seda da França para a Inglaterra; e a Igreja e o Estado estão expulsando a manufatura do algodão da Inglaterra para a América e a França. Que o Sr. Burke, então, prossiga pregando sua doutrina antipolítica da Igreja unida ao Estado. Será de algum benefício. A Assembléia Nacional não acatará o seu aconselhamento, mas será beneficiada por sua loucura. Foi observando seus efeitos negativos na Inglaterra que a América foi advertida contra ela. E é os experimentando na França que a Assembléia Nacional aboliu tal doutrina e, como a América, estabeleceu *o direito universal de consciência e o direito universal de cidadania.*[23]

---

22. Literalmente *dissidentes*. (n.t.)
23. Quando em qualquer país presenciamos a ocorrência de eventos extraordinários, estes levam naturalmente qualquer indivíduo que disponha do talento da observação e da investigação a indagar sobre as causas. As manufaturas de Manchester, Birmingham e Sheffield são as principais da Inglaterra. Qual o motivo disso? Uma ligeira observação dará conta dessa situação. Tanto os principais habitantes desses lugares quanto seus habitantes em geral não pertencem ao que é chamado na Inglaterra de *a igreja estabelecida pela lei*, e eles ou seus pais (pois isso está encerrado num período de poucos anos) escaparam da perseguição das cidades de carta patente, onde leis da imposição de teste operam mais particularmente, e instalaram uma espécie de refúgio para eles mesmos nas cidades onde passaram a residir. Tratava-se, então, do único refúgio disponível, pois o resto da Europa era pior. A situação, entretanto, está atualmente mudando. A França e a América dão boas-vindas a todos que chegam e os iniciam em todos os direitos de cidadania. A diplomacia e o interesse, portanto, ditarão, talvez demasiado tarde, na Inglaterra o que a razão e a justiça foram incapazes de ditar. Esses fabricantes estão se afastando das cidades do privilégio e surgindo em outros lugares. Atualmente está sendo construída em Passy, a três milhas de Paris, uma grande fábrica de algodão, e

Dos Direitos do Homem

Encerrarei aqui a comparação relativa aos princípios da Constituição francesa e concluirei esta parte do tema com umas poucas observações a respeito da organização das partes formais dos governos francês e inglês.

O poder executivo em cada país está nas mãos de uma pessoa chamada de rei,[24] mas a Constituição francesa distingue entre o rei e o soberano. Considera a posição de rei como oficial e coloca a soberania na nação.

Os representantes da nação que compõem a Assembléia Nacional, e que constituem o poder legislativo têm sua origem no seio do povo e deste procedem por eleição, como um direito inerente ao povo. Na Inglaterra é diferente, a origem disso residindo no estabelecimento original do que é chamado de monarquia inglesa, pois como mediante a conquista todos os direitos do povo ou da nação passaram às mãos do conquistador, o qual, inclusive, acrescentou o título de rei ao de conquistador, aquelas mesmas matérias que na França são agora consideradas como direitos no âmbito do povo ou da nação, são considerados na Inglaterra como concessões do que é chamado de Coroa. O Parlamento na Inglaterra, em ambas suas partes, foi construído por patentes dos descendentes do conquistador. A Câmara dos Comuns não nasceu como uma questão de direito no

---

diversas já foram construídas na América. Logo depois da rejeição do projeto de lei para a revogação da lei da imposição de teste, um dos mais ricos fabricantes da Inglaterra disse a mim: "A Inglaterra, senhor, não é país para um dissidente viver – temos que ir para a França.". São verdades e faz justiça a ambos os partidos contá-las. São principalmente os dissidentes que conduziram as manufaturas inglesas ao auge em que se acham agora, e os mesmos homens detêm em seu poder levá-las embora, e apesar dessas manufaturas continuarem, posteriormente, a serem produzidas nesses lugares, o mercado exterior estará perdido. Freqüentemente lemos no *London Gazette* extratos de certas leis relativas ao impedimento de máquinas e pessoas – na medida em que podem se estender a pessoas – de saírem do país. Tem-se a impressão, a refletir sobre isso, que as más conseqüências das leis da imposição de teste e do estabelecimento oficial das Igrejas começam se tornar grandemente suspeitas. Entretanto, o remédio da força jamais pode substituir o da razão. No desenrolar de menos de um século, toda a parte sem representação da Inglaterra, pertencente a todas as denominações, e que é, no mínimo, cem vezes mais numerosa, pode começar a sentir a necessidade de uma Constituição e, então, todos esses assuntos se apresentarão regularmente a ela. (*) *Tanto esta nota quanto a totalidade do parágrafo a que se refere estão ausentes em algumas das edições recentes de Direitos do Homem. (n.t.)*

24. Paine tem aqui em vista somente o governo monárquico, não entrando no mérito do governo republicano. (n.t.)

seio do povo visando a delegar ou eleger, mas como uma concessão ou favor.

Segundo a Constituição francesa, a nação é sempre nomeada antes do rei. O terceiro artigo da declaração dos direitos diz: "A nação é essencialmente a fonte de toda soberania.". O Sr. Burke argumenta que na Inglaterra o rei é a fonte – que ele é a fonte de toda honra. Mas como essa idéia provém evidentemente da conquista, não tecerei nenhuma outra observação a seu respeito senão que faz parte da natureza da conquista pôr tudo de cabeça para baixo, e como ao Sr. Burke não será recusado o privilégio de se manifestar duas vezes, e como há apenas duas partes na figura, a *fonte* e o *repuxo*, ele estará certo na segunda vez.

A Constituição francesa coloca o legislativo antes do executivo, a lei antes do rei, *la loi, le Roi*. Isso está presente também na ordem natural das coisas, porque as leis têm que existir antes de poderem ser aplicadas.

Um rei na França ao se dirigir à Assembléia Nacional não diz: "Minha Assembléia", semelhantemente à expressão utilizada na Inglaterra, ou seja, *"Meu* Parlamento"; e, tampouco, pode ele utilizá-la compativelmente com a Constituição, nem poderia ser admitida. É possível que haja adequação no seu uso na Inglaterra já que, como antes mencionado, as duas Câmaras do Parlamento nasceram do que é chamado de *Coroa* em virtude de patente ou favor – e não com base nos direitos inerentes do povo, como a Assembléia Nacional faz na França, e cujo nome designa sua origem.

O Presidente da Assembléia Nacional não pede ao rei *que ele conceda à Assembléia liberdade de expressão,* como é o caso da Câmara dos Comuns inglesa. A dignidade constitucional da Assembléia Nacional não pode rebaixar-se. O discurso, a expressão, é em primeiro lugar um dos direitos naturais do homem sempre retido; e no que respeita à Assembléia Nacional, o seu uso constitui o *dever* dela, a nação sendo a sua *autoridade.* Seus membros foram eleitos pelo maior contingente de homens no exercício do direito de votar que o mundo europeu já viu. A Assembléia Nacional não se originou da abjeção de *boroughs*[25] apodrecidos, e nem é a representante vassala

---

25. Na Inglaterra, cidades (geralmente pequenas) dotadas de corporação municipal e direitos para autonomia de governo outorgados por carta patente real. (n.t.)

de cidades aristocráticas de carta patente. Sentindo a dignidade própria de seu caráter, ela o sustenta. Sua linguagem parlamentar, quer a favor ou contra a questão, é livre, arrojada e viril, estendendo-se a todos os aspectos e circunstâncias do caso. Se qualquer matéria ou assunto tocante ao órgão executivo ou à pessoa que o preside (o rei) chega a ela, é debatido com o espírito de homens e a linguagem de cavalheiros; e sua resposta ou seu discurso é proferido em estilo idêntico. Não se posta indiferente com o vácuo escancarado da ignorância vulgar, nem se curva com a lisonja servil da insignificância do sicofanta. O orgulho gracioso da verdade desconhece extremos e preserva, em toda extensão da vida, o caráter reto do homem.

Contemplemos agora o outro lado da questão. Nos discursos dos parlamentos ingleses aos seus reis não vemos nem o espírito intrépido dos antigos parlamentos da França, nem a serena dignidade da atual Assembléia Nacional; tampouco neles vemos nada no feitio das maneiras inglesas que se aproxima um tanto da aspereza. Como, então, não são nem de origem estrangeira, nem naturalmente de ascendência inglesa, sua origem deve ser buscada alhures, e esta origem é a conquista normanda. Pertencem evidentemente à classe de modos dos vassalos, e marcam enfaticamente a distância por força de prostração existente em nenhuma outra condição dos homens exceto aquela entre o conquistador e o conquistado. Que essa concepção de vassalo e estilo de discurso não foram erradicados nem sequer na revolução de 1688 se evidencia na declaração do parlamento a Guilherme e Maria nas seguintes palavras: "Nós, com suma humildade e fidelidade *nos submetemos*, aos nossos herdeiros e pósteros, para sempre.". *Submissão* é inteiramente um termo de vassalos, que repugna à dignidade da liberdade e um eco da linguagem utilizada na Conquista.

Como a avaliação de todas as coisas é feita por comparação, a revolução de 1688, não obstante em virtude das circunstâncias possa ter sido exaltada além de seu valor, encontrará o seu nível. Já se acha minguante, eclipsada pela órbita engrandecedora da razão e as revoluções luminosas da América e da França. Em menos de um século irá, bem como os esforços do Sr. Burke, "para a catacumba familiar de todos os Capuletos.". E a humanidade então mal acreditará que um país que se classifica como livre mandaria buscar na Holanda um homem, e o teria investido de poder propositadamente para reduzir a si mesma ao temor diante dele, e lhe daria quase mil libras esterlinas por ano para a permissão de se *submeter* e à sua posteridade, como escravos e escravas, para sempre. Mas há uma verdade que deve ser revelada. Tive a oportunidade de percebê-la, qual seja, *que a despeito das aparências, não há nenhum gênero de homens que despreza a monarquia tanto quanto cortesãos*. Mas eles bem sabem que se fosse percebido por outros, como é percebido por eles, a prestidigitação não poderia ser mantida. Estão na condição de homens que ganham a vida graças a um espetáculo, e para os quais a loucura desse espetáculo é tão familiar que eles o cobrem de ridículo. Mas fosse o público tornado tão sagaz no que toca a isso quanto eles mesmos e haveria um fim para o espetáculo e para os lucros que o acompanham. A diferença entre um republicano e um cortesão no tocante à monarquia, é que o primeiro se opõe à monarquia na crença que esta seja alguma coisa, ao passo que o segundo dela escarnece, ciente de que ela não é nada.

Como eu às vezes costumava me corresponder com o Sr. Burke, crendo então que fosse ele um homem de princípios mais sólidos do que seu livro mostra que ele seja, escrevi-lhe no inverno passado de Paris e lhe relatei quão prosperamente as coisas se desenrolavam. Entre outros assuntos dessa carta, aludi à situação feliz em que a Assembléia Nacional fora colocada; que havia ganho terreno no que seu dever moral e seu interesse político estavam unidos. Não tem que exibir uma linguagem na qual ela própria não acredita, com o propósito enganoso de fazer outros nela acreditar. Sua posição não requer nenhum artifício para sustentá-la, e só pode ser mantida mediante o esclarecimento da humanidade. Não constitui seu interesse afagar a ignorância, porém dissipá-la. Não se encontra na situação de um partido ministerial ou de oposição na Inglaterra, que, embora sejam antagônicos, se unem ainda para conservar o mistério comum. A Assembléia Nacional tem que lançar uma revista de luz. Deve mostrar ao homem o caráter que é próprio do homem, e quanto mais próximo o possa levar desse padrão, mais forte se tornará.

Ao observar a Constituição francesa, nela percebemos uma ordem racional das coisas. Os princípios se harmonizam com as formas, e ambos com sua origem. Seria possível, talvez, dizer a título de uma desculpa para formas ruins, que não passam de formas. Mas isso é um erro. Formas brotam de princípios e atuam para dar continuidade aos princípios de que brotam. É impossível praticar uma forma ruim com base em qualquer coisa que não seja um mau princípio. Não pode ser enxertada num bom princípio. E onde quer que as formas em qualquer governo sejam más, é uma certa indicação de que os princípios também são maus. Concluirei aqui finalmente este assunto. Eu o iniciei observando que o Sr. Burke havia *voluntariamente* se recusado a realizar uma comparação entre as Constituições inglesa e francesa. Ele se desculpa (na página 241) por não fazê-lo dizendo que não dispunha de tempo. O livro do Sr. Burke esteve mais de oito meses nas mãos do seu autor e adquiriu as proporções de um volume de trezentas e sessenta e seis páginas. Como sua omissão efetivamente prejudica sua causa, sua desculpa a torna pior, e os homens do lado inglês do canal começarão a considerar se não há alguma falha radical naquilo que é chamado de Constituição inglesa que tornou necessário ao Sr. Burke omitir a comparação a fim de evitar trazê-la à vista.

Como o Sr. Burke não escreveu sobre Constituições, tampouco o fez acerca da Revolução Francesa. Não apresenta relato algum sobre seu início ou seu progresso. Ele se restringe a expressar seu assombro. "Parece-me", diz ele, "como se eu estivesse numa grande crise, não em torno somente dos assuntos da França, mas de toda Europa, talvez de mais do que a Europa. Consideradas todas as circunstâncias, a Revolução Francesa é a mais assombrosa que aconteceu até hoje no mundo.".

Como os sábios assombram-se com coisas tolas, e outras pessoas com coisas sábias, desconheço que fundamento atribuir ao assombro do Sr. Burke. Mas é certo que ele não compreende a Revolução Francesa. Esta aparentemente irrompeu como uma criatura de um caos, mas não passa da conseqüência de uma revolução mental anteriormente existente na França. A mente da nação mudara antecipadamente, e a nova ordem das coisas seguiu naturalmente a nova ordem dos pensamentos. Delinearei aqui, o mais concisamente que puder, o desenvolvimento da Revolução Francesa e destacarei as circunstâncias que contribuíram para produzi-la.

O despotismo de Luís XIV unido ao esplendor de sua corte e a ostentação afetada de seu caráter haviam humilhado tanto e, ao mesmo tempo, a tal ponto fascinado a alma da França que o povo parecia ter perdido todo o senso de sua própria dignidade na contemplação daquela de seu imponente monarca, e todo o reinado de Luís XV, notável somente em virtude de debilidade e afeminação, não produziu qualquer outra alteração senão a de disseminar uma espécie de letargia pela nação afora, da qual esta não mostrava disposição alguma para se erguer.

Os únicos sinais que apareceram do espírito de liberdade durante esses períodos se encontram nos escritos dos filósofos franceses. Montesquieu, presidente do Parlamento de Bordeaux, foi o mais longe que um escritor sob um governo despótico podia ir, e sendo obrigado a se dividir entre os princípios e a prudência, seu intelecto surge amiúde sob um véu, devendo nós dar a ele crédito por mais do que aquilo que expressou.[26]

Voltaire, que foi tanto o bajulador quanto o satirista do despotismo, seguiu uma outra linha. O seu ponto forte consistia em expor e ridicularizar as superstições que o clero, unido ao Estado, tinha entretecido com os governos. Não foi em função da pureza de seus princípios, ou de seu amor pela humanidade (pois a sátira e a filantropia não são naturalmente compatíveis), mas em função de sua incisiva capacidade de enxergar a loucura sob sua verdadeira forma e sua irresistível propensão para exibi-la que ele fez esses ataques. Foram, todavia, tão formidáveis como se o motivo fora virtuoso, merecendo Voltaire mais os agradecimentos do que a estima da espécie humana.

Ao contrário, encontramos nos escritos de Rousseau[27] e do abade Raynal uma beleza de sentimentos em favor da liberdade que estimula o respeito e eleva as faculdades humanas. Entretanto, após haver alimentado esse ânimo, não dirigem sua ação e deixam a mente apaixonada por um objeto, sem descrever o meio de possuí-lo.

Os escritos de Quesnay, Turgot e dos amigos destes autores apresentam seriedade, porém eles trabalharam com as mesmas restrições de Montesquieu. Seus escritos estão repletos de máximas morais sobre governo, mas estão mais dirigidos para a economia e reforma da administração do governo, do que para o próprio governo.

Mas todos esses escritos e muitos outros tiveram o seu peso, e pela maneira diferente de se ocuparem do assunto governo – Mon-

---

26. A obra *Do Espírito das Leis*, de Montesquieu, está presente em *Clássicos Edipro*. (n.t.)

27. Presente em *Clássicos Edipro* a obra de Jean-Jacques Rousseau, *Do Contrato Social (Princípios do Direito Político)*. (n.t.)

tesquieu através de seu discernimento e conhecimento das leis, Voltaire por sua agudeza, Rousseau e Raynal por seu entusiasmo, e Quesnay e Turgot por suas máximas morais e sistemas de economia, leitores de todas as classes toparam com alguma coisa ao seu gosto, e um espírito de indagação política começou se difundir por toda a nação quando irrompeu a disputa entre a Inglaterra e as então colônias da América.

Como era impossível separar os acontecimentos militares que ocorreram na América dos princípios da Revolução Americana, o anúncio desses acontecimentos na França os ligou necessariamente aos princípios que os produziram. Muitos dos fatos eram em si mesmos princípios, tais como a declaração de independência americana e o tratado de aliança entre a França e a América, que reconhecia os direitos naturais do homem e justificava a resistência à opressão.

O então Ministro francês conde Vergennes não era amigo da América e constitui um misto de justiça e gratidão dizer que foi a rainha da França que deu à causa da América um bom-tom na corte francesa. Conde Vergennes era amigo pessoal e de convivência social do Dr. Franklin, que conseguira, graças ao seu encanto sensível uma espécie de influência sobre ele. No que respeita, todavia, a princípios, o conde Vergennes era um déspota.

A situação de Franklin, na qualidade de Ministro da América para a França, deve ser considerada na cadeia dos acontecimentos. A condição diplomática é por si mesma o âmbito mais estreito da sociedade no qual o homem pode atuar. Interdita o relacionamento em função da reciprocidade de suspeita e um diplomata é uma espécie de átomo sem conexões, que continuamente repele e é repelido. Entretanto, este não foi o caso com o Dr. Franklin. Ele não foi o diplomata de uma corte, mas do *ser humano*. Sua personalidade de filósofo fora há muito estabelecida e seu círculo social na França era universal.

O conde Vergennes resistiu por um considerável lapso de tempo a publicar na França a Constituição americana, traduzida para a língua francesa. Mas mesmo nisso foi obrigado a ceder diante da opinião pública e de uma certa decência em permitir que aparecesse o que ele se dispusera a defender. A Constituição americana era para a liberdade o que uma gramática é para a língua: define suas partes do discurso e praticamente constrói sua sintaxe.

DOS DIREITOS DO HOMEM

A situação peculiar do então marquês de la Fayette constitui um outro elo da grande cadeia. Ele serviu na América como um oficial americano sob uma comissão do Congresso, e pelo cunho universal de seu entendimento, mantinha uma amizade estreita com o governo civil da América, bem como com a classe militar. Falava a língua do país, participava das discussões sobre os princípios de governo e era sempre um amigo bem-vindo em qualquer eleição.

Quando a guerra acabou,[28] um imenso reforço à causa da liberdade se expandiu pela França com o retorno dos oficiais e soldados franceses. Um conhecimento da prática era então somado à teoria e tudo que se necessitava para conferir-lhe existência real era a oportunidade. O homem não é capaz, a falar com propriedade, de criar circunstâncias que atendam aos seus propósitos, mas sempre tem o poder de melhorá-las quando ocorrem, e foi este o caso na França.

M. Neckar foi demitido em maio de 1781 e devido à má gestão das finanças que se seguiu, e particularmente durante a extravagante administração de M. Calonne, a renda da França, que era de quase vinte e quatro milhões de libras esterlinas por ano, se tornou desigual relativamente aos gastos, não porque a renda houvesse diminuído, mas porque os gastos tinham aumentado. Esta foi uma circunstância que a nação usou como pretexto para fomentar uma revolução. O Ministro inglês, Sr. Pitt, tem freqüentemente aludido ao estado das finanças francesas relativamente aos seus orçamentos, sem ter compreensão da matéria. Estivesse o Parlamento francês tão disposto a registrar editos para novos impostos quanto um Parlamento inglês está para concedê-los e não teria havido desarranjo nas finanças e nem qualquer revolução. Mas isso se auto-explicará melhor à medida que prossigo.

Será necessário aqui mostrar como os impostos eram, antes, aumentados na França. O rei, ou preferivelmente a corte ou o ministério atuando sob o uso desse título, elaboravam os editos dos impostos segundo o seu próprio critério e os enviavam aos parlamentos para serem protocolados, pois enquanto não fossem protocolados pelos parlamentos não assumiam caráter operativo. Há muito tinha havido polêmicas entre a corte e os parlamentos relativamente ao alcance da autoridade nesse aspecto. A corte insistia que a autoridade dos par-

---

28. Ou seja, a guerra de independência das colônias da América contra a Inglaterra. (n.t.)

lamentos não ia além de objetar ou indicar razões contra o imposto, reservando a si mesma o direito de determinar se as razões eram bem ou mal fundadas; e em conseqüência disso, ou afastar o edito por uma questão de opção ou *ordenar* que fosse protocolado por uma questão de autoridade. Os parlamentos, por sua vez, insistiam que não detinham somente um direito de objetar, como também o de rejeitar. E nesse terreno tinham sempre o respaldo da nação.

Mas retornando à seqüência de minha narrativa, M. Calonne queria dinheiro, e quando soube da disposição inflexível dos parlamentos com respeito a novos impostos, ele habilidosamente procurou ou abordá-los mediante um meio mais suave do que o da autoridade direta, ou vencê-los por meio de uma manobra, e com essa finalidade ressuscitou o projeto de reunir um corpo de homens provenientes das diversas províncias, no feitio de uma "Assembléia dos Notáveis" ou homens de reputação que se encontraram em 1787, e cuja função era ou recomendar impostos ao parlamento ou atuar eles mesmos como um parlamento. Uma assembléia que respondia por esse nome fora convocada em 1617.

Uma vez que vamos contemplar isso como o primeiro passo prático rumo à Revolução, será conveniente considerar alguns detalhes que lhe dizem respeito. A Assembléia dos Notáveis tem sido em alguns lugares confundida com os Estados-Gerais. Foi, entretanto, um corpo inteiramente diferente, os Estados-Gerais sendo sempre por eleição. As pessoas que compunham a Assembléia dos Notáveis eram todas nomeadas pelo rei, consistindo de cento e quarenta membros. Mas como M. Calonne não podia depender de uma maioria dessa Assembléia a seu favor, com grande habilidade organizou os membros da Assembléia de uma tal maneira a tornar quarenta e quatro uma maioria de cento e quarenta – para realizá-lo ele os dispôs em sete comitês separados de vinte membros cada. Toda questão geral era para ser decidida não por uma maioria de pessoas, mas por uma maioria de comitês, e como onze votos constituiriam maioria num comitê e quatro comitês maioria em sete, M. Calonne tinha boas razões para concluir que como quarenta e quatro determinariam qualquer questão geral, ele não podia ser superado no número de votos. Mas todos os seus planos lhe falharam e em meio aos acontecimentos se converteram em sua ruína.

O então Marquês de la Fayette foi colocado no segundo comitê, do qual era presidente o Conde D'Artois, e como o que interessava era dinheiro, todas as circunstâncias a este ligadas foram naturalmente trazidas à tona por esse comitê. M. de la Fayette fez uma acusação verbal contra Calonne por vender terras da Coroa pela quantia de dois milhões de libras, de uma maneira que pareceu ser desconhecida ao rei. O Conde D'Artois (como se para intimidar, pois a Bastilha estava, então, em pleno funcionamento) solicitou ao marquês se faria a acusação por escrito, ao que este respondeu que sim. O Conde D' Artois não o exigiu, porém apresentou uma mensagem do rei nesse sentido. M. de la Fayette então registrou sua acusação por escrito para ser entregue ao rei, se propondo a sustentá-la. Não houve novas revelações em torno deste assunto, mas M. Calonne foi logo depois demitido pelo rei e enviado para a Inglaterra.

Como o M. de la Fayette, em função da experiência do que vira na América, estava melhor familiarizado com a ciência do governo civil do que pudessem estar os membros em geral da Assembléia dos Notáveis, a parte mais difícil do assunto lhe coube mais consideravelmente. O plano daqueles que tinham uma Constituição em vista era contestar a corte no terreno dos tributos, e alguns deles professaram abertamente seu objetivo. Ocorreram freqüentes discussões entre o Conde D'Artois e o M. de la Fayette acerca de diversas matérias. No que tangia às dívidas às quais já se havia incorrido, este último propôs remediá-las acomodando as despesas à renda, em lugar da renda às despesas; e quanto às matérias de reforma, ele propôs a abolição da Bastilha e de todas as prisões do Estado em toda a nação (cuja manutenção era efetuada com grandes despesas) e a supressão das *lettres de cachet*. Mas essas matérias não receberam nessa oportunidade muita atenção e, relativamente às *lettres de cachet*, *uma maioria dos nobres pareceu ser a favor delas*.

No que concernia a suprir o Tesouro por meio de novos impostos, a Assembléia se declinou quanto a pronunciar-se sobre esta matéria, concordando com a opinião de que não dispunham de autoridade. Num debate sobre esse assunto, o M. de la Fayette declarou que aumentar a quantidade de dinheiro por meio de impostos só podia ser feito por uma Assembléia Nacional, livremente eleita pelo povo e que atuasse como sua representante. *Queres dizer* – declarou o Conde D'Artois – *os Estados-Gerais*? O M. de la Fayette respondeu que era o que queria dizer. *Assinarás* – retrucou o Conde D'Artois – *o que declaras para ser entregue ao rei*? O outro respondeu que não se limitaria a isso, mas que iria além e declararia que o modo efetivo seria o rei concordar com o estabelecimento de uma Constituição.

Como um dos planos dessa forma falhara, o de fazer a Assembléia atuar como um parlamento, o outro veio à tona, ou seja, o da recomendação. Nesta matéria, a Assembléia concordou em recomendar dois novos impostos para o registro pelo Parlamento: um o imposto do selo, outro um imposto territorial, ou uma espécie de imposto territorial. Os dois foram estimados em cerca de cinco milhões de libras esterlinas por ano. Temos agora que voltar nossa atenção para os parlamentos, nos quais o assunto novamente recaiu.

O arcebispo de Toulouse (antes arcebispo de Sens, e hoje um cardeal) foi nomeado para a administração das finanças logo depois da demissão de Calonne. Foi também feito Primeiro Ministro, um cargo que nem sempre existiu na França. Quando este cargo não existia, o chefe de cada um dos principais departamentos tratava dos negócios diretamente com o rei. Quando, entretanto, um Primeiro Ministro era nomeado, eles tratavam de negócios somente com ele. O arcebispo alcançou mais autoridade no Estado do que qualquer outro Ministro desde o duque de Choiseul, e ele gozava de marcante apoio da nação. Contudo, devido a uma conduta dificilmente justificável, corrompeu todas as suas oportunidades, converteu-se num déspota e caiu em desgraça, tornando-se também um cardeal.

Dissolvida a Assembléia dos Notáveis, o Ministro remeteu os editos dos dois novos impostos recomendados pela Assembléia aos parlamentos para que fossem assentados. Chegaram, é claro, primeiramente ao Parlamento de Paris, que respondeu que *com a carga tributária que a nação então suportava, a simples palavra impostos não devia sequer ser mencionada exceto com o propósito de serem reduzidos*, e vetou os dois editos.[29]

Com essa recusa, os editos foram transferidos para Versailles, onde, da maneira usual, o rei realizou o que no velho governo era chamado de um *fundamento de justiça*, e os dois editos foram assentados na presença do parlamento por uma ordem do Estado do modo mencionado algumas páginas atrás.

---

29. Quando o Ministro inglês, Sr. Pitt, mencionar as finanças da França novamente no Parlamento inglês, seria de bom alvitre que observasse isso a título de exemplo.

Diante disso, o parlamento se voltou imediatamente para Paris, retomou suas sessões e ordenou que o assentamento dos editos fosse anulado, declarando que tudo que fora feito em Versailles era ilegal. Todos os membros do parlamento foram então submetidos às *lettres de cachet* e exilados em Trois, mas como permaneceram tão inflexíveis no exílio quanto antes, e como a retaliação não substituía o lugar dos impostos, depois de pouco tempo foram chamados de volta a Paris.

Os editos foram novamente colocados em suas mãos e o Conde D'Artois se propôs a atuar como representante do rei. Com esse propósito, ele veio de Versailles a Paris numa comitiva e o parlamento se reunira para recebê-lo. Mas espetáculos e desfiles haviam perdido sua influência na França e fosse quais fossem as idéias importantes com as quais iniciara sua viagem, teve que retornar mortificado e desapontado. Ao sair de sua carruagem para subir os degraus do Parlamento, a multidão (que se formara com base em grande número de indivíduos) lançou ao ar expressões triviais, dizendo: "Este é o Sr. D'Artois, que quer mais do nosso dinheiro para gastar.". A marcante reprovação que ele presenciou o encheu de apreensões e a expressão *Aux armes!* (Às armas!) foi emitida pelo oficial da guarda que lhe prestava serviço. E foi tão sonoramente vociferada que repercutiu através das alamedas do Parlamento, produzindo uma confusão temporária. Eu me encontrava, nessa ocasião, em um dos aposentos pelos quais ele tinha que passar, e não pude evitar refletir quanto era lastimável a condição de um homem desrespeitado.

Ele se esforçou para impressionar o Parlamento mediante termos grandiloqüentes e manifestou sua autoridade dizendo: "O Rei, nosso Senhor e Mestre.". O parlamento acolheu isso muito friamente e com sua usual determinação de não assentar os impostos, com o que findou a entrevista.

Depois disso, surgiu um novo assunto. Nos vários debates e polêmicas que irromperam entre a corte e os parlamentos em torno da matéria dos impostos, o Parlamento de Paris finalmente declarou que embora tivesse sido costume os parlamentos assentarem editos de impostos por uma questão de conveniência, esse direito pertencia exclusivamente aos *Estados-Gerais*, e que, portanto, o Parlamento não podia mais de maneira decorosa continuar a debater sobre o que não dispunha de autoridade para agir. Após este acontecimento, o rei veio a Paris e realizou uma reunião com o Parlamento, na qual ele se

DOS DIREITOS DO HOMEM

manteve das dez da manhã até cerca de seis da noite e, de uma maneira que parecia proceder dele, independente de consulta com o gabinete ou o Ministério, declarou ao Parlamento que os *Estados-Gerais* deveriam ser convocados.

Mas após isso ocorreu um outro acontecimento num terreno distinto dos anteriores. O Ministro e o gabinete se opunham à convocação dos *Estados-Gerais*. Bem sabiam que se os *Estados-Gerais* se reunissem, eles próprios deveriam cair, e como o rei não mencionara *tempo algum*, eles cogitaram de um plano calculado para se esquivarem, sem que parecesse que se opunham.

Com esse propósito, a corte se pôs a elaborar uma espécie de Constituição ela mesma. Foi principalmente o trabalho de M. Lamoignon, Chanceler-mor do Reino, que posteriormente veio a suicidar-se. Esse novo arranjo consistia em estabelecer um corpo sob o nome de *Cour plénière*, ou corte plena, na qual eram investidos todos os poderes dos quais o governo poderia ter ensejo de fazer uso. As pessoas a integrarem essa Corte eram para ser nomeadas pelo rei, o qual abriu mão do direito contestado de taxação e um novo código criminal composto de leis e processos legais substituiu o anterior no próprio âmbito deste último. A coisa, em muitos pontos, continha melhores princípios do que aquelas sob as quais o governo fora até então administrado, mas com respeito à *Cour plénière*, não passava de um veículo pelo qual o despotismo pretendia se fazer valer, sem parecer atuar diretamente.

O gabinete esperava muito de seu novo instrumento. As pessoas destinadas a compor a *Cour plénière* já estavam nomeadas, e como era necessário ostentar uma excelente aparência, muitas das melhores personalidades da nação foram indicadas no rol. Era para iniciar sua atuação em 8 de maio de 1788, mas surgiu uma oposição a ela em dois terrenos, um do princípio, outro da forma.

No terreno do princípio, contestava-se que o governo não dispunha do direito de alterar a si mesmo, e que se essa prática fosse por uma vez admitida, se erigiria como princípio e se transformaria num precedente para quaisquer alterações vindouras que o governo pudesse desejar estabelecer; que o direito de alterar o governo constituía um direito nacional e não um direito do governo. E no terreno da forma, contestava-se que a *Cour plénière* não era nada mais que um gabinete maior.

O então Duque de la Rochefoucault, Luxembourg, De Noailles, e muitos outros, recusaram a nomeação e se opuseram vigorosamente ao plano como um todo. Quando o edito para o estabelecimento dessa nova corte foi remetido aos parlamentos a fim de ser assentado e posto em execução, eles, inclusive, continuaram a resistir. O Parlamento de Paris não só recusou como negou a autoridade, e o conflito se renovou entre o parlamento e o gabinete mais intensamente do que nunca. Enquanto o parlamento debatia a questão, o Ministério ordenava que um regimento de soldados cercasse o prédio do Parlamento e formasse um bloqueio. Os membros do Parlamento obtiveram leitos e provisões e passaram a viver como se numa cidade sitiada, e visto que isso não surtia efeito, o oficial em comando recebeu a ordem de entrar no prédio do Parlamento e agarrá-los, o que ele fez e alguns dos principais membros do Parlamento foram encarcerados em diferentes prisões. Aproximadamente em simultaneidade a isso, uma delegação de pessoas chegou da província da Britânia a fim de protestar contra o estabelecimento da *Cour plénière*. Essas pessoas foram mandadas para a Bastilha pelo arcebispo. Mas o espírito da nação não se dispunha a ser vencido, e estava tão completamente sensível do expressivo terreno que conquistara, aquele da rejeição dos impostos, que se contentou em manter uma espécie de resistência silenciosa, que efetivamente pôs por terra todos os planos naquela ocasião arquitetados contra ela. O projeto da *Cour plénière* teve, finalmente, que ser abandonado e o Primeiro Ministro não muito depois seguiu o destino desse projeto. M. Neckar foi reconvocado ao cargo.

A tentativa de estabelecer a *Cour plénière* produziu um efeito sobre a nação que ela própria não percebeu. Foi uma espécie de nova forma de governo que imperceptivelmente serviu para tirar a antiga de vista e fazê-la não depender da autoridade supersticiosa da antigüidade. Era o governo destronando o governo, e o antigo, ao tentar constituir um novo, produziu um abismo.

O fracasso desse sistema reaviveu a questão de convocar os *Estados-Gerais*, e isso deu origem a uma nova seqüência política. Não havia uma forma definida de convocar os *Estados-Gerais*; tudo que positivamente significavam era uma delegação do que então era chamado de *clero, nobreza* e *comuns*. Mas seu número ou sua proporção não fora sempre a mesma. Haviam sido convocados apenas em ocasiões extraordinárias, a última delas tendo sido em 1614; seu número era então proporcional e eles votaram por ordens.

Não pôde escapar à sagacidade de M. Neckar que o procedimento de 1614 não atenderia nem ao propósito do governo de então nem àquele da nação. Como as coisas se encontravam naquele ensejo afetadas pelas circunstâncias, seria demasiado problemático obter consenso sobre qualquer coisa. Os debates teriam sido intermináveis em torno de privilégios e isenções, nos quais não teriam sido atendidos nem as necessidades do governo nem os desejos da nação por uma Constituição. Mas como ele não optou por assumir a decisão ele próprio, convocou novamente a *Assembléia dos Notáveis* e a transferiu a esta. Esse corpo estava, no geral, interessado na decisão, sendo mormente da aristocracia e do clero regiamente remunerado, e decidiu em favor do procedimento de 1614. Essa decisão se opunha ao sentimento da nação e também aos desejos da corte, pois a aristocracia se opunha ele própria a ambas e lutava por privilégios independentes de uma e outra. A matéria foi então acolhida pelo Parlamento, que recomendou que o número dos comuns fosse igual ao dos outros dois grupos, e todos deviam sentar numa câmara e votar em um corpo. O número finalmente determinado foi 1200: 600 a serem escolhidos pelos comuns (e isso era menos do que sua proporção devia ter sido quando o seu valor e importância são considerados em escala nacional), 300 pelo clero e 300 pela aristocracia. Entretanto, quanto ao modo de se reunirem, se em conjunto ou separados, ou quanto à maneira na qual deveriam votar, estas matérias foram apenas encaminhadas.[30]

---

30. O Sr. Burke (e devo tomar a liberdade de dizer-lhe que está muito desinformado em relação aos assuntos franceses), aludindo a esta matéria, diz: "A primeira coisa que me impressionou na convocação dos Estados-Gerais foi uma grande divergência com o antigo procedimento.". E ele logo prossegue: "No momento que li a lista percebi distintamente, e muito próximo do que aconteceu, tudo que estava por suceder.". O Sr. Burke certamente não percebeu tudo que estava por suceder. Empenhei-me em impressioná-lo tanto antes quanto depois dos Estados-Gerais terem se reunido, que haveria uma *revolução*, mas não fui capaz de fazê-lo perceber e, tampouco, ele o acreditaria. Como então podia distintamente perceber todas as partes quando o todo se achava invisível, está além de minha compreensão. E no que tange à "divergência do antigo procedimento", além da natural fragilidade da observação, mostra que não está familiarizado com as circunstâncias. A divergência era necessária pois a experiência havia comprovado que o antigo procedimento era ruim. Os Estados-Gerais de 1614 foram convocados no começo da guerra civil na menoridade de Luís XIII, mas devido ao estrépito de organizá-los por ordens, acabaram por aumentar a confusão que tinham sido convocados para apaziguar. O autor de *L'Intrigue du Cabinet* (A Intriga do Gabinete), que escreveu antes que se cogitasse de qualquer revolução na França, falando dos Estados-Gerais de 1614,

A eleição que se seguiu não foi uma eleição contestada, mas marcada pelo entusiasmo. Os candidatos não foram homens, mas princípios. Associações foram formadas em Paris e comitês de correspondência e comunicação estabelecidos por toda a nação, com o propósito de esclarecer o povo e a este explicar os princípios do governo civil, e a eleição foi conduzida com tal ordem que nem sequer deu origem a um rumor de tumulto.

Pretendia-se que os Estados-Gerais se reunissem em Versailles em abril de 1789, mas não o fizeram até maio. Eles se situaram em três câmaras separadas, ou melhor, o clero e a aristocracia se retraíram cada um numa câmara separada. A maioria aristocrática reivindicava o que chamava de privilégio de votar como um corpo separado e de conferir seu assentimento ou sua negativa dessa forma. E muitos dos bispos e dos membros do clero altamente beneficiado reclamavam o mesmo privilégio da parte de sua Ordem.

O *Tiers Etat* [31] (como era então chamado) repudiava qualquer conhecimento de Ordens artificiais e privilégios artificiais e se mostrava não apenas resoluto nesse ponto, como desdenhoso. Começava a considerar a aristocracia como um tipo de fungo que se desenvolvia a partir da corrupção da sociedade, que não podia ser admitido sequer como uma parte dela, e pela disposição que a aristocracia manifestara ao manter *lettres de cachet* e em vários outros exemplos, ficou evidente que nenhuma Constituição podia ser formada salvo classificando os homens como homens da nação.

Após muitas controvérsias acaloradas em torno desse ponto, o *Tiers Etat* ou *Comuns* (como eram então chamados) declararam a si mesmos (numa moção feita com esse propósito pelo abade Sieyes): "OS REPRESENTANTES DA NAÇÃO *e que as duas Ordens podiam ser consideradas apenas como representantes de corporações e somente podiam ter uma voz deliberada quando se reunissem em caráter nacional com os representantes da nação.*". Esse procedimento ex-

---

diz: "Eles mantiveram o público em suspense durante cinco meses; e pelas questões nisso agitadas e o calor com o qual eram formuladas, parece que os grandes (*les grands*) pensavam mais em satisfazer suas paixões *particulares*, do que buscar o bem da nação, e passavam todo o tempo entretidos em altercações, cerimônias e desfiles." *L'Intrigue du Cabinet*, vol. I, p. 329.

31. *Terceiro Estado* ou os *comuns*, ou seja, toda a população (quantitativamente majoritária) exceto o clero e a nobreza (incluindo os cortesãos e a realeza); em outros termos, a burguesia e o povo. (n.t.)

tinguiu o título de *Etats Géneraux* e o constituiu sob o título que agora ostenta, o de *L'Assemblée Nationale*, ou Assembléia Nacional. Essa moção não foi feita de uma maneira precipitada. Foi o resultado de uma fria deliberação e combinada entre os representantes nacionais e os membros patrióticos das duas Câmaras que perceberam a loucura, o dano e a injustiça das distinções com base em privilégios artificiais. Tornara-se evidente que nenhuma Constituição, digna de ser chamada por esse nome, podia ser estabelecida a não ser sobre um fundamento nacional. A aristocracia tinha, até então, se oposto ao despotismo da corte e afetava a linguagem do patriotismo. Mas ela o opunha como sua rival (como os barões ingleses se opunham ao rei João), e agora se opunha à nação por motivos idênticos.

Ao sustentar essa moção, os representantes nacionais, como fora combinado, enviaram um convite às duas Câmaras a fim de se unirem a elas em caráter nacional e procederem aos negócios. Uma maioria do clero, principalmente constituída pelos párocos, se afastou da Câmara clerical e se juntou à nação; quarenta e cinco da outra Câmara agiram do mesmo modo. Há uma espécie de história secreta relativamente a esta última circunstância que requer explicação. Não foi considerado prudente que todos os membros patrióticos da Câmara que se intitulava a si mesma de Nobres, a abandonasse de imediato; e como decorrência deste arranjo, eles se afastaram gradualmente, sempre ficando alguns, tanto para dar razão ao caso quanto para a vigilância dos suspeitos. Não demorou para que o número crescesse de quarenta e cinco para oitenta, e logo para um número maior, o que com a maioria do clero e o totalidade dos representantes nacionais colocou os descontentes numa condição quantitativamente muito inferior.

O rei[32] que, muito diferentemente daqueles da classe geralmente denominada realeza, é um homem de bom coração, mostrou-se pessoalmente disposto a recomendar uma união das três Câmaras sob o fundamento que a Assembléia Nacional havia acolhido. Mas os descontentes puseram mãos à obra para impedir que isso acontecesse e passaram a conceber um outro projeto. O seu contingente consistia de uma maioria da Câmara aristocrática e de uma minoria da Câmara clerical, sobretudo constituída por bispos e clérigos altamente favore-

---

32. Ou seja, Luís XVI. (n.t.)

cidos. Esses homens estavam determinados a abortar tudo, fosse pela força, fosse por meio de um ardil. Não se opunham a uma Constituição, mas tinha que ser uma que fosse ditada por eles mesmos e que se ajustasse às suas próprias opiniões e situações particulares. Por outro lado, a nação repudiava reconhecê-los salvo como cidadãos, e estava determinada a excluir todas as pretensões desse gênero. Quanto mais a aristocracia aparecia, mais era desprezada. Havia uma conspícua imbecilidade e carência de intelectos na maioria,[33] algo como um *je ne sais quoi*, de modo que quanto mais afetava ser mais do que cidadã, revelava-se como sendo menos do que ser humano. Perdeu mais terreno em função do desprezo do que em função do ódio e foi mais escarnecida como um asno do que temida como um leão. Este é o caráter geral da aristocracia, ou do que atende pelo nome de *nobres* ou *nobreza*, ou *não-habilidade*[34] em todos os países.

O plano dos descontentes consistia agora de duas coisas: ou deliberar e votar por câmaras (ou Ordens), mais especialmente em todas as questões que diziam respeito a uma Constituição (pelo que a Câmara aristocrática apresentaria uma negativa em qualquer artigo da Constituição); ou, caso não conseguissem cumprir essa meta, derrubar a Assembléia Nacional por completo.

Com o fito de cumprir uma ou outra dessas metas começaram a cultivar uma amizade com o despotismo com o qual até então haviam tentado rivalizar, e o Conde D'Artois tornou-se seu chefe. O rei (que antes se declarou ele próprio enganado em meio às providências deles) realizou, de acordo com a antiga fórmula, um *fundamento de justiça*, no qual dava assentimento à deliberação e voto *par tête* (por cabeça) acerca de várias matérias, porém reservava as deliberações e votos a respeito de todas as questões relativas a uma Constituição às três Câmaras separadamente. Esta declaração do rei foi feita contrariando o aconselhamento de M. Neckar, que agora começava a perceber que perdia força na corte e que se cogitava de um novo Ministro.

Como a forma de tomar assento em Câmaras separadas era ainda aparentemente mantida, embora essencialmente suprimida, depois dessa declaração do rei, os representantes nacionais recorreram às

---

33. Entenda-se na *maioria* dos aristocratas. (n.t.)
34. Trocadilho que não pode ser apreciado em português: Paine usa os termos *Nobility* (nobreza) e *No-ability* (não-habilidade, falta de habilidade). (n.t.)

suas próprias Câmaras para discutirem um protesto contra isso. E a minoria da Câmara (que chamava a si mesma de *nobres*) que se juntara à causa nacional, retirou-se para uma Câmara privada para discutir de maneira semelhante. Os descontentes, a essa altura, haviam planejado suas medidas com a corte, coisa que o Conde D'Artois se prestou a conduzir; e quando perceberam pelo descontentamento que a declaração produzira e a oposição que se armava contra ela, que não poderiam obter um controle sobre a pretendida Constituição mediante um voto separado, prepararam-se para seu objetivo final: o da conspiração contra a Assembléia Nacional e a sua derrubada.

Na manhã seguinte, a porta da sala da Assembléia Nacional foi fechada para seus membros e vigiada por tropas, não se admitindo o ingresso deles. Diante disso eles se retiraram para uma quadra de esportes nas cercanias de Versailles, o lugar mais conveniente que puderam encontrar, e após retomarem sua sessão, fizeram um juramento de nunca se separarem, em circunstância alguma, exceto pela morte, até terem estabelecido uma Constituição. Uma vez que a experiência de fechar a sala da Assembléia não surtira efeito algum senão fortalecer o vínculo entre os membros, ela foi reaberta no dia seguinte e os assuntos públicos foram retomados no lugar costumeiro.

Cabe-nos agora observar a formação do novo Ministério, o qual tinha como função executar a derrubada da Assembléia Nacional. Mas como seria necessário o uso da força, foram emitidas ordens para reunir tropas constituídas por trinta mil soldados, sendo o comando geral destas atribuído a Broglio, um dos membros do Ministério recém-planejado, e que foi chamado de volta do campo com essa finalidade. Como, porém, um certo controle era necessário a fim de manter esse plano oculto até o momento em que estivesse pronto para ser posto em prática, deve-se a esta política uma declaração feita pelo Conde D'Artois, a qual convém ser aqui apresentada. Era inevitável que, enquanto os descontentes prosseguiam recorrendo às suas Câmaras separadas da Assembléia Nacional, fosse gerada mais desconfiança do que se eles se combinassem a ela e que a trama pudesse ser suspeitada. Mas como haviam assumido sua posição e agora desejavam um pretexto para abandoná-la, fazia-se necessário que algum fosse inventado. Isso foi efetivamente realizado por uma declaração feita pelo Conde D'Artois, cujo teor era "que se não participassem da Assembléia Nacional, a vida do rei seria posta em risco". Diante disso eles deixaram suas Câmaras e se misturaram à Assembléia num corpo único.

Na ocasião em que essa declaração foi feita, foi recebida em geral como uma peça absurda por parte do Conde D'Artois e calculada meramente para aliviar os membros destacados das duas Câmaras da situação depreciada na qual foram colocados; e se nada mais houvesse sucedido a isso, essa conclusão teria sido boa. Mas como as coisas melhor se auto-explicam pela força de seus próprios eventos, essa união aparente não passava de um disfarce para as maquinações que se desenvolviam secretamente. E a declaração se ajustava para atender a essa finalidade. Em pouco tempo, a Assembléia Nacional se achou cercada por tropas e milhares de soldados de reforço chegavam todos os dias. Diante disso, a Assembléia Nacional dirigiu ao rei uma declaração muito incisiva, protestando contra a impropriedade da medida e exigindo a razão da mesma. O rei, que não estava a par da conspiração que era secretamente preparada, como ele próprio mais tarde declarou, deu a saber substancialmente, a título de resposta, que não tinha outro objetivo em vista senão preservar a tranqüilidade pública, que parecia estar sendo muito perturbada.

Mas alguns dias depois a conspiração se desenredou. M. Neckar e o Ministério foram demitidos e um novo Ministério foi formado composto dos inimigos da Revolução. Broglio, com uma tropa estimada entre vinte e cinco mil e trinta mil soldados estrangeiros, chegou para dar-lhes apoio. A máscara era agora retirada e os acontecimentos atingiam um ponto crucial. O fato é que no decorrer de três dias o novo Ministério e aqueles que o favoreciam julgaram prudente fugir da nação. A Bastilha foi tomada e Broglio e seus soldados estrangeiros dispersados, como já foi relatado na primeira parte deste trabalho.

Há algumas circunstâncias curiosas na história desse Ministério de efêmera existência e de sua tentativa meteórica de uma contra-revolução. O Palácio de Versailles, que era a sede da corte, não distava mais do que quatrocentas jardas da sala onde se assentavam os membros da Assembléia Nacional. Esses dois lugares assemelhavam-se aos quartéis-generais distintos de dois exércitos combatentes. Entretanto, a corte estava tão cabalmente ignorante da informação que chegara de Paris para a Assembléia Nacional como se estivesse situada a uma distância de cem milhas. O então marquês de la Fayette, que (como já foi indicado) foi escolhido para presidir a Assembléia Nacional nessa ocasião particular, nomeou, por ordem da

Assembléia, três sucessivas delegações ao rei, no dia e até a noite da tomada da Bastilha, com o fito de informá-lo e com ele conferenciar sobre o estado de coisas. O Ministério, todavia, que se limitava a saber que ela fora atacada, barrou todas as comunicações e se confortou com a agilidade com a qual o haviam feito com sucesso. Mas em poucas horas as informações chegaram tão copiosas e com tal celeridade que teve que saltar de suas escrivaninhas e correr. Alguns membros desse Ministério partiram disfarçados de uma maneira, outros de outra – decerto nenhum exibindo a própria pessoa. Sua ansiedade agora consistia em serem mais rápidos do que as notícias, com receio que fossem detidos, o que, por mais que as notícias corressem rápido, não corriam em fuga tão rápido como eles próprios.

É digno de menção o fato da Assembléia Nacional nem ter perseguido esses conspiradores fugitivos, nem ter prestado qualquer atenção neles, nem ter procurado retaliar de qualquer forma. Ocupada em estabelecer uma Constituição fundada nos Direitos do Homem e na autoridade do povo, a exclusiva autoridade na qual o governo tem o direito de basear sua existência em qualquer país, a Assembléia Nacional não experimentou nenhuma dessas paixões mesquinhas características dos governos impudentes, que se fundam em sua própria autoridade, ou no absurdo da sucessão hereditária. Constitui faculdade da mente humana transformar-se naquilo que especula e atuar em harmonia com seu objeto.

Dissolvida a conspiração, uma das primeiras obras da Assembléia Nacional, em lugar de proclamações de vingança, como tem sido o caso de outros governos, foi publicar uma declaração dos Direitos do Homem como o fundamento sobre o qual a nova Constituição era para ser construída e que é aqui juntada:

DECLARAÇÃO DOS DIREITOS DO HOMEM E DO CIDADÃO

Pela Assembléia Nacional de França

"Os representantes do povo francês, constituídos numa Assembléia Nacional, considerando que a ignorância, a negligência ou o desprezo dos direitos humanos são as causas exclusivas dos

infortúnios públicos e das corrupções do governo, resolveram anunciar numa solene declaração esses direitos naturais, imprescritíveis e inalienáveis. Que esta declaração estando constantemente presente nas mentes dos membros do corpo social, possam eles estar para sempre atentos aos seus direitos e aos seus deveres; que os atos dos poderes legislativo e executivo do governo, sendo capazes de ser a todo momento confrontados com a finalidade das instituições políticas, possam ser mais respeitados; e, também, que as futuras reivindicações dos cidadãos, sendo dirigidas mediante princípios simples e incontestáveis, possam sempre tender para a preservação da Constituição e da felicidade geral.

"Por estas razões a Assembléia Nacional efetivamente reconhece e declara, diante do Ser Supremo, e com a esperança de sua bênção e favorecimento, os seguintes direitos sagrados dos homens e dos cidadãos:

I – Os homens nascem e permanecem sempre livres e iguais com respeito ao seus direitos. Distinções civis, portanto, só podem se fundar na utilidade pública.

II – O fim de todas as associações políticas é a preservação dos direitos naturais e imprescritíveis do homem e estes direitos são a liberdade, a propriedade, a segurança e a resistência à opressão.

III – A nação é essencialmente a fonte de toda soberania; nem pode **qualquer indivíduo** ou **qualquer corporação de homens** se investir de qualquer autoridade que não seja expressamente dela oriunda.

IV – A liberdade política consiste no poder de fazer tudo que não cause dano aos outros. O exercício dos direitos naturais de todo homem não tem outros limites senão os necessários para assegurar a todo **outro** homem o livre exercício dos mesmos direitos; e esses limites são determináveis somente pela lei.

V – A lei deve proibir apenas ações que firam a sociedade. O que não é proibido pela lei não deveria ser barrado; tampouco deveria quem quer que seja ser compelido àquilo que não é requerido pela lei.

VI – A lei é uma expressão da vontade da comunidade. Todos os cidadãos têm o direito de participar, seja pessoalmente ou mediante seus representantes, da criação da lei. Deveria ser idêntica

DOS DIREITOS DO HOMEM

para todos, quer proteja ou puna; e sendo todos iguais perante ela, são igualmente elegíveis para todas as honras, postos e cargos de acordo com suas distintas capacidades, sem qualquer outra distinção exceto a gerada por suas virtudes e talentos.

VII – Nenhum homem deverá ser acusado, detido ou mantido confinado salvo nos casos determinados pela lei e de acordo com as fórmulas por ela prescritas. Todos aqueles que promovem, solicitam, executam ou fazem executar ordens arbitrárias, devem ser punidos e todo cidadão intimado, ou preso por força da lei, deve imediatamente obedecer e se tornar ele mesmo culpável se oferecer resistência.

VIII – A lei deve impor somente penas que sejam absoluta e evidentemente necessárias; e ninguém deve ser punido senão em virtude de uma lei promulgada antes da violação e legalmente aplicada.

IX – Todo homem sendo presumido inocente até que haja sido condenado, toda vez que sua detenção se tornar indispensável, todo o rigor em relação a ele, mais do que o necessário para assegurar sua pessoa, deve ser estipulado pela lei.

X – Nenhum homem deve ser molestado por conta de suas opiniões, nem sequer por conta de suas opiniões **religiosas**, desde que sua manifestação delas não perturbe a ordem pública estabelecida pela lei.

XI – A comunicação irrestrita dos pensamentos e opiniões sendo um dos mais preciosos direitos do homem, todo cidadão pode falar, escrever e publicar com liberdade, contanto que seja responsável pelo abuso dessa liberdade, em casos determinados pela lei.

XII – Uma força pública sendo necessária para assegurar os direitos dos homens e dos cidadãos, essa força é instituída para o benefício da comunidade e não para o benefício particular das pessoas às quais é confiada.

XIII – Sendo necessária uma contribuição comum para o sustento da força pública, e para o custeio dos demais gastos do governo, deve ser dividida igualmente entre os membros da comunidade, de acordo com suas capacidades.

XIV – Todo cidadão tem um direito, seja pessoalmente ou por meio de seu representante, a um voto livre na determinação da necessidade das contribuições públicas, da apropriação destas e de seu valor, forma de taxação e duração.

XV – Toda comunidade tem direito de exigir de todos os seus representantes uma prestação de contas da conduta destes.

XVI – Toda comunidade na qual uma separação dos poderes e uma garantia dos direitos não estejam estabelecidas, quer uma Constituição.

XVII – Sendo o direito à propriedade inviolável e sagrado, ninguém deve dele ser privado, exceto em casos de visível necessidade pública, legalmente confirmada, e sob a condição de uma prévia justa indenização."

OBSERVAÇÕES SOBRE A DECLARAÇÃO DOS DIREITOS

Os três primeiros artigos compreendem em termos gerais o todo de uma declaração de direitos: todos os artigos subseqüentes ou deles derivam ou seguem como elucidações. O quarto, quinto e sexto definem mais particularmente aquilo que é apenas geralmente expresso no primeiro, segundo e terceiro artigos.

Os artigos sétimo, oitavo, nono, décimo e décimo primeiro são declaratórios de *princípios* que devem servir de base para a construção de leis, em conformidade com *direitos* já declarados. É questionado, porém, por algumas excelentes pessoas na França, bem como em outros países, se o décimo artigo garante suficientemente o direito a que ele pretende atender; além disso, ele tira da dignidade divina da religião e enfraquece sua força operativa sobre a mente, tornando-a uma matéria das leis humanas. Então se apresenta ao homem como a luz interceptada por um meio nublado, no qual a fonte dela é obscurecida para sua visão e ele nada vê para reverenciar no raio sombrio.[35]

---

35. Há uma única idéia que, se impressionar a mente, seja num sentido legal ou religioso, impedirá qualquer homem, ou qualquer corporação de homens, ou qualquer governo, de atuar erroneamente em matéria de religião, qual seja, a de que antes que fosse conhecida no mundo qualquer instituição humana de governo, existia, se o posso expressar assim, um pacto entre Deus e o homem, desde o início dos tem-

Os artigos restantes, a começar pelo décimo segundo, estão substancialmente contidos nos princípios dos artigos precedentes. Mas na situação em particular em que se encontrava a França então, tendo que desfazer o que estava errado, bem como erigir o que estava certo, era adequado ser mais particular do que aquilo em que em um outro estado de coisas seria necessário.

Enquanto a Declaração dos Direitos se achava ante a Assembléia Nacional, alguns de seus membros observaram que se uma declaração de direitos fosse publicada, deveria ser acompanhada por uma declaração de deveres. A observação revelou um intelecto que refletia e este somente errou por não refletir com suficiente alcance. Uma declaração de direitos é, por reciprocidade, também uma declaração de deveres. Tudo o que é meu direito como um homem é também o direito de um outro, e se torna meu dever tanto garantir quanto possuir.

Os três primeiros artigos são a base da liberdade, tanto individual quanto nacional; tampouco pode qualquer país, cujo governo não se inicia pelos princípios que eles contêm e não os conserva puros, ser classificado como livre. E o todo da Declaração dos Direitos possui mais valor para o mundo e produzirá maior bem do que todas as leis e estatutos que já foram promulgados.

No exórdio declaratório que prefacia a Declaração dos Direitos contemplamos o espetáculo solene e majestoso de uma nação franqueando sua comissão sob os auspícios de seu Criador, para estabelecer um governo, um cenário tão novo e tão transcendentemente sem paralelo no mundo europeu que a designação de Revolução é insuficiente para expressar seu caráter e ele ascende a uma regeneração do homem. O que são os presentes governos da Europa senão um cenário de iniqüidade e opressão? O que é o da Inglaterra? Não

---

pos; e que como a relação e condição em que o homem em sua *pessoa individual* se coloca diante de seu Criador não podem ser mudadas ou de qualquer forma alteradas por nenhuma lei humana ou autoridade humana, que a devoção religiosa, que faz parte desse pacto, não pode outro tanto ser transformada em um assunto das leis humanas; e que todas as leis têm que se conformar a esse pacto preexistente, e não supor que o pacto se conforme às leis, as quais, além de serem humanas, são posteriores ao pacto. O primeiro ato do homem, quando olhou ao redor e viu a si mesmo como uma criatura que ele não criara e um mundo disponibilizado para sua recepção, deve ter sido de devoção e a devoção tem que permanecer sempre sagrada para todo indivíduo humano, *como lhe parece certo*; e os governos provocam danos ao interferirem. (*) *Essa nota está ausente em diversas edições modernas.* (n.t.)

dizem seus próprios habitantes que é um mercado onde todo homem tem seu preço e onde a corrupção é comércio comum às expensas de um povo ludibriado? Não é de surpreender, então, que a Revolução Francesa seja desacreditada. Houvesse ela se restringido meramente à destruição do despotismo flagrante, e talvez o Sr. Burke e alguns outros tinham permanecido calados. O brado deles agora é: "Ela foi longe demais", isto é, ela foi longe demais para eles. Ela fita a corrupção em plena face e a tribo dos venais está toda alarmada. Seu temor revela-se em seu ultraje e estão apenas tornando públicos os queixumes de um vício ferido. Mas o que resulta dessa oposição é que a Revolução Francesa, em lugar de padecer, recebe uma homenagem. Quanto mais for golpeada, mais centelhas emitirá, e o medo é que não será suficientemente golpeada. Nada tem a temer dos ataques: a *verdade* conferiu-lhe uma instalação e o *tempo* a registrará como um nome tão duradouro quanto o seu.

Tendo delineado o desenvolvimento da Revolução Francesa através da maioria de seus principais estágios, do seu início à tomada da Bastilha, e o seu estabelecimento pela Declaração dos Direitos, concluirei este assunto com a apóstrofe vigorosa de M. de la Fayette: *Possa este grande monumento, erguido à Liberdade, servir como uma lição ao opressor, e como um exemplo aos oprimidos!* [36]

CAPÍTULO DE ASSUNTOS VARIADOS

Para evitar interromper a argumentação na parte precedente deste trabalho, ou a narrativa que a sucede, reservei algumas observações a serem feitas em conjunto num capítulo contendo uma miscelânea, de modo que a variedade não pudesse ser censurada ao ser tomada por confusão. O livro do Sr. Burke é *todo ele* uma miscelânea. Sua intenção foi realizar um ataque à Revolução Francesa, mas ao invés de proceder num sistema ordenado, ele a abordou violentamente com uma multidão de idéias que se atropelam e se destroem entre si.

Mas essa confusão e contradição no livro do Sr. Burke podem ser facilmente esclarecidas. Quando um homem que milita numa causa

---

36. Desde a tomada da Bastilha, as ocorrências têm vindo a público, mas as matérias registradas nesta narrativa são anteriores a esse período, e algumas delas, como pode ser facilmente constatado, só podem ser muito pouco conhecidas.

equivocada tenta nortear seu rumo por nada senão alguma verdade ou algum princípio baseado em polaridade, por certo que se perderá. Está além do alcance de sua capacidade manter coesas todas as partes de um argumento e fazê-las unir numa só discussão por qualquer outro meio senão tendo esse rumo em vista. Nem a memória nem a invenção suprirão a falta dele. A primeira falha para esse homem, ao passo que a segunda o trai.

A despeito do absurdo, uma vez que não merece outro nome, que o Sr. Burke asseverou sobre direitos hereditários e a sucessão hereditária, e que uma nação não dispõe de um direito de formar um governo por si mesma, aconteceu de trilharmos seu caminho para dar alguma explicação do que é governo. "Governo", ele diz, "é um instrumento da sabedoria humana.".

Admitindo que o governo é um instrumento da sabedoria humana, se concluirá necessariamente que a sucessão hereditária e os direitos hereditários (como são denominados) não podem fazer parte dele, porque é impossível tornar hereditária a sabedoria; e, por outro lado, *que* não é capaz de ser um instrumento sábio o que em sua atuação pode confiar o governo de uma nação à sabedoria de um idiota. O fundamento que o Sr. Burke agora adota é fatal para todas as partes de sua causa. O argumento muda dos direitos hereditários para a sabedoria hereditária e surge a questão: quem é o homem mais sábio? Ele deverá agora demonstrar que todo homem na linha da sucessão hereditária foi um Salomão, ou seu título não é bom para ser um rei. Que proeza agora realizou o Sr. Burke! Para usar a expressão de um marujo, ele *passou o esfregão no convés* e mal deixou um nome legível na lista dos reis. E ceifou e desbastou a Câmara dos Pares do Reino com uma foice tão formidável quanto a Morte e o Tempo.

O Sr. Burke, contudo, parece ter estado ciente dessa réplica mordaz e tomou cuidado para se proteger contra ela ao fazer o governo ser não apenas um *instrumento* da sabedoria humana, como também um *monopólio* da sabedoria. Ele coloca de um lado a nação como constituída por tolos, e coloca seu governo de sabedoria, todos homens sábios de Gotham, do outro lado; em seguida, proclama e declara que "Os homens têm o *direito* de que suas *necessidades* sejam atendidas por essa sabedoria.". Feita esta proclamação, ele, a seguir, passa a explicar a eles quais são suas *necessidades* e, também, quais são seus *direitos*. Nisso ele se saiu bem por força da habilidade, pois faz suas necessidades serem uma *necessidade* da sabedoria. Mas como isso constitui um frio consolo, ele então os informa que eles têm um *direito* – não de participarem da sabedoria, mas de serem governados por ela, e a fim de impressioná-los com uma solene reverência por esse governo-monopólio da sabedoria, e de sua imensa capacidade para todos os propósitos, possíveis ou impossíveis, certos ou errados, ele prossegue num astrológico tom de mistério, comunicando-lhes seus poderes nas seguintes palavras: "Os direitos dos homens no governo são suas vantagens; e estas estão amiúde equilibradas entre diferenças do bem; e em acordos, às vezes, entre o *bem* e o *mal*, e, às vezes, entre o *mal* e o *mal*. A razão política é um *princípio de cálculo*; somando – subtraindo – multiplicando – e dividindo, moralmente e não metafisicamente ou matematicamente, verdadeiras denominações morais.".

Como o público maravilhado, ao qual o Sr. Burke supõe que está se dirigindo, talvez não compreenda todo esse jargão erudito, assumirei o papel de seu intérprete. O significado, então, de tudo isso, boas pessoas, é: *que o governo não é governado por princípio algum; que ele pode tornar o mal, bem, ou o bem, mal, como o agradar. Em síntese, que o governo é poder arbitrário.*

Mas há algumas coisas que o Sr. Burke esqueceu. *Primeiro*, não indicou a origem da sabedoria; e, *segundo*, não demonstrou mediante qual autoridade começou ela sua atuação. Da maneira que ele introduz o assunto, é ou o governo furtando a sabedoria, ou a sabedoria furtando o governo. É destituída de uma origem e seus poderes destituídos de autoridade. Em suma, é usurpação.

Quer seja por um sentimento de vergonha, quer seja por uma consciência de algum defeito radical num governo que é necessário manter oculto, quer seja por ambos, quer seja por outra qualquer causa, que não pretendo determinar, o fato é que um pensador da monarquia jamais faz remontar o governo à sua fonte ou o reconhece a partir de sua fonte. É uma das *pedras de toque* pelas quais ele pode ser conhecido. Daqui há mil anos aqueles que viverão na América ou na França voltarão seu olhar para o passado com orgulho, pousando-o sobre a origem do governo e dirão: *Esta foi a obra dos nossos gloriosos antepassados!* Mas o que pode dizer um cronista da monarquia? Do que dispõe ele para exultar? Ai dele! Nada. Um certo algo o proíbe de olhar para trás para um começo, a menos que algum assaltante, ou algum Robin Hood, venha a se erguer das longas trevas do tempo e diga *Eu sou a origem.* Por mais arduamente que o Sr. Burke tenha trabalhado no projeto de lei da Regência e da sucessão hereditária há dois anos, e por mais que tenha vasculhado em busca de precedentes, ainda assim não foi suficientemente ousado para apresentar Guilherme da Normandia e dizer: *Eis aquele que encabeça a lista, eis a fonte da honra*; o filho de uma prostituta e o saqueador da nação inglesa.

As opiniões dos homens com respeito ao governo estão mudando rapidamente em todos os países. As Revoluções da América e da França arrojaram um raio de luz sobre o mundo, o qual alcança o homem. A enorme despesa dos governos tem levado as pessoas a pensar ao fazê-las sentir, e uma vez que o véu começa a rasgar-se, não admite reparo. A ignorância possui uma natureza peculiar: uma vez dissipada, é impossível restabelecê-la. Não é originalmente uma coisa por si mesma, sendo apenas a ausência de conhecimento, e embora seja possível *manter* ignorante o homem, não se pode *fazê-lo* ignorante. A mente, ao descobrir a verdade, atua da mesma maneira que atua através do olho ao descobrir os objetos; uma vez qualquer objeto tenha sido percebido, é impossível fazer a mente retornar à mesma condição em que se encontrava antes de percebê-lo. Os que falam de uma contra-revolução na França mostram quão pouca compreensão tem do ser humano. Não existe no âmbito da linguagem um arranjo verbal para expressar os meios de realização de uma contra-revolução. Esses meios teriam que ser uma obliteração do conhecimento, e jamais foi descoberto como fazer o homem *des-conhecer* seu conhecimento ou *des-pensar* seus pensamentos.

O Sr. Burke se esforça em vão para deter o progresso do conhecimento, e isso é acompanhado pelo menor decoro de sua parte, uma vez que se conhece uma certa transação na cidade que o torna suspeito de ser um pensionista sob um nome fictício. Isso pode explicar uma certa doutrina estranha aventada por ele em seu livro, a qual, ainda que ele a dirija à sociedade da Revolução, é efetivamente dirigida contra toda a nação.

"O rei da Inglaterra", diz ele, "usa *sua* coroa" (pois ela não pertence à nação, de acordo com o Sr. Burke) *"desprezando* a escolha da sociedade da Revolução, que não tem um só voto para um rei entre seus membros quer *individual* ou *coletivamente*, e os herdeiros de sua Majestade, cada um a sua vez e na seqüência, chegarão à Coroa *com o mesmo desprezo* de sua escolha com a qual sua Majestade teve êxito com aquela que agora usa."".

Quanto a quem é rei na Inglaterra ou em outra parte, ou se existe, afinal, um rei, ou se o povo escolheu um chefe *cherokee*, ou um hussardo hesseano como rei, não é assunto com o qual eu me preocupe, que fique a critério deles mesmos. Mas no que toca à doutrina, na medida em que se relaciona com os direitos dos homens e das nações, é tão abominável quanto qualquer coisa jamais proferida no mais escravizado país sob o céu. Se soa pior aos meus ouvidos, por não estar habituado a ouvir um tal despotismo, do que soa aos ouvidos de uma outra pessoa, não sou o melhor juiz para aquilatá-lo, mas no que diz respeito ao seu princípio abominável, não tenho dificuldades para julgá-lo.

Não é à sociedade da Revolução que o Sr. Burke se dirige, mas à nação, tanto em seu caráter *original* quanto em seu caráter *representativo*. E teve o cuidado de se fazer compreender ao dizer que seus membros não têm um voto quer *coletivamente* quer *individualmente*. A sociedade da Revolução é composta de cidadãos de todas as classes e de membros de ambas Câmaras do Parlamento; e, conseqüentemente, se não há um direito a um voto em nenhuma das personalidades, não pode haver nenhum direito a qualquer um, tampouco na nação ou em seu parlamento. Isso deve constituir uma advertência a todo país que importa famílias estrangeiras para serem reis. É um tanto curioso observar que embora o povo da Inglaterra tenha estado habituado a falar de reis, trata-se sempre de uma Casa estrangeira de reis, detestando estrangeiros e, no entanto, ainda governado por eles. Atualmente é a Casa de Brunswick, uma das ínfimas tribos da Alemanha.

Tem sido, até aqui, prática dos Parlamentos ingleses regular o que era chamado de sucessão (tomando como certo que a nação então continuasse a se harmonizar com a fórmula de anexar um ramo monárquico ao seu governo, pois sem isso o parlamento não podia ter tido autoridade para haver recorrido ou a Holanda ou a Hanover, ou impor um rei à nação contra a sua vontade). E este deve ser o limite extremo que o parlamento pode alcançar no caso; mas o direito da nação atinge o caso na sua *inteireza*, porque detém o direito de mudar sua forma *inteira* de governo. O direito de um parlamento é somente um direito em custódia, um direito por delegação, e isso apenas de uma modestíssima parte da nação, e uma de suas Câmaras não possui sequer isso. O direito da nação, entretanto, é um direito original, tão universal quanto a tributação. A nação é o pagador de tudo e tudo deve se conformar à sua vontade geral.

Lembro-me de ter tido conhecimento de um discurso naquilo que é chamado de Câmara Inglesa dos Pares do Reino, proferido pelo então conde de Shelburne – e penso que foi na época em que era Ministro – que se aplica a esse caso. Não registro diretamente em minha memória todos os detalhes, mas suas palavras e seu teor, em quanto posso lembrar, eram os seguintes: *Que a forma de um governo era em todos os tempos uma matéria inteiramente da esfera da vontade da nação, que se escolhesse uma forma monárquica, tinha um direito de assim o ter; e que se, posteriormente, optasse por ser uma república, tinha o direito de ser uma república, e dizer a um rei: "Não temos mais qualquer oportunidade para ti."*.

Quando o Sr. Burke declara que "os herdeiros e sucessores de sua Majestade, cada um por sua vez e na seqüência, chegarão à Coroa com o *mesmo desprezo* de sua escolha com a qual sua Majestade teve êxito com aquela que agora usa", está dizendo demasiado mesmo ao indivíduo mais humilde do país, parte de cujo trabalho diário se encaminha para formar o milhão de libras esterlinas que o país dá à pessoa que intitula rei. O governo com insolência é despotismo, mas quando se lhe adiciona desprezo, torna-se pior e pagar por desprezo constitui o excesso da escravidão. Essa espécie de governo provém da Alemanha e me faz lembrar do que um dos soldados de Brunswick me disse ao ser feito prisioneiro pelos americanos na guerra recente: "Ah," ele disse, "a América é um bom país livre pelo qual vale a pena que o povo lute. Sei da diferença porque conheço o meu; em meu país, se o Príncipe diz: comei palha, comemos palha.". Que Deus ajude o país, eu pensei, seja a Inglaterra ou outro, cujas liberdades são para ser protegidas por princípios alemães de governo e Príncipes de Brunswick!

Como o Sr. Burke às vezes fala da Inglaterra, às vezes da França e às vezes do mundo, e do governo em geral, é difícil replicar ao seu livro sem aparentemente topar com ele no mesmo terreno. Embora princípios de governo sejam assuntos gerais, é quase impossível, em muitos casos, separá-los da idéia de lugar e circunstância e, especialmente, quando as circunstâncias tomam o lugar de argumentos, que é freqüentemente o caso com o Sr. Burke.

Na primeira parte de seu livro, dirigindo-se ao povo francês, ele diz: "Nenhuma experiência nos ensinou [querendo dizer os ingleses] que por qualquer outro procedimento ou método, salvo aquele de uma *coroa hereditária*, podem nossas liberdades ser regularmente perpetuadas e conservadas sagradas como nosso *direito hereditário*.". Perguntei ao Sr. Burke: Quem as suprimirá? M. de la Fayette, falando à França, diz: "Para uma nação ser livre, basta que o queira.". Mas o Sr. Burke representa a Inglaterra como carente da capacidade de cuidar de si mesma, e que suas liberdades devam ser cuidadas por um rei que a tem em "desprezo". Se a Inglaterra estiver nisso mergulhada, estará preparando a si mesma para comer palha, como em Hanover, ou em Brunswick. Mas além da insensatez da declaração, acontece estarem os fatos todos contra o Sr. Burke. Foi pelo governo *ser hereditário* que as liberdades do povo foram postas em perigo. Carlos I e Jaime II são exemplos dessa verdade; e, não obstante, nenhum deles foi tão longe a ponto de fazer da nação objeto de desprezo.

Como é, às vezes, vantajoso ao povo de um país ouvir o que aqueles de outros países têm a dizer a respeito dele, é possível que o povo francês possa aprender alguma coisa do livro do Sr. Burke, e que o povo inglês possa também aprender alguma coisa das respostas às quais ele dará ensejo. Quando as nações polemizam a liberdade, abre-se um amplo campo de debate. A discussão começa com os direitos da guerra, sem os seus males e, como o conhecimento constitui o objeto pelo qual se luta, a parte que suporta a derrota obtém a recompensa.

O Sr. Burke se refere ao que ele chama de uma coroa hereditária, como se isto fosse algum produto da natureza, ou como, se semelhante ao tempo, ela detivesse o poder de operar, não apenas independentemente como a despeito do ser humano, ou como se fosse uma coisa ou uma matéria que gozasse do assentimento universal. Ai dele! Não possui nenhuma dessas propriedades, sendo sim o oposto de todas elas. É uma coisa imaginária, cuja justeza é mais do que dúbia, e cuja legalidade em poucos anos será negada.

Mas, para que possamos dispor esta matéria numa perspectiva mais clara do que aquilo que pode transmitir a expressão geral, será necessário indicar os distintos títulos em que [o que é chamado de coroa hereditária], ou a nos exprimirmos mais propriamente, uma sucessão hereditária ao governo de uma nação, pode ser considerada. São eles:

Primeiro: o direito de uma família particular de instituir a si mesma.

Segundo: o direito de uma nação de instituir uma família particular.

No tocante ao *primeiro* desses títulos, o de uma família instituir a si mesma com poderes hereditários mediante sua própria autoridade e independentemente do consentimento de uma nação, todos os homens concordarão em classificá-lo como despotismo e seria abusar de seu entendimento a tentativa de demonstrá-lo.

Mas o *segundo* título, o de uma nação instituir uma família particular com *poderes hereditários*, não se apresenta como despotismo a uma primeira reflexão. Mas se as pessoas se permitirem fazer uma segunda reflexão, e levarem essa reflexão à frente, entendendo que poderes são transferidos aos descendentes dessas famílias, perceberão que a sucessão hereditária se torna nas suas conseqüências o mesmo despotismo para outros que rejeitaram para si mesmas. Opera no sentido de impedir o consentimento das gerações sucessivas. E a obstrução ao consentimento é despotismo. Quando a pessoa que, a qualquer tempo, está de posse de um governo, ou aqueles que a sucedem, dizem a uma nação: Eu detenho este poder no "desprezo" de vós, ela não indica sob qual autoridade pretende dizê-lo. Não se trata de um alívio, mas de uma piora a uma pessoa escravizada, que reflete como se fosse vendida por seu pai, e como aquilo que aumenta a criminalidade de um ato não pode ser apresentado para demonstrar a legalidade dele, a sucessão hereditária não pode ser estabelecida como algo legal.

Com o propósito de chegar a uma conclusão mais expressiva sobre esse título, será adequado examinar a geração que efetiva a instituição de uma família com *poderes hereditários* à parte e separar das gerações que irão se suceder; e, também, examinar o cunho no qual a *primeira* geração atua relativamente às gerações sucessivas.

A geração que primeiramente seleciona uma pessoa e a coloca à testa de seu governo, seja com o título de rei, seja com qualquer outra distinção, age segundo o seu *próprio arbítrio*, seja este sábio ou tolo, como um agente livre de si mesma. A pessoa assim instalada não é hereditária, mas selecionada e indicada, e a geração que a instala não vive sob um governo hereditário, mas sob um governo que foi por ela mesma escolhido e estabelecido. Se a geração que instala a pessoa no poder e a pessoa instalada vivessem para sempre, jamais seria possível que se transformasse em sucessão hereditária e, por conseguinte, a sucessão hereditária só pode seguir-se à morte dos primeiros grupos.

Como, portanto, a sucessão hereditária está fora de questão relativamente à *primeira* geração, cumpre-nos agora examinar o caráter no qual *aquela* geração atua no que concerne à geração que se inicia e a todas às gerações sucessivas.

Assume um caráter ao qual não tem nem direito nem título. Transforma um *legislador* em um *testador* e simula realizar sua Vontade, o que é para ter efeito após a morte dos realizadores, a fim de legar em testamento o governo: e não apenas legar por testamento, como estabelecer na geração sucessora, uma forma nova e diferente de governo sob a qual ela mesma vivia. Ela mesma, como já observado, vivia não sob um governo hereditário, mas sob um governo por ela mesma escolhido e estabelecido; e ela agora procura, em virtude de uma vontade e testamento (o que não tem autoridade para realizar) retirar da geração iniciante e de todas as futuras os direitos e a ação livre pelos quais ela própria atuou.

Entretanto, à exclusão do direito que qualquer geração possui de atuar coletivamente como um testador, os objetos aos quais se aplica neste caso, não estão na esfera de qualquer lei, ou de qualquer vontade ou testamento.

Os direitos dos homens em sociedade não são nem legáveis ou transmissíveis, nem destrutíveis, mas somente transmissíveis por direito de sucessão, e não está no poder de qualquer geração interceptar definitivamente e suspender a descendência. Se a atual geração, ou qualquer outra, está disposta a ser escravizada, isso não diminui o direito da geração sucessora de ser livre. Não é possível que injustiças possam ter uma descendência legal. Quando o Sr. Burke procura sustentar que a *nação inglesa na revolução de 1688 o mais solenemente renunciou e abdicou de seus próprios direitos e de toda a sua posteridade para sempre,* pronuncia um discurso que não merece resposta e que só pode incitar o desprezo por seus princípios prostituídos, ou a piedade por sua ignorância.

Não importa sob que luz a sucessão hereditária se apresenta, como desenvolvida a partir da vontade e testamento de alguma geração anterior, é ela um absurdo. A não pode fazer um testamento para subtrair de B a propriedade deste e dá-la a C, e, no entanto, esta é a maneira na qual [aquilo que é chamado] de sucessão hereditária pela lei opera. Uma certa geração anterior fez um testamento para subtrair os direitos da geração que se inicia e de todas as vindouras, e transmite esses direitos a um terceiro que, posteriormente, se apresenta e diz a elas, na linguagem do Sr. Burke, que não têm *quaisquer direitos*, que seus direitos já foram a ele legados e que ele governará no *desprezo* a elas. Que o bom Deus livre o mundo de tais princípios e tal ignorância!

Mas, afinal, o que é a metáfora a que se dá o nome de Coroa, ou melhor, o que é a monarquia? É uma coisa, é um nome ou é uma fraude? É um "instrumento da sabedoria humana" ou um artifício humano de obter dinheiro de uma nação por força de pretextos ilusórios? É uma coisa necessária a uma nação? Se é, no que consiste essa necessidade, que serviços presta, qual a sua função e quais são seus méritos? A virtude consiste na metáfora ou no homem? Será que o ourives que fabrica a coroa fabrica também a virtude? Será que funciona como o gorro dos desejos de Fortunato ou a espada de madeira de Arlequim? Será que faz de um homem um conjurador? Em suma, o que é? Parece ser algo que está saindo de moda, caindo no ridículo e rejeitado em alguns países tanto como desnecessário quanto dispendioso. Na América é tido como um absurdo e na França atingiu tal declínio que a bondade do homem e o respeito por seu caráter pessoal são as únicas coisas que preservam a aparência de sua existência.

Se governo for o que o Sr. Burke diz, "um instrumento da sabedoria humana", eu poderia lhe perguntar, se a sabedoria estivesse na Inglaterra em tal maré baixa, se havia se tornado necessário importá-la da Holanda e Hanover? Mas farei justiça ao país dizendo que não era o caso; e mesmo que fosse, estaria se incorrendo num equívoco. A sabedoria de todo país, quando corretamente aplicada, basta para todos os seus propósitos; e não poderia existir ocasião mais genuína na Inglaterra para ter mandado buscar um vice-rei holandês, ou um eleitor alemão do que houve na América para realizar coisa similar. Se um país não compreende seus próprios assuntos, como é que um estrangeiro os compreenderá, ele que não conhece nem suas leis, nem seus costumes, nem sua língua? Se existisse um homem tão transcendentemente sábio acima de todos os demais, que sua sabedoria fosse necessária para instruir uma nação, teríamos alguma razão para a monarquia. Entretanto, quando lançamos nosso olhar a um país, e observamos como cada região entende seus próprios assuntos, e quando olhamos o mundo afora e percebemos que de todos os homens nele presentes, a raça dos reis é a mais insignificante em matéria de capacidade, nossa razão não pode deixar de nos indagar: Para que são tais homens preservados?

Caso haja alguma coisa na monarquia que nós, povo da América, não compreendemos, desejaria que o Sr. Burke se dignasse amavelmente a nos informar. Vejo na América um governo que se projeta por um país dez vezes maior que a Inglaterra, e que é conduzido com regularidade pela quadragésima parte do custo do governo da Inglaterra. Se pergunto a um homem na América se ele quer um rei, ele me rebate e me pergunta se o tomo por um idiota. Como explicar esta diferença? Somos mais ou menos sábios do que os outros? Assisto na América ao povo em geral vivendo numa condição de abundância desconhecida em países monárquicos, e vejo que o princípio de seu governo, que é o dos *iguais direitos do homem* progride rapidamente no mundo.

Se a monarquia é uma coisa inútil, por que é mantida em alguns lugares?... Se é uma coisa necessária, como dispensá-la? Que o *governo civil* é necessário, todas as nações civilizadas concordarão. Mas o governo civil é o governo republicano. Toda a parte do governo inglês que começa com o cargo do condestável e se estende pelo departamento da magistratura, sessões trimestrais dos tribunais de justiça e sessões periódicas de tribunais superiores, incluindo o julgamento pelo júri, constitui governo republicano. Nada da monarquia aparece em qualquer parte dele, salvo o título que Guilherme, o Conquistador, impôs aos ingleses no sentido de obrigá-los a chamá-lo de "Seu soberano senhor o rei".

É facílimo perceber que um grupo de homens interessados, tais como funcionários públicos, pensionistas, *lords* do dormitório, *lords* da cozinha, *lords* da toalete e sabe o Senhor o que mais, podem encontrar tantas razões para a monarquia na proporção do nível de seus salários, pagos às custas do país. Mas se eu indagar ao fazendeiro, ao fabricante, ao mercador, ao comerciante e, sucessivamente, passando por todas as ocupações da vida até ao trabalhador comum, do que lhes servem a monarquia, não poderão dar-me resposta alguma.

Se lhes perguntar o que é a monarquia, me dirão que acreditam ser algo semelhante a uma sinecura.

Embora os impostos da Inglaterra atinjam quase dezessete milhões[37] anuais, que se diz serem para as despesas do governo, ainda assim é evidente que resta ao senso da nação governar a si mesma e, efetivamente, governa a si mesma, por meio de magistrados e júris, quase às suas próprios custas, com base em princípios republicanos, com exclusividade em relação às despesas dos tributos. Os salários dos juízes são quase o único custo que recai na renda. Considerando que todo o governo interno é realizado pelo povo, os impostos na Inglaterra deveriam ser os mais leves de todas as nações da Europa e, no entanto, são o contrário. Como isso não pode ser da esfera do governo civil, a coisa necessariamente associa-se à esfera monárquica.

Quando o povo da Inglaterra mandou chamar Jorge I (e seria enigmático a um homem mais sábio do que o Sr. Burke descobrir para o que ele era querido, ou qual serviço poderia prestar), devia, ao menos, tê-lo condicionado ao abandono de Hanover. Além das intermináveis intrigas alemãs que tinham que ser as conseqüências de um Eleitor alemão ser rei da Inglaterra, há uma impossibilidade natural de unir na mesma pessoa os princípios da liberdade e os do despotismo, ou como é denominado usualmente na Inglaterra, o poder arbitrário. Um Eleitor alemão é no seu eleitorado um déspota. Como poder-se-ia então esperar que aderisse a princípios de liberdade num país enquanto o seu interesse num outro era para ser sustentado pelo despotismo? Impossível existir a união. E poderia ter sido facilmente previsto que Eleitores alemães fariam reis alemães, ou nas palavras do Sr. Burke, assumiriam o governo com "desprezo". Os ingleses tiveram sempre o hábito de considerar um rei da Inglaterra exclusivamente na forma em que esse rei a eles se manifestava, desde que a mesma pessoa, enquanto perdurasse a relação, possuísse uma sede doméstica num outro país, cujo interesse fosse diferente de seus próprios, e os princípios dos governos estivessem em mútua oposição. A uma tal pessoa a Inglaterra parecerá a residência urbana e o eleitorado, a propriedade rural. Os ingleses podem desejar, como acredito que desejam, sucesso para os princípios da liberdade na França, ou na Alemanha, mas um Eleitor alemão treme em relação ao destino do despotismo em seu eleitorado,

---

37. Presume-se: de libras esterlinas. (n.t.)

e o ducado de Mecklenburg, onde governa a família da atual rainha, encontra-se sob o mesmo deplorável estado de poder arbitrário, e o povo numa vil vassalagem.

Jamais houve um tempo em que os ingleses passaram a assistir as intrigas continentais com maior circunspecção do que no presente momento e distinguir a política do eleitorado da política da nação. A Revolução Francesa alterou inteiramente o cenário relativamente à Inglaterra e à França enquanto nações. Mas os déspotas alemães, liderados pela Prússia, se unem contra a liberdade; e o gosto do Sr. Pitt pelo cargo público e o interesse que todas as suas conexões da família atingiram, não proveram suficiente segurança contra essa intriga.

Como tudo que se passa no mundo se converte em matéria de história, abandonarei agora este assunto e farei um breve exame da condição dos partidos e da política na Inglaterra, como fez o Sr. Burke quanto à França. Se o presente reinado iniciou-se com desprezo, transfiro este ponto ao Sr. Burke. O certo, contudo, é que apresentava decididamente essa aparência. A animosidade da nação inglesa – isso lembra-se muito bem – estava em franco progresso; e tivessem sido os verdadeiros princípios da liberdade compreendidos então – como o prometem ser agora – seria provável que a nação não houvesse se submetido tão pacientemente. Jorge I e Jorge II percebiam um rival nos remanescentes dos Stuarts; e visto que eles não podiam senão considerar a si mesmos como se firmando em seu bom comportamento, tiveram a prudência de conservar seus princípios alemães de governo para si mesmos. Mas como a família Stuart se apagou, a prudência se tornou menos necessária.

O conflito entre direitos e aquilo que era chamado de prerrogativas continuou a aquecer a nação até algum tempo após o desfecho da guerra norte-americana – quando de uma vez uma tranqüilidade surgiu – a execração se convertendo em aplauso, e a popularidade da corte brotou como um cogumelo numa noite.

Para dar conta dessa súbita transição convém observar que há duas espécies distintas de popularidade: a produzida pelo mérito e a produzida pelo ressentimento. Considerando-se que a nação formou-se em dois partidos e cada um louvava os méritos de seus campeões parlamentares a favor e contra a prerrogativa, nada poderia atuar de modo a provocar um impacto mais geral do que uma coalizão imediata dos próprios campeões; os partidários de cada um sendo assim deixados repentinamente em apuros, e mutuamente tomados de aversão pela medida, não experimentavam outro alívio senão se unirem numa execração comum contra ambos. Sendo gerado, desta maneira, um maior estímulo ao ressentimento do que o ocasionado pelo conflito das prerrogativas, a nação renunciou a todos os antigos objetos dos direitos e injustiças, e procurou apenas aquele da gratificação. A indignação na coalizão afastou tão efetivamente a indignação contra a corte a ponto de extingui-la; e sem qualquer mudança de princípios da parte da corte, as mesmas pessoas que havia reprovado seu despotismo, a ele se uniram para se vingarem no Parlamento da coalizão. Não se tratava do que mais apreciavam, mas do que mais detestavam e o menos odiado passava por amor. A dissolução do Parlamento da coalizão, na medida que proporcionava os recursos para gratificação do ressentimento da nação, não podia deixar de ser popular, e doravante surgiu a popularidade da corte.

Transições deste tipo exibem uma nação sob o governo da moderação, em lugar de um princípio fixo e invariável; e tendo uma vez se comprometido, ainda que precipitadamente, sente-se incitada a justificar, através da continuação, seu primeiro procedimento. Medidas que em outras ocasiões censuraria, agora aprova, e exercita a persuasão sobre si mesma a fim de sufocar seu julgamento.

Na volta de um novo parlamento, o novo ministro, o Sr. Pitt, encontrou-se numa segura maioria e a nação lhe deu crédito, não sem consideração por ele mesmo, mas porque resolvera fazê-lo sem mútuo ressentimento. Ele se tornou publicamente conhecido através de uma proposta para reforma do Parlamento, que na sua implantação teria redundado numa justificação pública de corrupção. A nação se achava na condição de comprar os *boroughs* podres, ao passo que devia punir as pessoas que se ocupavam no comércio.

Passando por alto as duas fraudes dos negócios holandeses e o milhão anual para afundar a dívida nacional, a matéria que mais se destaca é o assunto da Regência. Nunca, no curso de minha observação, o logro foi praticado com mais sucesso, nem uma nação mais completamente enganada. Mas, para esclarecê-lo, será necessário examinar as circunstâncias.

O Sr. Fox afirmara na Câmara dos Comuns que o Príncipe de Gales, na condição de herdeiro na sucessão, possuía um direito próprio de assumir o governo. A isso se opôs o Sr. Pitt e, na medida em que a oposição se restringia à doutrina, foi justo. Os princípios, porém, que o Sr. Pitt sustentou do lado contrário foram tão ruins ou piores em sua abrangência do que aqueles do Sr. Fox, porque pretendiam estabelecer uma aristocracia sobre a nação e sobre a pequena representação que possui na Câmara dos Comuns.

Não é questão, neste caso, de ser a forma inglesa de governo boa ou má. Mas, tomando-a tal como se apresenta, sem considerar seus méritos ou deméritos, o Sr. Pitt se achava mais distante do ponto do que o Sr. Fox.

Supõe-se que essa forma de governo consiste de três partes: enquanto, por conseguinte, a nação se dispõe a dar prosseguimento a ela, as partes apresentam uma *posição nacional*, independentes entre si, e não constituem criaturas que se pertencem mutuamente. Houvesse o Sr. Fox passado pelo Parlamento e dito que a pessoa a que se aludia reivindicava no terreno da nação, o Sr. Pitt deveria então ter sustentado (o que ele denominou) o direito do Parlamento contra o direito da nação.

Pela aparência adquirida pela disputa, o Sr. Fox assumiu o fundamento hereditário e o Sr. Pitt, o parlamentar. E o Sr. Pitt assumiu o pior dos dois.

O que é chamado de *Parlamento* é constituído por duas Câmaras, uma delas sendo mais hereditária e mais avessa ao controle de uma nação do que se supõe ser a Coroa (como é denominada). Trata-se de uma aristocracia hereditária, que assume e afirma direitos e autoridade inalienáveis, irrevogáveis, inteiramente independentes da nação. Onde, então, a popularidade merecida da exaltação desse poder hereditário sobre um outro poder hereditário menos independente da nação do que aquilo que ele próprio presumia ser, e da absorção dos direitos da nação numa Câmara que a nação não pode nem eleger nem controlar?

O impulso geral da nação foi acertado, mas operou sem reflexão. Houve aprovação da oposição feita ao direito estabelecido pelo Sr. Fox, sem se perceber que o Sr. Pitt sustentava um outro direito irrevogável mais distante da nação e que a esta fazia oposição.

No tocante à Câmara dos Comuns, esta é eleita, porém o é por uma pequena parte da nação. Mas fosse a eleição tão universal

DOS DIREITOS DO HOMEM

quanto a tributação, o que devia ser, ainda assim seria apenas o órgão da nação, não podendo possuir direitos que lhe sejam inerentes. Quando a Assembléia Nacional da França resolve um assunto, esta resolução é tomada sob o direito da nação. No caso do Sr. Pitt, todavia, diante de questões nacionais, na medida em que se referem à Câmara dos Comuns, ele assimila os direitos da nação ao órgão, transforma o órgão numa nação e a própria nação numa cifra.

Em poucas palavras, a questão da Regência era uma questão de um milhão[38] ao ano, do que se apropria o departamento executivo, e o Sr. Pitt não podia ter ele próprio qualquer controle dessa soma sem estabelecer a supremacia do Parlamento. E quando isso foi realizado, tornou-se indiferente quem deveria ser o Regente, já que ele tinha que ser Regente às suas próprias custas. Entre as curiosidades que foram geradas por este controvertido debate, estava aquela de converter o Selo Real[39] em um rei, cujo selo num ato era para representar a autoridade real. Se, portanto, a autoridade real é um Selo Real, conseqüentemente não é em si mesma nada, e uma boa Constituição valeria infinitamente mais para a nação do que valem os três poderes nominais tal como agora se apresentam.

O uso contínuo da palavra *Constituição* no Parlamento inglês mostra que não há nenhuma e que o todo não passa de uma forma de governo sem uma Constituição, e que se constitui com quaisquer poderes que lhe agrada. Se houvesse uma Constituição, decerto a ela poder-se-ia fazer alusão, e o debate em torno de qualquer ponto constitucional findaria na criação da Constituição. Um membro diz ser *isto* uma Constituição, ao passo que um outro diz ser *aquilo* uma Constituição – hoje é uma coisa, e amanhã alguma outra coisa – enquanto a manutenção do debate demonstra que não há Constituição alguma. Constituição agora é o jargão hipócrita do Parlamento, sintonizando-se aos ouvidos da nação. Antes era a *supremacia universal do Parlamento – a onipotência do Parlamento*: porém desde o progresso da liberdade na França, essas frases encerram uma crueldade despótica ao serem pronunciadas. E o Parlamento inglês, ao falar de *Constituição*, captou o estilo da Assembléia Nacional, mas não a substância.

---

38. ... de libras esterlinas – presume-se. (n.t.)
39. Ou seja, *the Keeper of the Great Seal* (o chanceler-mor do reino). (n.t.)

Uma vez que a atual geração na Inglaterra não produziu o governo, não é responsável por qualquer de seus defeitos; mas que mais cedo ou mais tarde, lhe caberá empreender uma reforma constitucional, é tão certo quanto coisa idêntica ocorreu na França. Se a França, com uma renda de quase vinte e quatro milhões de esterlinas, com uma extensão de campos ricos e férteis mais de quatro vezes maior do que a Inglaterra, com uma população de vinte e quatro milhões de habitantes para pagarem tributos, com acima de noventa milhões de esterlinas em ouro e prata circulando na nação, e com uma dívida inferior à presente dívida da Inglaterra – ainda julgou necessário, por seja qual for a causa, chegar a uma decisão de seus assuntos, isso resolve o problema de fundos para ambos os países.

Está fora de questão afirmar quanto tempo durou o que é chamado de Constituição inglesa, e a partir disso argumentar quanto deve durar; a questão é: quanto tempo pode o sistema de capitais durar? Trata-se de uma coisa modernamente inventada e que não foi ainda além da existência de um homem; e, no entanto, nesse curto lapso de tempo se acumulou a tal ponto que, juntamente com as despesas usuais, requer uma quantidade de impostos ao menos igual à toda a locação de terras em acres da nação para custear os gastos anuais. Deve ser evidente a todos que um governo não podia ter sempre adotado o mesmo sistema que foi seguido pelos últimos setenta anos. E pela mesma razão não pode ser sempre adotado.

O sistema de capitais não é dinheiro, nem é, propriamente falando, crédito. Ele cria, com efeito, no papel a soma que parece tomar emprestada e estabelece um imposto a fim de manter o capital imaginário vivo através do pagamento de juros, e envia a anuidade ao mercado para ser vendida por papel já em circulação. Se é dado algum crédito, o é à disposição do povo de pagar o imposto, e não ao governo que o impõe. Quando essa disposição se extingue, o que se supõe ser o crédito do governo se extingue com ela. O exemplo da França sob o antigo governo mostra que é impossível forçar o pagamento de impostos quando toda uma nação está determinada a assumir sua posição nesse terreno.

O Sr. Burke, no seu exame das finanças da França, estima a quantidade de ouro e prata na França em cerca de oitenta e oito milhões de esterlinas. Fazendo-o, ele dividiu, eu o presumo, pela diferença do câmbio, em lugar do padrão de vinte e quatro libras por uma libra esterlina, pois a estimativa de M. Neckar, da qual o Sr. Burke se serviu, é *duzentos milhões e duas mil libras*, o que é mais do que noventa e um milhões e meia esterlina.

M. Neckar na França e o Sr. George Chalmers da Repartição do Comércio e da Agricultura da Inglaterra, a qual é presidida por *Lord* Hawkesbury, publicaram aproximadamente na mesma época (1786) um relatório da quantidade de dinheiro em cada nação, a partir das informações da Casa da Moeda de cada nação. O Sr. Chalmers, com base nas informações da Casa da Moeda inglesa na Torre de Londres, estima a quantidade de dinheiro na Inglaterra, incluindo a Escócia e a Irlanda, em vinte milhões de esterlinas.[40]

M. Neckar[41] diz que a quantidade de dinheiro na França, cunhada novamente a partir da velha moeda que foi recolhida, era quinhentos milhões e duas mil libras (acima de quatro milhões e cem esterlinas); e, após a dedução das perdas, e o que poderia estar nas Índias Ocidentais e outras possíveis circunstâncias, estima a quantidade em circulação doméstica em noventa e um milhões e meio de esterlinas. Entretanto, aceitando a cifra indicada pelo Sr. Burke, são sessenta e oito milhões mais do que a quantidade nacional na Inglaterra.

Que a quantidade de dinheiro na França não pode corresponder a essa soma, pode-se imediatamente perceber pelo estado dos rendimentos públicos franceses, sem recorrer aos registros da Casa da Moeda francesa em busca de provas. Os rendimentos públicos da França, antes da Revolução, eram aproximadamente vinte e quatro milhões de esterlinas e, como não existia então papel-moeda na França, todos os rendimentos públicos se concentravam em ouro e prata. E teria sido impossível ter reunido uma tal quantidade de rendimentos públicos numa quantidade menos nacional do que a estimada por M. Neckar. Antes da implantação do papel-moeda na Inglaterra, os rendimentos públicos eram de cerca da quarta parte da quantidade nacional de ouro e prata, do que é possível se cientificar consultando os rendimentos públicos antes do rei Guilherme e a quantidade de dinheiro que se estimava existir na nação nessa época, que era quase tanta como o é agora.

---

40. Ver *Estimativa da Força comparativa da Grã-Bretanha*, por G. Chalmers.
41. Ver *Administração das Finanças da França*, vol. III, por M. Neckar.

Não pode ser realmente útil a uma nação exercer a imposição sobre si mesma ou permitir a si mesma ser objeto de imposição. Todavia, os preconceitos de alguns e a imposição de outros sempre representaram a França como uma nação possuidora de pouco dinheiro – embora a quantidade não seja somente superior a quatro vezes a quantidade existente na Inglaterra, como consideravelmente maior do ponto de vista de uma proporção numérica. Para dar conta desta deficiência por parte da Inglaterra, seria preciso fazer alguma referência ao sistema de capitais inglês. Este opera no sentido de multiplicar papel e substituí-lo na esfera do dinheiro sob várias formas; e quanto mais papel é multiplicado, mais oportunidades são oferecidas para exportar espécie; e admite uma possibilidade (prolongando-o para pequenas cédulas) de aumentar o papel até não restar mais dinheiro.

Sei que este não é um assunto agradável aos leitores ingleses, porém as matérias que vou mencionar são tão importantes em si mesmas que requerem a atenção de homens interessados em transações pecuniárias de uma natureza pública. Há uma circunstância indicada por M. Neckar em seu tratado sobre a administração das finanças que nunca foi abordada na Inglaterra, mas que forma a única base sobre a qual estimar a quantidade de dinheiro (ouro e prata) que deve existir em toda nação européia, a fim de preservar uma relativa proporção com outras nações.

Lisboa e Cadiz são os dois portos pelos quais se importa[42] ouro e prata (dinheiro) da América do Sul e que, posteriormente, os dividem e os fazem escoar pela Europa através do comércio, aumentando a quantidade de dinheiro em todas as partes da Europa. Se, portanto, a quantidade de importação anual que ingressa na Europa puder ser conhecida e a relativa proporção do comércio exterior das diversas nações, pelas quais se pode proceder à distribuição, puder ser determinada, proporcionarão uma regra suficientemente verdadeira para determinar a quantidade de dinheiro que deve ser encontrada em qualquer nação a qualquer dado momento.

---

42. *Importar* é um termo impróprio. As colônias espanholas da América do Sul e a colônia portuguesa, isto é, o Brasil, não *exportavam* ouro e prata para a Europa. Deve-se entender aqui *importar* meramente como *trazer para dentro do país*. Os exploradores espanhóis e portugueses simplesmente extraíam e enviavam o ouro e a prata para Cadiz e Lisboa. Somente com a independência das colônias sul-americanas, é que se pode falar de efetivo comércio exterior envolvendo importação e exportação. (n.t.)

M. Neckar mostra com base nos registros de Lisboa e de Cadiz que a importação de ouro e prata para a Europa representa cinco milhões de esterlinas por ano. Ele não se baseou num único ano, mas numa média de quinze anos sucessivos, de 1763 a 1777, ambos incluídos, tempo em que a quantia foi de oitocentos milhões e mil libras, que correspondem a setenta e cinco milhões de esterlinas.[43]

Do início da sucessão Hanover em 1714 até a época da publicação do Sr. Chalmers medeiam setenta e dois anos. E a quantidade importada para a Europa naquela época seria sessenta milhões e trezentas esterlinas.

Se o comércio exterior da Grã-Bretanha for estimado como a sexta parte de todo o comércio europeu (o que é provavelmente uma estimativa inferior ao que os cavalheiros nas operações cambiais admitiriam), a proporção que a Grã-Bretanha deveria extrair por meio do comércio dessa soma, para conservar-se proporcional ao resto da Europa, seria também uma sexta parte, o que é sessenta milhões de esterlinas; e se a mesma margem por conta de perdas e acidentes for considerada para a Inglaterra como o é para a França por M. Neckar, a quantia restante após essas deduções seria cinqüenta e dois milhões. E esta soma devia ter estado presente na nação (à época da publicação do Sr. Chalmers), em acréscimo à soma que se encontrava na nação no início da sucessão de Hanover, tendo que totalizar ao menos sessenta e seis milhões de esterlinas; ao invés disso, havia apenas vinte milhões, o que significa quarenta e seis milhões abaixo de sua quantia proporcional.

Como a quantidade de ouro e prata importada para Lisboa e Cadiz é determinada com maior exatidão do que a de qualquer mercadoria importada para a França, e como a quantidade de dinheiro cunhado na Torre de Londres é ainda mais positivamente conhecida, os principais fatos são incontroversos. Ou, portanto, o comércio da Inglaterra não produz lucro, ou o ouro e a prata que ela traz para dentro do país escoam continuamente por meios invisíveis à taxa média de cerca de três quartos de milhão ao ano, o que, no decorrer de setenta e dois anos, explica a deficiência, sendo sua falta suprida por papel.[44]

---

43. *Administração das Finanças da França*, vol. III.
44. Se o comércio da Inglaterra não produz dinheiro, ou se o governo o remete para fora após ser produzido, é um assunto que os partidos nisso envolvidos podem esclarecer melhor. Mas que a deficiência existe, ninguém pode negar. Enquanto o Dr.

Dos Direitos do Homem

A Revolução Francesa é acompanhada de muitas novas circunstâncias, não apenas no âmbito político, como também no círculo das transações monetárias. Entre outras, ela mostra que um governo pode estar num estado de insolvência, enquanto a nação é rica. Na medida em que o fato se circunscreve ao mais recente governo fran-

---

Price, o Sr. Eden (agora Auckland), o Sr. Chalmers e outros debatiam se a quantidade de dinheiro na Inglaterra era maior ou menor do que no período revolucionário, não se reparou na circunstância de que desde a Revolução não pode ter havido menos que quatrocentos milhões de esterlinas trazidos para a Europa. E, portanto, a quantidade na Inglaterra deve, ao menos, ser quatro vezes maior do que foi por ocasião da Revolução, de modo a ser proporcional em termos de Europa. O que a Inglaterra está fazendo agora com papel é o que teria sido capaz de ter feito com moeda sonante, se ouro e prata houvessem entrado na nação na proporção adequada, ou não houvessem sido remetidos para fora; e a Inglaterra está se esforçando para restaurar mediante papel o equilíbrio que perdeu mediante dinheiro. É certo que o ouro e a prata que chegam anualmente nos navios de registro à Espanha e a Portugal não permanecem nestes países. Tomando-se o valor metade em ouro e metade em prata, são por volta de quatrocentas toneladas anuais; e a julgar pelo número de navios e galões empregados no comércio para trazer esses metais da América do Sul para Portugal e Espanha, a quantidade basta para confirmar a si mesma, sem necessidade de consultar os registros.

Na situação em que se encontra atualmente a Inglaterra, é impossível que possa crescer monetariamente. Impostos elevados não só reduzem a propriedade dos indivíduos, como também reduzem o capital em dinheiro de uma nação induzindo ao contrabando, que só pode ser levado a efeito mediante ouro e prata. Mediante a política que o governo britânico tem praticado com os poderes germânicos mais afastados da costa e com o continente, ele se transformou num inimigo de todas as potências marítimas e é, portanto, obrigado a manter uma grande marinha de guerra. Mas embora a frota seja construída na Inglaterra, os suprimentos navais têm que ser comprados no exterior e de países nos quais a maior parte precisa ser paga em ouro e prata. Alguns rumores falsos foram postos a correr na Inglaterra com o fito de induzir a uma crença no dinheiro, e, entre outros, o de que os refugiados franceses traziam grandes quantidades dele. A idéia é ridícula. O dinheiro em geral na França é constituído por prata e seriam necessárias mais de vinte enormes carroças tiradas cada uma por dez cavalos para transportar um milhão de esterlinas em prata. Seria então de se supor que algumas pessoas fugindo na garupa de cavalos, ou em diligências postais, de uma maneira secreta, e tendo a Alfândega francesa para transpor e o mar para cruzar, pudessem sequer trazer o suficiente para suas próprias despesas?

Quando se fala em milhões em dinheiro, dever-se-ia lembrar que tais somas só podem ser acumuladas num país de modo gradual e lento, tomando um largo período de tempo. O mais frugal sistema que a Inglaterra pudesse agora adotar não recuperaria, em um século, o equilíbrio monetário que perdeu desde o início da sucessão Hanover. A Inglaterra está em setenta milhões atrás da França, devendo estar em alguma considerável proporção atrás de todos os países europeus, uma vez que os relatórios da Casa da Moeda inglesa não indicam um aumento de dinheiro, enquanto os registros de Lisboa e de Cadiz indicam um aumento europeu de entre trezentos e quatrocentos milhões de esterlinas.

cês, este estava insolvente, porque a nação não suportaria mais a sua extravagância e, portanto, não poderia mais suportar a si mesmo. Contudo, no que tocava à nação, existiam todos os recursos. Pode-se dizer de um governo que está insolvente toda vez que recorre à nação para pagar suas dívidas. A insolvência do último governo francês e a do atual governo inglês só diferem na disposição dos seus povos. O povo francês nega sua ajuda ao velho governo, enquanto o povo inglês se submete à tributação sem investigar. O que na Inglaterra é chamado de *Coroa*, tem estado insolvente várias vezes, tendo sido a última delas – de conhecimento público – em maio de 1777, quando recorreu à nação para que esta pagasse mais de seiscentas mil libras de dívidas privadas, que de outra forma não poderia pagar.

Foi o erro do Sr. Pitt, do Sr. Burke e de todos aqueles inscientes dos assuntos da França: confundir a nação francesa com o governo francês. A nação francesa, com efeito, se empenhou em tornar insolvente o último governo com a intenção de tomar o governo em suas próprias mãos, e reservou seus recursos para a sustentação do novo governo. Num país de território tão vasto e tão populoso como a França, não pode haver carência de recursos naturais e os recursos políticos aparecem no instante em que a nação se dispõe a admiti-los. Quando o Sr. Burke, num discurso no último inverno no Parlamento britânico, *lançou seu olhar sobre o mapa da Europa e viu um hiato que uma vez foi a França*, falou como um sonhador de sonhos. A mesma França natural existia como antes, e todos os recursos naturais existiam com ela. O único hiato era aquele que a extinção do despotismo deixara, e que era para ser preenchido por uma Constituição de recursos mais formidáveis do que o poder que havia expirado.

Embora a nação francesa haja tornado insolvente o último governo, não permitiu que a insolvência atingisse os credores, e estes, considerando a nação como a verdadeira pagadora e o governo meramente como o agente, se apoiaram na nação, de preferência ao governo. Isso parece incomodar grandemente o Sr. Burke, porquanto esse precedente se mostra fatal à política pela qual governos têm se imaginado seguros. Contraíram dívidas visando a vincular o que é denominado juro monetarizado de uma nação ao seu apoio. Mas o exemplo da França mostra que a permanente segurança do credor reside na nação e não no governo; e que em todas as possíveis revoluções que possam ocorrer nos governos, os meios se acham sempre com a nação e é a nação que sempre existe. O Sr. Burke argumenta que os credores deviam ter se conformado ao destino do governo no qual confiavam. A Assembléia Nacional, contudo, os considerava como os credores da nação e não do governo – do senhor e não do administrador.

Embora o último governo não pudesse pagar os gastos correntes, o atual governo remunerou uma grande parte do capital. Isso foi feito empregando-se dois meios. Um foi reduzir as despesas do governo e o outro vender as propriedades rurais monásticas e eclesiásticas. Os beatos e libertinos penitentes, usurários e avarentos de outrora, a fim de assegurar para si mesmos um mundo melhor do que aquele que estavam na iminência de deixar, haviam legado imensas propriedades em custódia ao clero para *usos piedosos*. E o clero as manteve para ele mesmo. A Assembléia Nacional ordenou que fossem vendidas para o bem de toda a nação e que o clero fosse decentemente provido.

Por conseqüência da Revolução, o juro anual da dívida da França será reduzido em ao menos seis milhões de esterlinas através do acerto de contas de mais de cem milhões do capital, o que, com a diminuição das despesas anteriores do governo em ao menos três milhões, colocará a França numa situação digna de imitação na Europa.

Em todo o exame do assunto, quão imenso o contraste! Enquanto o Sr. Burke falava sobre uma bancarrota geral na França, a Assembléia Nacional estava fazendo o acerto de contas do capital da dívida da França, e enquanto os impostos aumentaram aproximadamente um milhão ao ano na Inglaterra, foram reduzidos muitos milhões por ano na França. O Sr. Burke ou o Sr. Pitt não emitiram uma só palavra acerca dos assuntos franceses, ou a respeito das finanças da França na presente sessão do Parlamento. O assunto começa a ser compreendido demasiado bem e a imposição não tem mais serventia.

Ao longo de todo o livro do Sr. Burke perpassa um enigma geral. Ele escreve com fúria dirigida contra a Assembléia Nacional, mas com o que está enfurecido? Se suas afirmações fossem tão verdadeiras quanto destituídas de fundamento, e a França tivesse, mediante sua revolução, destruído seu poder, e se convertido no que ele chama de um *hiato*, poderia despertar a aflição de um francês (considerando a si mesmo como um homem da nação francesa) e provocar sua fúria contra a Assembléia Nacional. Mas por que deveria despertar a fúria do Sr. Burke? Ai de mim! Não é à nação francesa que o Sr.

Burke se refere, mas sim à *corte* e toda *corte* européia, temendo o mesmo destino, está de luto. Ele não escreve como um francês ou um inglês, mas da maneira servil daquela criatura que é conhecida em todos os países, e que não é amiga de ninguém, um *cortesão*. Se se trata da corte de Versailles, ou da corte de São Jaime, ou da Casa de Carlton, ou da corte que se espera, isso nada significa, uma vez que o princípio larval de todas as cortes e dos cortesãos é similar. Formam uma política diplomática comum em toda a Europa, destacada e separada do interesse das nações e se parece que estão em disputa, concordam com a pilhagem. Nada pode ser mais terrível para uma corte ou cortesão do que a Revolução Francesa. Aquilo que constitui uma bênção para as nações, para eles é amargor, e na medida em que a existência deles depende da duplicidade de um país, tremem diante da abordagem de princípios, e se atemorizam ante o precedente que ameaça a sua ruína.

CONCLUSÃO

A razão e a ignorância, opostas reciprocamente, influenciam o grosso da humanidade. Se uma ou outra puder expandir-se suficientemente num país, a máquina do governo funcionará com facilidade. A razão obedece a si mesma e a ignorância se submete a tudo que lhe seja ditado.

As duas formas de governo que predominam no mundo são *em primeiro lugar* o governo por eleição e representação e, *em segundo,* o governo por sucessão hereditária. A primeira é geralmente conhecida pelo nome de república, a segunda pelos nomes de monarquia e aristocracia.

Estas duas formas distintas e opostas se fundam nas duas bases distintas e opostas da razão e ignorância. Como exercer o governo requer talentos e capacidades e como talentos e capacidades não podem ser hereditários, fica evidente que a sucessão hereditária exige do ser humano uma crença que sua razão não pode subscrever e só pode ser estabelecida com base em sua ignorância; e quanto mais ignorante for qualquer país, melhor se ajustará a essa espécie de governo.

Ao contrário, o governo numa república bem constituída não exige nenhuma crença do ser humano que ultrapasse o que pode ser facultado por sua razão. Ele vê o *fundamento racional e lógico* de todo o sistema, sua origem e sua operação; e como é melhor apoiado quando melhor compreendido, as faculdades humanas atuam com arrojo e ganham, sob essa forma de governo, uma virilidade colossal.

Como, portanto, cada uma dessas formas atua sobre uma base diferente, uma se movendo livremente mediante o auxílio da razão, a outra mediante a ignorância, temos que examinar, na seqüência, o que é que transmite movimento a essa espécie de governo que é chamada de governo misto, ou, como é por vezes ridiculamente chamado, um governo *disso, daquilo* e *de outro.*

O poder impulsionador nesta espécie de governo é necessariamente corruptor. Embora a eleição e a representação possam ser imperfeitas nos governos mistos, ainda assim estes permitem o exercício de uma maior dose de razão do que aquilo que convém à porção hereditária, com o que se torna necessário subornar a razão. Um governo misto é algo imperfeito que para atuar como um todo cimenta e solda numa junção por meio de corrupção partes discordantes. O Sr. Burke parece sumamente desgostoso pelo fato da França, desde que esta optara por uma revolução, não ter adotado o que chama de *"uma Constituição britânica"*, e a maneira deplorável na qual se expressa nessa oportunidade, implica uma suspeita de que a Constituição britânica necessitava de alguma coisa para manter suas falhas favorecidas.

Nos governos mistos não há responsabilidade: as partes se acobertam mutuamente até a perda da responsabilidade, e a corrupção que move a máquina, ao mesmo tempo, concebe sua própria escapada. Quando é formulado a título de máxima que *um rei não pode cometer erros*, isso o coloca numa condição de certeza semelhante a de idiotas e insanos, sendo para ele incogitável a responsabilidade. Isto, na escala descendente, é transmitido ao Ministro, o qual se abriga numa maioria no Parlamento, a qual graças a cargos, pensões e corrupção ele pode sempre comandar; e essa maioria se justifica mediante a mesma autoridade com a qual protege o Ministro. Neste movimento circular, a responsabilidade é alijada das partes e do todo.

Quando existe uma parte num governo que não pode cometer erros, isso significa que esta nada faz, sendo somente mediante os conselhos e direção da máquina de um outro poder que atua. Aquilo que, nos governos mistos, se supõe ser o rei, é o Gabinete; e como

DOS DIREITOS DO HOMEM

este é sempre uma parte do Parlamento, e seus membros justificam numa posição o que aconselham e fazem na outra, o governo misto se transforma num enigma constante, impondo a um país, devido à quantidade de corrupção necessária para soldar suas partes, o ônus de suportar todas as formas de governo de uma só vez, acabando por descambar num governo que funciona por comitês, no qual os conselheiros, os agentes, os sancionadores, os justificadores, as pessoas responsáveis e as pessoas não responsáveis são as mesmas pessoas.

Por meio desse mecanismo pantomímico e alteração de cena e de personagem, as partes se auxiliam reciprocamente em matérias que nenhuma delas isoladamente assumiria atuar. Quando se trata de obter dinheiro, a massa de variedade aparentemente dissolve e uma profusão de louvores parlamentares perpassa as partes. Cada um admira assombrado a sabedoria, a liberalidade e o desapego do outro, e todos eles expiram um suspiro lastimoso ante os fardos da nação.

Numa república bem constituída, entretanto, não há como ocorrer essa soldagem, louvor e compadecimento. Sendo a representação igual por todo o país, e integral em si mesma, embora possa ser organizada no legislativo e executivo, eles têm uma e mesma origem natural. As partes não são estranhas entre si, como democracia, aristocracia e monarquia. Na medida em que não há distinções discordantes, nada há que corrompa por força de acordos, nem que confunda por força de ardis. As providências públicas se desvelam ao entendimento da nação e, apoiadas em seus próprios méritos, repudiam quaisquer apelos bajuladores dirigidos à vaidade. A lamentação contínua diante do peso dos tributos, ainda que possa ser praticada com sucesso nos governos mistos, é incompatível com o senso e o espírito de uma república. Se os tributos são necessários, está claro que são benéficos, mas se não prescindem de uma apologia, a própria apologia significa um impedimento. Por que, então, é o homem enganado ou, por que engana ele a si mesmo?

Quando nos referimos aos homens como reis e súditos, ou quando o governo é mencionado sob as designações distintas ou combinadas de monarquia, aristocracia e democracia, o que cabe ao homem *que raciocina* entender por estes termos? Se existisse realmente no mundo dois ou mais *elementos* distintos e independentes de poder humano, deveríamos então contemplar as variadas origens às quais descritivamente se aplicariam esses termos; todavia, como existe apenas uma espécie humana, só pode haver um elemento do poder humano – elemento este que é o próprio homem. Monarquia, aristocracia e democracia não passam de criaturas do imaginário, das quais se poderia conceber mil tanto quanto três.

* * *

A julgar pelas Revoluções Norte-Americana e Francesa, e os sintomas que surgiram em outros países, evidencia-se que a opinião do mundo está mudada no tocante a sistemas de governo e que as revoluções não se acham na esfera dos cálculos políticos. O progresso do tempo e das circunstâncias, que os homens atribuem à realização de grandes mudanças, é demasiado mecânico para aquilatar a força do intelecto e a celeridade da reflexão pelas quais são geradas as revoluções: todos os antigos governos têm recebido um choque daqueles que aí já estão e que foram outrora mais improváveis, e constituem maior matéria de espanto, do que seria agora uma revolução geral na Europa.

Quando examinamos a condição miserável do ser humano sob os sistemas de governo monárquicos e hereditários, arrastado de seu lar por um poder ou expulso por um outro, e mais empobrecido por impostos do que por inimigos, fica evidente que esses sistemas são ruins, e que uma revolução geral no princípio e construção dos governos é necessária.

O que é o governo mais do que a administração dos negócios de uma nação? Não é, e por sua natureza não pode ser, a propriedade de qualquer homem ou família particular, e sim de toda a comunidade, a qual arca com seu custo; e, embora mediante a força e a sagacidade foi usurpado devido a uma herança, a usurpação não pode alterar o direito das coisas. A soberania, enquanto questão de direito, diz respeito somente à nação e não a qualquer indivíduo. E uma nação tem sempre um direito que lhe é inerente e inalienável de abolir qualquer forma de governo que julgue inconveniente, e instaurar uma que se harmonize com seu interesse, disposição e bem-estar. A distinção romântica e bárbara dos homens em reis e súditos, a despeito de se adequar à condição de cortesãos, não pode se adequar àquela

DOS DIREITOS DO HOMEM

de cidadãos e está aniquilada pelo princípio no qual os governos são agora fundados. Todo cidadão constitui um membro da soberania e, como tal, não pode admitir qualquer sujeição pessoal, devendo tão-só obedecer às leis.

Quando os homens pensam no que é o governo, devem necessariamente supor que este possua um conhecimento de todos os objetos e assuntos sobre os quais sua autoridade deve ser exercida. Conforme essa opinião do que seja governo, o sistema republicano, tal como estabelecido pela América e a França, opera para abarcar a totalidade de uma nação; e o conhecimento necessário para atender ao interesse de todas as partes precisa ser encontrado no centro, que as partes formam mediante representação. Os velhos governos, entretanto, residem numa construção que exclui tanto o conhecimento quanto a felicidade. Um governo de monges que nada sabiam do mundo além dos muros de um mosteiro é tão inconsistente quanto o governo de reis.

O que era chamado antes de revoluções foi pouco mais que uma substituição de pessoas, ou uma alteração de circunstâncias locais. Ascenderam e caíram como coisas passageiras e nada tiveram em sua existência ou destino capaz de influenciar além do lugar que as engendrou. Mas o que vemos agora no mundo, a partir das revoluções da América e da França, constitui uma renovação da ordem natural das coisas, um sistema de princípios tão universal quanto a verdade e a existência do ser humano, e que combina moral com bem-estar político[45] e prosperidade nacional.

"I – Os homens nascem e prosseguem sempre livres e iguais no que toca aos seus direitos. Distinções civis, portanto, só podem ter como fundamento a utilidade pública.

II – A finalidade de todas as associações políticas é a preservação dos direitos naturais e imprescritíveis do homem, e esses direitos são a liberdade, a propriedade, a segurança e a resistência à opressão.

III – A nação é essencialmente a fonte de toda soberania; nem pode qualquer indivíduo, ou qualquer grupo de homens investir-se de qualquer autoridade que não seja expressamente dela derivada."

---

45. ...*political happiness*..., expressão conceitualmente problemática no âmbito da modernidade. É provável que Paine pensasse em *bem-estar social*. (n.t.)

Nestes princípios nada há que mergulhe uma nação na confusão incitando a ambição. São calculados a fim de promover sabedoria e capacidades e utilizá-los para o bem público e não para o lucro e engrandecimento de classes particulares de homens ou famílias. A soberania monárquica, inimiga da espécie humana e origem da miséria, está abolida. E a própria soberania é recolocada no seu posto natural e original, a nação. Fosse este o caso por toda a Europa e a causa para as guerras seria eliminada.

Atribui-se a Henrique IV da França, um homem de grande coração e benevolente, a proposta – por volta do ano 1610 – de um plano para abolir a guerra na Europa. O plano consistia em criar um Congresso europeu, ou como os autores franceses o denominam, uma República Pacífica, pela nomeação de delegados procedentes das várias nações cuja função seria atuarem como uma corte de arbitragem em quaisquer disputas que pudessem surgir entre as nações.

Se tal plano tivesse sido adotado na época em que foi proposto, os tributos da Inglaterra e da França, na qualidade de duas das partes, teriam sido ao menos dez milhões de esterlinas anuais para cada nação menores do que foram no começo da Revolução Francesa.

Para imaginar uma causa para um tal plano não ter sido adotado (e que em lugar de um congresso com o propósito de *evitar* a guerra, foi convocado apenas para *dar fim* a uma guerra, depois de um dispêndio infrutífero de muitos anos) será necessário considerar o interesse de governos como distinto daquele das nações.

Qualquer que seja a causa dos impostos para uma nação, tornam-se também os recursos arrecadados para o governo. Toda guerra termina com um aumento dos impostos e, conseqüentemente, com um aumento da arrecadação; e em qualquer caso no que toca a guerras, considerando a maneira pela qual são atualmente iniciadas e concluídas, o poder e o interesse dos governos são aumentados. A guerra, portanto, a partir de sua produtividade, como facilmente fornece o pretexto da necessidade de impostos e a nomeação para cargos e repartições, se torna uma peça principal do sistema dos velhos governos, e estabelecer qualquer forma de abolição da guerra, não importa quão vantajoso poderia ser para as nações, seria retirar de tal governo o mais lucrativo de seus departamentos. As questões frívolas com base nas quais se realiza uma guerra mostram a disposição e avidez dos governos no sentido de aprovar o expediente da guerra, e traírem os motivos com base nos quais agem.

Dos Direitos do Homem

Por que não estão as repúblicas mergulhadas na guerra senão pela razão da natureza de seus governos não admitir um interesse distinto daquele da nação? Mesmo a Holanda, embora uma república mal construída, e com um comércio que se estende pelo mundo, existiu por quase um século sem guerra. E no instante em que a forma de governo foi mudada na França, os princípios republicanos da paz e da prosperidade doméstica e da economia surgiram com o novo governo, e os mesmos efeitos sucederiam à causa em outras nações.

Como a guerra constitui o sistema de governo na velha concepção, a animosidade que as nações entretêm entre si não é nada mais do que aquilo que a política de seus governos estimula com o propósito de preservar o espírito do sistema. Cada governo acusa o outro de traição, intriga e ambição, como um meio de aquecer a imaginação de suas respectivas nações e inflamá-las para a hostilidade. O homem só é o inimigo do homem através do veículo de um falso sistema de governo. Portanto, em lugar de lançar-se um brado contra a ambição dos reis, o brado deveria ser dirigido contra o princípio de tais governos, e em lugar de procurar corrigir o indivíduo, a sabedoria de uma nação deveria aplicar-se na correção do sistema.

A questão aqui não é se as formas e máximas dos governos que ainda são praticadas foram ajustadas ao estado do mundo no período em que foram estabelecidas. Quanto mais antigas são, menos correspondência podem elas apresentar com o atual estado de coisas. O tempo e a mudança das circunstâncias e das opiniões exercem o mesmo efeito progressivo no tornar obsoletos formas de governo que exercem sobre costumes e maneiras. A agricultura, o comércio, as manufaturas e as artes produtivas pelas quais a prosperidade das nações é promovida da melhor forma requerem um sistema diferente de governo e uma diferente espécie de conhecimento a fim de dirigir suas operações do que poderia ter sido requerido no estado anterior do mundo.

E não é difícil perceber, com base no atual estado de esclarecimento da espécie humana, que governos hereditários tendem para o seu declínio, e que revoluções amplamente fundamentadas na soberania nacional e no governo representativo abrem seu caminho na Europa. Seria um ato de sabedoria antecipar sua aproximação e produzir revoluções mediadas pela razão e o ajuste, de preferência a confiná-las ao escape de convulsões.

Pelo que presenciamos agora, nenhuma reforma do mundo político deve ser tida como improvável. Trata-se de uma era de revoluções, na qual tudo pode ser buscado. A intriga das cortes, pela qual o sistema da guerra é preservado, pode produzir a criação de uma confederação de nações para o abolir, e um Congresso europeu para patrocinar o progresso do governo livre e fomentar a mútua civilização das nações é um evento mais provável do que foi uma vez as revoluções e aliança da França e da América.

Parte II
Combinando Princípio e Prática

A M. DE LA FAYETTE

Depois de uma convivência de quase quinze anos em meio a situações penosas na América e várias consultas na Europa, experimento prazer em apresentar-te este pequeno tratado num gesto de gratidão por teus serviços prestados a minha querida América e a título de testemunho de minha estima pelas virtudes, públicas e particulares, que sei que possuis.

O único ponto em torno do qual sempre pude observar um desacordo entre nós não concernia a princípios de governo, mas ao tempo. De minha parte, julgo igualmente danoso a bons princípios tanto permitir que sejam protelados quanto impulsioná-los apressadamente. Aquilo que supões exeqüível em catorze ou quinze anos, posso crer praticável num período muito mais curto. A espécie humana, a meu ver, se acha sempre suficientemente amadurecida para compreender seu verdadeiro interesse, desde que este seja claramente apresentado ao seu entendimento e que o seja numa maneira que não gere suspeita por força de nada semelhante ao arbítrio ou que ofenda por assumir demasiado. Onde desejaríamos reformar, não devemos censurar.

Quando a Revolução Americana foi instaurada, senti uma vontade de sentar-me serenamente e desfrutar a tranqüilidade. Não me parecia que qualquer coisa pudesse, posteriormente, surgir-me tão importante a ponto de fazer-me abandonar a tranqüilidade e sentir como sentira antes. Mas quando o princípio, e não o lugar, constitui a causa energética da ação, um homem – assim penso – é o mesmo em todo lugar.

Encontro-me agora, mais uma vez, na vida pública, e como não disponho do direito de contemplar tantos anos do que resta da vida como dispões, decidi-me a trabalhar o mais rápido que puder; e como estou ansioso por tua ajuda e tua companhia, desejaria que agilizaste teus princípios e me alcançasses.

Se fizeres uma campanha na próxima primavera, para o que é mais provável que não haverá oportunidade, eu partirei e me juntarei a ti. Caso a campanha se inicie, espero que termine com a extinção do despotismo alemão e na instauração da liberdade de toda a Alemanha. Quando a França estiver circundada por revoluções, estará em paz e segurança e seus tributos, bem como os da Alemanha, serão, conseqüentemente, em menor número.

Teu amigo sincero e afetuoso,

Thomas Paine

Londres, 9 de fevereiro de 1792.

PREFÁCIO

Quando principiei o capítulo intitulado *Conclusão* da primeira parte dos *Direitos do Homem*, publicada o ano passado,[46] era minha intenção dar-lhe uma maior extensão. Mas ponderando sobre tudo que desejava adicionar, achei que ou isso tornaria o trabalho excessivamente volumoso, ou restringiria demasiadamente o meu projeto. Por conseguinte, eu o concluí logo que o assunto o permitiu e reservei o que tinha ainda a dizer a uma outra oportunidade.

Diversas outras razões me levaram a essa decisão. Eu queria saber como um trabalho, escrito num estilo de pensamento e expressão

---

46. Em 1791. (n.t.)

diferente do que se tornara habitual na Inglaterra, seria recebido antes que eu fosse avante. Um vasto campo se abria à visão da humanidade mediante a Revolução Francesa. A oposição insultuosa do Sr. Burke trouxe consigo a controvérsia para a Inglaterra. Ele atacou princípios de que teve conhecimento (a partir de informações), o que recebeu a minha contestação, seja porque são princípios que acredito serem bons, seja porque contribuí para estabelecê-los e me senti obrigado a defendê-los. Se ele não houvesse provocado a controvérsia, muito provavelmente eu teria ficado calado.

Uma outra razão para adiar o resto da obra era o fato do Sr. Burke ter prometido em sua primeira publicação retomar o assunto numa outra oportunidade e realizar uma comparação entre o que chamava de Constituições inglesa e francesa. Conseqüentemente, mantive-me no aguardo de seu pronunciamento. Desde então ele publicou dois trabalhos, sem fazê-lo – o que certamente não teria omitido se a comparação tivesse sido a seu favor.

Em sua última obra, *Apelo dos novos whigs aos antigos*, ele citou cerca de dez páginas dos *Direitos do Homem*, e tendo se dado o incômodo de fazê-lo, diz que ele "não tentará no mais ínfimo grau refutá-los", aludindo aos princípios ali contidos. Conheço o Sr. Burke o suficiente para saber que ele o faria se pudesse. Mas em lugar de contestá-los, ele se apressa em consolar-se declarando que "fez sua parte". Ele não fez sua parte. Não cumpriu sua promessa da comparação das Constituições. Ele deu início à polêmica, lançou o repto e fugiu dele. E agora ele se colocou numa *posição delicada* com sua própria opinião de que "o tempo do cavalheirismo passou!".

O título bem como a substância de seu último trabalho, seu *Apelo*, são sua condenação. Princípios devem se apoiar em seus próprios méritos, e se forem bons, decerto se apoiarão. Confiá-los ao abrigo da autoridade de outros homens, como fez o Sr. Burke, serve para torná-los suspeitos. O Sr. Burke não aprecia muito repartir suas honras, mas neste caso está artificiosamente repartindo o infortúnio.

Mas quem são esses aos quais o Sr. Burke fez seu apelo? Um grupo de pensadores pueris e políticos incompletos nascidos no século passado,[47] homens que não avançaram em qualquer princípio além do que convinha ao propósito deles como partido. A nação se

---

47. Isto é, século XVII. (n.t.)

achava sempre fora de questão e este tem sido o caráter de todo partido daquela época até hoje. A nação não vê nada digno de sua atenção em tais obras ou em tal política. Basta pouca coisa para impulsionar um partido, mas é preciso algo grandioso para impulsionar uma nação.

Embora eu não veja nada digno de muita atenção no *Apelo* do Sr. Burke, há, contudo, um período sobre a qual tecerei algumas observações. Depois de fazer extensas citações dos *Direitos do Homem* e se recusar a contestar os princípios encerrados nesse trabalho, ele diz: "Isso será muito provavelmente feito (*caso se venha a ser considerado que estes escritos merecem qualquer outra refutação além daquela da corte criminal*) por outros, que possam pensar com o Sr. Burke e com o mesmo zelo.".

Em primeiro lugar, isso não foi feito ainda por ninguém. Não menos, creio, que oito ou dez panfletos que se pretendiam respostas à primeira parte de *Direitos do Homem* foram publicados por diferentes pessoas e nenhum deles, que eu saiba, alcançou uma segunda edição, não sendo sequer seus títulos geralmente lembrados. Como sou contrário a publicações que se multiplicam desnecessariamente, não respondi a nenhuma delas. E como acredito que um homem pode escrever por si mesmo, independentemente de reputação, quando ninguém mais pode fazê-lo, sou cauteloso no sentido de evitar tal escolho.

Mas se por um lado me oponho a publicações desnecessárias, por outro lado me esquivaria de tudo que poderia parecer orgulho misturado a rabugice. Se o Sr. Burke, ou qualquer pessoa do seu lado da questão, produzisse uma resposta aos *Direitos do Homem* que alcançasse a metade ou mesmo uma quarta parte do número de cópias alcançado pelos *Direitos do Homem*, eu responderia a esse trabalho. Mas até que isso aconteça, tomarei até lá o senso do público por meu norte (e o mundo sabe que não sou um bajulador), de que aquilo que ele não julga digno de ser lido, não é digno de uma resposta de minha parte. Suponho que a tiragem de exemplares alcançada pela primeira parte dos *Direitos do Homem*, tomando a Inglaterra, a Escócia e a Irlanda não é inferior a entre quarenta e cinqüenta mil.

Volto agora à observação sobre a parte restante da citação que fiz do Sr. Burke.

"Caso," diz ele, "venha a ser considerado que este escrito merece qualquer refutação além daquela da corte *criminal*.".

Que me perdoem o jogo de palavras, mas teria que ser a corte *criminal* realmente quem deveria condenar uma obra a título de substituição pela incapacidade de refutá-la. A maior condenação que poderia atingi-la seria uma refutação. Mas no proceder conforme o método ao qual o Sr. Burke alude, a condenação atingiria, em último caso, a criminalidade do processo e não a obra, e neste caso eu teria preferido ser o autor a ser ou o juiz ou o júri que a condenassem.

Mas cheguemos direto ao ponto. Divergi de alguns senhores profissionais em matéria de acusações, e desde então acho que se inclinam para a minha opinião, a qual indicarei aqui o mais completamente, e não obstante o mais concisamente que puder.

Começarei por expor um caso com relação a qualquer lei e então farei a comparação com um governo, ou com aquilo que na Inglaterra é, ou foi chamado de uma Constituição.

Seria um ato de despotismo, ou o que na Inglaterra é chamado de poder arbitrário, produzir uma lei que proibisse o exame de princípios, bons ou maus, nos quais uma tal lei, ou qualquer outra, se funda.

Se uma lei é má, uma coisa é opor-se à prática dela e algo completamente diferente exibir seus erros, raciocinar sobre suas falhas e indicar a causa porque deveria ser revogada, ou por que uma outra deveria substituí-la. Sempre sustentei a opinião de que (fazendo disso também a minha prática) é melhor acatar uma lei ruim, utilizando ao mesmo tempo todo argumento para mostrar seus erros e conseguir sua revogação, do que necessariamente transgredi-la – isto porque o precedente de violar uma lei ruim poderia debilitar a força e conduzir a uma violação discricionária daquelas leis que são boas.

O mesmo se aplica a princípios e formas de governo e ao que é denominado Constituições e às partes das quais estas são compostas.

É para o bem das nações e não para o lucro ou engrandecimento de indivíduos que o governo deve ser estabelecido e a humanidade arca com o custo de seu sustento. Os defeitos de todos os governos e Constituições, tanto quanto ao seu princípio quanto à sua forma, precisam, numa paridade de raciocínio, ser tão abertos à discussão quanto os defeitos de uma lei, e constitui um dever que todo ser humano deve à sociedade apontá-los. Quando esses defeitos, e os meios de remediá-los, são geralmente vistos por uma nação, esta nação corrigirá seu governo ou sua Constituição num caso tal como o governo revogou ou corrigiu a lei no outro. A atuação do governo se restringe à produção, promulgação e administração das leis, mas é à nação que cabe o direito de formar ou reformar, gerar ou regenerar Constituições e governos; e, conseqüentemente, aqueles objetos de investigação, se colocam sempre ante um país *como uma matéria de direito* e não podem, sem invadir os direitos gerais daquele país, serem transformados em objetos de acusação. Neste terreno defrontarei o Sr. Burke quando lhe aprouver. É melhor que todo o argumento venha à tona do que procurar abafá-lo. Foi ele mesmo quem começou a polêmica, e não deve abandoná-la.

Não acredito que a monarquia e a aristocracia continuem por mais de sete anos em qualquer um dos países esclarecidos da Europa. Se melhores razões puderem ser alinhadas a favor delas do que contra elas, se sustentarão; se ocorrer o contrário, não se sustentarão. Não se pode atualmente dizer à espécie humana que não pensará ou que não lerá, e publicações que não vão além de investigar princípios de governo, convidar os homens a raciocinar, refletir e mostrar os erros e boas qualidades de diferentes sistemas, têm direito de vir à luz. Se não despertam atenção, não valem o incômodo de um processo, e se despertam, a acusação não redundará em nada, uma vez que não pode resultar numa proibição da leitura. Seria uma sentença proferida contra o público em vez de o ser contra o autor, e seria também a forma mais eficaz de produzir ou acelerar revoluções.

Em todos os casos que se aplicam universalmente a uma nação no que toca a sistemas de governo, um júri de *doze* homens não é competente para decidir. Onde não há testemunhas para ser examinadas, fatos para ser demonstrados, e onde toda a matéria se encontra diante de todo o público, e os méritos ou deméritos dela se apóiam em sua opinião, e onde nada há para ser conhecido num tribunal, senão aquilo que todos sabem fora dele, quaisquer doze homens constituem um júri tão bom como qualquer outro, e muito provavelmente inverteria o veredito do outro; ou, com base na variedade de suas opiniões, não seria capaz de formar um. Trata-se de um caso se uma nação aprova uma obra ou um plano, mas de um outro inteiramente diverso se confiará a um tal júri o poder de determinar se essa nação dispõe de um direito, ou se reformará seu governo ou não. Eu menciono casos de modo que o Sr. Burke possa perceber que não escrevi sobre governo sem refletir no que é a *lei*, bem como no que são *direitos*. O único júri eficaz em tais casos seria uma convenção de toda a nação e eleito com eqüidade, porquanto em todos esses casos toda a nação é a vizinhança.[48] Se o Sr. Burke propuser um tal júri, renunciarei a todos os privilégios de ser o cidadão de um outro país, e defendendo os princípios deste suportarei o resultado contanto que ele faça o mesmo, pois penso que sua obra e seus princípios seriam condenados ao invés dos meus.

Quanto às predisposições que as pessoas têm em função da educação e dos hábitos, em favor de qualquer forma ou sistema particular de governo, tais predisposições precisam ainda ser submetidas ao teste da razão e da reflexão. Na verdade, essas predisposições não são nada. Nenhum indivíduo se predispõe em favor de alguma coisa se está ciente de que está errada. Está apegado a ela na crença de que está certa, e quando percebe que não é assim desvanece-se a predisposição. Temos uma idéia falha do que seja a predisposição ou preconceito. Poder-se-ia dizer que enquanto os homens pensarem para si mesmos, o todo será predisposição ou preconceito e *não opinião*, pois somente é opinião o que resulta da razão e da reflexão. Devo observar que o Sr. Burke não pode confiar demasiado no que tem sido os preconceitos habituais do país.

Não creio que o povo da Inglaterra tenha sido sempre tratado de maneira justa e franca. Tem sido ludibriado por partidos e por homens que assumem o caráter de líderes. É tempo da nação elevar-se além dessas ninharias. É tempo de alijar essa desatenção que por tanto tempo foi a causa estimulante de levar a tributação ao excesso. É tempo de alijar todas essas bagatelas, cantos e brindes calculados para escravizar e operar promovendo o sufocamento da reflexão. Em todas esses questões cabe aos homens tão-só pensar e não agirão erroneamente nem serão desencaminhados. Afirmar que qualquer povo não está apto para a liberdade é fazer da pobreza a sua escolha e afirmar que foram preferivelmente sobrecarregados de impostos. Se isso pudesse ser demonstrado, demonstraria igualmente que os que governam não estão aptos a governar o povo, uma vez que este constitui uma parte da mesma massa nacional.

Mas ao admitir que os governos sejam mudados em toda a Europa, também admitimos certamente que isso pode ser feito sem convulsão ou vingança. Não vale a pena realizar transformações ou revo-

---

48. Um *jury of the vicinage* é o composto por pessoas que habitam o mesmo condado onde é realizado o julgamento. (n.t.)

luções a não ser que seja para algum grande benefício nacional; e quando isso despontar para uma nação, o perigo será, como na América e na França, para os que se opõem, reflexão com a qual encerro meu prefácio.

Thomas Paine
Londres, 9 de fevereiro de 1792.

INTRODUÇÃO

O que Arquimedes disse das forças mecânicas é aplicável à razão e à liberdade. *"Dá-me,"* diz ele, *"um ponto de apoio e moverei o mundo!"*. A Revolução Americana apresentou na política o que foi apenas teoria na mecânica. Tão profundamente enraizados eram todos os governos do velho mundo, e tão efetivamente haviam a tirania e a antigüidade do hábito se estabelecido nos espíritos, que nada pôde ser iniciado na Ásia, África, ou Europa, a fim de corrigir a condição política do homem. A liberdade fora caçada ao redor do mundo; a razão era considerada uma insurreta e a escravidão do medo tinha tornado o homem receoso de pensar.

Mas tal é a natureza irresistível da verdade que tudo que ela pede e tudo que quer é a liberdade para despontar. O sol dispensa qualquer marca que o distinga das trevas. E bastou o governo americano exibir-se ao mundo para que o despotismo experimentasse um choque e o homem começasse a contemplar a retificação.

A independência da América,[49] entendida apenas como uma separação da Inglaterra teria sido um assunto de pouca monta se não fosse acompanhada por uma revolução nos princípios e práticas dos governos. Ela produziu um apoio, não somente para si mesma, mas para o mundo e olhou para além das vantagens que ela própria podia receber. Mesmo os hessianos, a despeito de contratados para combatê-la, podem viver para abençoar sua derrota. E a Inglaterra, condenando a viciosidade de seu governo, regozija em seu malogro.

---

49. Lembrar-se sempre que para Paine *América* significa os *Estados Unidos da América*, as colônias inglesas da América do Norte que se libertaram do jugo britânico em 1776. (n.t.)

Tanto foi a América o único ponto do mundo político no qual o princípio da reforma universal podia ter seu início quanto foi também o melhor no mundo natural. Um conjunto de circunstâncias conspirou não apenas para dar nascimento como para acrescer uma maturidade colossal aos seus princípios. O cenário que esse país apresenta ao olho do espectador encerra algo em si que gera e fomenta grandes idéias. A natureza aparece a ele ampliada. Os objetos vigorosos que contempla atuam sobre sua mente alargando-a e ele participa da grandeza que contempla. Seus primeiros colonos foram emigrantes de diferentes nações européias e de diversificadas profissões de fé, que fugiam das perseguições efetivadas pelo governo do velho mundo e que se reuniram no novo não como inimigos, mas como irmãos. As necessidades que acompanham forçosamente a agricultura de uma região erma produziram entre eles uma comunidade que países há muito assediados pelos conflitos e intrigas de governos haviam deixado de cultivar. Numa tal situação, o homem se torna o que deve. Vê sua espécie não com a noção inumana de um inimigo natural, mas como algo que lhe é afim. E este exemplo mostra ao mundo artificial que o homem precisa retornar à natureza em busca de informações.

Considerando o rápido progresso efetuado pela América em toda ordem de aprimoramento, é racional concluir que se os governos da Ásia, África e Europa houvessem começado com base em um princípio semelhante ao da América, ou não tivessem sido muito cedo corrompidos por força dos seus, seus países deveriam estar hoje numa condição extremamente superior a que estão. As idades se sucedem somente para que contemplemos seu infortúnio. Pudéssemos nós imaginar um espectador que nada soubesse do mundo e que neste fosse colocado apenas para fazer suas observações, e ele tomaria uma grande parte do velho mundo como novo, simplesmente lutando com as dificuldades e adversidades de uma colonização incipiente. Não lhe seria possível supor que as hordas de pobres desditosos dos quais os velhos países estão repletos pudessem ser outra coisa senão os que não haviam tido ainda tempo de suprir a si mesmos. Dificilmente ele pensaria que eram a conseqüência do que em tais países se denomina governo.

Se, das regiões mais miseráveis do mundo olharmos para aquelas que se acham num estágio avançado de aperfeiçoamento, ainda descobriremos a mão cobiçosa do governo se infiltrando em todo canto e fresta da atividade laboriosa e agarrando o espólio da multidão. Exerce-se continuamente a criatividade no sentido de fornecer novos pretextos para taxas e impostos. Ele observa a prosperidade com sua presa e não permite que nenhuma escape sem pagar um tributo.

Como as revoluções começaram (e como a probabilidade se revela sempre maior contra algo que começa do que prosseguir após ter começado), é natural esperar que outras revoluções se sucederão. As espantosas e ainda crescentes despesas com as quais os velhos governos são conduzidos, as numerosas guerras nas quais se envolvem e que provocam, os embaraços que arrojam no caminho da civilização universal e do comércio, e a opressão e usurpação que praticam domesticamente consumiram a paciência e exauriram a propriedade do mundo. Numa tal situação e diante dos exemplos já existentes, revoluções devem ser buscadas. Tornaram-se tema de conversação internacional e podem ser consideradas como a *ordem do dia*.

Se sistemas de governo puderem ser instaurados com menos dispêndio e mais produção de bem-estar geral do que aqueles que existiram, todas as tentativas de resistir ao seu progresso serão, no fim, infrutíferas. A razão, como o tempo, abrirá o seu próprio caminho e o preconceito tombará num combate com o interesse. Se a paz universal, a civilização e o comércio pretendem ser sempre o afortunado quinhão do homem, isto não pode ser concretizado senão mediante uma revolução no sistema dos governos. Todos os governos monárquicos são militares. A guerra é seu comércio, o saque e a tributação seus objetos. Enquanto tais governos continuarem, não haverá segurança absoluta para paz um único dia. Qual é a história de todos os governos monárquicos senão um retrato fastidioso de miséria humana e a pausa acidental de uma tranqüilidade de alguns anos? Cansados da guerra e fartos da carnificina humana, eles fazem uma pausa para repousar e chamam isso de paz. Esta não é certamente a condição que o céu planejou para o ser humano, e se *isso é monarquia*, bem poderia a monarquia ser contada entre os pecados dos judeus.

As revoluções que aconteceram anteriormente no mundo nada encerravam em si que interessasse o grosso da humanidade. Atingiam apenas uma substituição de pessoas e de medidas, mas não de princípios, e ascenderam ou declinaram entre as transações comuns do momento. O que presenciamos atualmente pode não impropriamente ser chamado de uma *"contra-revolução"*. A conquista e a tirania, em algum período do passado, destituíram o ser humano de seus direitos e ele os está agora recuperando. E como a maré de todos os assuntos humanos tem seu fluxo e refluxo em direções mutuamente opostas, o mesmo também ocorre neste caso. O governo fundado numa *teoria moral, num sistema de paz universal, nos inalienáveis direitos hereditários do homem* move-se atualmente do ocidente ao oriente através de um impulso mais intenso do que o governo da espada se movia do oriente para o ocidente. Seu progresso não interessa a indivíduos, mas a nações e promete uma nova era à raça humana.

O perigo a que o êxito das revoluções está mais exposto reside em tentar realizá-las antes dos princípios de que procedem, e as vantagens a resultarem delas são suficientemente visíveis e compreendidas. Quase tudo que é pertinente às circunstâncias de uma nação tem sido absorvido e confundido na geral e misteriosa palavra *governo*. A despeito de esquivar-se à responsabilidade pelos erros que comete e pelos danos que enseja, não deixa de apropriar-se de tudo que tem a aparência de prosperidade. Surrupia do labor as honras deste pedantemente fazendo de si mesmo a causa de seus efeitos, e rouba do caráter geral do homem os méritos que a este pertencem como um ser social.

Pode, portanto, ser útil nesta época de revoluções distinguir entre as coisas que são o efeito do governo e as que não são. Isso será melhor efetuado executando-se um exame da sociedade e da civilização, bem como de suas conseqüências, como coisas distintas do que é designado como governos. Começando por esta investigação, seremos capazes de atribuir efeitos às suas devidas causas e analisar a massa de erros comuns.

Capítulo I

DA SOCIEDADE E DA CIVILIZAÇÃO

Grande parte da ordem que reina em meio à espécie humana não constitui o efeito do governo. Tem sua origem nos princípios da sociedade e na constituição natural do homem. Existia antes do governo e continuaria existindo se a formalidade do governo fosse abolida. A dependência mútua e o interesse recíproco que o homem tem no homem e que todas as partes da comunidade civilizada têm entre si criam esse grande encadeamento que a mantém unida. O proprietário de terras, o fazendeiro, o fabricante, o mercador, o comerciante e todo profissional prosperam graças à ajuda que cada um recebe do outro e do todo. O interesse comum regula suas preocupações e forma suas leis, e as leis ordenadas pelo uso comum detêm uma influência maior do que as leis do governo. Em síntese, a sociedade executa por si mesma quase tudo que é atribuído ao governo.

Para compreender a natureza e a quantidade de governos próprios ao ser humano, é necessário atentar para o caráter do ser humano. Como a natureza o criou para a vida social, equipou-o para a condição que pretendia para ele. Em todos os casos, fez suas necessidades naturais maiores do que suas capacidades individuais. Nenhum ser humano é capaz, sem o auxílio da sociedade, de suprir suas próprias necessidades, e estas necessidades, atuando sobre cada indivíduo impelem a totalidade deles para a sociedade, tão naturalmente quanto a gravitação atua para um centro.

Mas a natureza foi mais longe. Não se limitou a forçar o homem para a sociedade por meio de uma diversidade de carências que a ajuda recíproca entre todos os indivíduos humanos pode suprir, como também nele implantou um sistema de afetos sociais, os quais embora não necessários a sua existência, são essenciais para sua felicidade. Não há período algum durante a vida em que esse amor pela sociedade deixa de atuar. Principia e finda com nosso ser.

Se sondarmos com atenção a composição e constituição do homem, a diversidade de talentos nos diferentes indivíduos humanos para mutuamente atender as necessidades recíprocas, sua propensão à sociedade e, conseqüentemente, para preservar as vantagens dela resultantes, perceberemos facilmente que uma grande parte daquilo que é chamado de governo é mera imposição.

O governo é necessário apenas para cumprir umas poucas funções que a sociedade e a civilização não estão convenientemente aptas a cumprir, e não faltam exemplos para mostrar que tudo que o governo pode acrescer utilmente além disso foi prestado pelo assentimento comum da sociedade, sem governo.

Durante mais de dois anos desde o início da guerra norte-americana e durante um período mais longo em vários dos Estados americanos, não houve formas estabelecidas de governo. O velho governo fora abolido e o país estava demasiado ocupado na defesa para atentar para a instauração de novos governos; e, no entanto, durante esse intervalo, a ordem e a harmonia permaneceram tão intactas quanto em qualquer país da Europa. Há uma natural aptidão no homem, e ainda mais na sociedade, já que esta abrange uma maior variedade de capacidades e recursos, de se ajustar a qualquer situação em que se encontre. No momento em que o governo formal é abolido, a sociedade começa a atuar: ocorre uma associação geral e o interesse comum produz a segurança comum.

Tão longe está da verdade, como se pretendeu, a afirmação de que a abolição de qualquer governo formal constitui a dissolução da sociedade que o impulso resultante é contrário, produzindo um estreitamento ainda maior desta última. Toda aquela parte de sua organização que fora confiada ao governo, volta-se novamente para si mesma e atua através de seu veículo. Quando os homens, tanto por força do instinto natural quanto pelos benefícios recíprocos, se habituam à vida social e civilizada, há sempre bastante de seus princípios na prática para conduzi-los através de quaisquer transformações que possam julgar necessárias ou convenientes fazer em seus governos. Em suma, o homem é tão naturalmente uma criatura da sociedade que é quase impossível colocá-lo fora dela.

O governo formal constitui apenas uma pequena parte da vida social, e mesmo quando o melhor que a sabedoria humana pode conceber é estabelecido, o governo nominal é alguma coisa mais nominal e ideal do que factual. É dos grandes e fundamentais princípios da sociedade e da civilização – do uso comum de assentimento universal, mútua e reciprocamente preservado – do incessante fluxo de interesse, o qual passando através de um milhão de canais, fortalece a massa total de homens civilizados – é destas coisas, infinitamente mais do que a qualquer coisa que mesmo o melhor governo instituído é capaz de realizar, que dependem a segurança e a prosperidade do indivíduo e do todo.

Quanto mais perfeita for a civilização menos ensejará o governo, porque assim mais efetivamente regulará seus próprios assuntos e governará a si mesma; mas tão contrária é a prática de velhos governos à razão do caso, que suas despesas aumentam na proporção que deviam diminuir. São apenas umas poucas leis gerais que a vida civilizada exige, e leis de tal utilidade comum que quer sejam aplicadas pelas formas de governo quer não, o efeito será quase o mesmo.

COMBINANDO PRINCÍPIO E PRÁTICA

Se examinarmos quais são os princípios que, em primeiro lugar, concentram os homens na sociedade, e quais os motivos que regulam suas mútuas relações posteriormente, descobriremos, no momento em que atingirmos aquilo que é chamado de governo, que quase todo o processo é realizado pelo funcionamento natural das partes umas sobre as outras.

O homem, no tocante a todos esses aspectos, é uma criatura mais consistente do que disto está ciente, ou do que os governos desejariam que ele acreditasse. Todas as grandes leis da sociedade são leis da natureza; as das transações e do comércio, quer no que concerne às relações dos indivíduos, quer no que concerne às das nações, são leis de interesses mútuos e recíprocos. São seguidas e obedecidas porque agir assim representa o interesse das partes, e não por conta de quaisquer leis formais que seus governos possam impor ou interpor.

Mas quão freqüente é a propensão natural à sociedade perturbada ou destruída pelas operações do governo! Quando este último, em lugar de estar enxertado nos princípios da primeira, assume uma existência própria e atua mediante parcialidades de favor e opressão, torna-se a causa dos danos que ele devia prevenir.

Se olharmos no passado para as agitações e tumultos que em diversas ocasiões ocorreram na Inglaterra, descobriremos que não se originaram da falta de um governo, mas que este foi, ele próprio, a causa: em lugar de consolidar a sociedade, ele a dividiu; despojou-a de sua coesão natural e gerou descontentamento e desordens que, de outra maneira, não teriam existido. Naquelas associações que os homens indiscriminadamente formam com o propósito comercial, ou com qualquer outro interesse do qual o governo é completamente incogitável, e nas quais atuam meramente com base nos princípios da sociedade, vemos quão naturalmente as várias partes se unem; e isto mostra, por comparação, que os governos, muito longe de serem sempre a causa ou veículo da ordem, são amiúde a destruição desta. Os tumultos de 1780 não se originaram de outra coisa senão dos resquícios dos preconceitos que o próprio governo havia estimulado. Mas quando falamos da Inglaterra, há também outras causas.

Excesso e desigualdade de tributos, ainda que disfarçados quanto aos meios, nunca deixam de se manifestar nos seus efeitos. Como um grande contingente da comunidade é, em função disso, lançada na pobreza e descontentamento, está constantemente à beira da convulsão, e despojada, como infelizmente é, dos meios de informação, é facilmente inflamada rumo ao excesso. Seja qual possa ser a causa aparente de quaisquer tumultos, a real é sempre carência de felicidade. Indica que alguma coisa está errada no sistema de governo que prejudica o bem-estar pelo qual deve ser a sociedade preservada.

Mas como o fato é superior ao raciocínio, o exemplo da América se manifesta para confirmar estas observações. Se é que há um país no mundo onde a concórdia, de acordo com o cálculo comum, seria menos esperada, é a América. Constituída como é de povos de diferentes nações,[50] acostumada a diferentes formas e hábitos de governo, falando distintas línguas, e bastante heterogênea quanto às suas formas de culto, pareceria que a união de tais povos fosse impraticável. Entretanto, mediante a simples disposição de construir o governo sob os princípios de sociedade e dos direitos do homem, toda dificuldade é afastada e todas as partes são conduzidas a uma união harmoniosa. Os pobres não são oprimidos, os ricos não são privilegiados. O trabalho não é mortificado pelo fausto extravagante de uma corte ociosa que esbanja às expensas do trabalho. Seus tributos são poucos, porque seu governo é justo. E como não há nada que os torna infelizes, não há nada que gere agitações e tumultos.

Um homem metafísico, como o Sr. Burke, teria dado "tratos-à-bola" para descobrir como tal povo podia ser governado. Supuria que alguns tivessem que ser manipulados pela fraude, outros pela força, e todos mediante algum artifício; que o gênio teria que ser contratado para enganar a ignorância e o espetáculo e o desfile para fascinar o vulgo. Perdido no acúmulo de suas investigações, ele teria analisado e reanalisado, e finalmente deixado de ver o claro e fácil caminho diretamente apresentado aos seus olhos.

---

50. A parte da América geralmente chamada de Nova Inglaterra, incluindo New Hampshire, Massachusetts, Rhode Island e Connecticut, é povoada principalmente por descendentes de ingleses. No Estado de New York, cerca da metade são holandeses, o resto ingleses, escoceses e irlandeses. Em New Jersey, uma mistura de ingleses e holandeses, com alguns escoceses e irlandeses. Na Pensilvânia, cerca de um terço são ingleses, um outro alemães e os restantes escoceses e irlandeses, com alguns suecos incluídos. Os Estados ao sul possuem uma proporção maior de ingleses do que os Estados centrais, mas em todos eles ha uma mescla; e além desses enumerados, há um considerável número de franceses e alguns poucos de todas as nações européias litorâneas. A seita religiosa predominante é a presbiteriana, mas nenhuma seita é estabelecida em superioridade a outra, e todos os homens são igualmente cidadãos.

COMBINANDO PRINCÍPIO E PRÁTICA

Uma das grandes vantagens da Revolução Americana foi que levou a uma descoberta dos princípios e expôs o logro dos governos. Todas as revoluções até então haviam atuado na atmosfera de uma corte, e jamais sobre a ampla base de uma nação. Os partidos pertenciam sempre à classe dos cortesãos; e fosse qual fosse sua ânsia pela reforma, preservavam cuidadosamente a fraude da profissão.

Em todos os casos cuidavam de representar o governo como uma coisa constituída por mistérios, que somente eles compreendiam. E ocultavam do entendimento da nação a única coisa que era benéfico saber, ou seja, *que o governo nada mais é do que uma associação nacional que funciona com base nos princípios de sociedade.*

Tendo assim me esforçado para mostrar que o estado social e civilizado do homem é capaz de realizar dentro de si mesmo quase tudo que é necessário à sua proteção e governo, será adequado, por outro lado, efetuar um exame dos atuais velhos governos e examinar se seus princípios e prática correspondem a isso.

Capítulo II
DA ORIGEM DOS ATUAIS VELHOS GOVERNOS

É impossível que tais governos que até agora existiram no mundo não hajam começado por uma total violação de todo princípio sagrado e moral. A obscuridade na qual está mergulhada a origem de todos os atuais velhos governos insinua a iniqüidade e desestima com que começaram. A origem do atual governo da América e daquele da França será sempre lembrada, visto que é honroso registrá-la. No tocante aos restantes, entretanto, até a bajulação os confinou ao túmulo do tempo, sem uma inscrição.

Não é possível que tenha sido difícil nas eras primitivas e isoladas do mundo, quando o principal trabalho dos homens era cuidar de rebanhos e manadas, que um bando de patifes dominasse um país e o submetesse a pagar contribuições. Seu poder tendo sido assim estabelecido, o chefe do bando sagazmente concebeu substituir o nome de *ladrão* pelo de *monarca*, daí a origem da *monarquia* e dos *reis*.

A origem do governo da Inglaterra, na medida em que se vincula ao que é denominado sua linhagem real, uma vez que é um dos mais recentes, é talvez o que dispõe de melhor registro. O ódio que a invasão e a tirania normandas geraram devem ter se enraizado profundamente na nação para ter sobrevivido o instrumento que o suprimisse. Embora não seja um cortesão que vá mencionar o toque de recolher, nem um só povoado da Inglaterra o esqueceu.

Esses bandos de ladrões tendo repartido o mundo e o dividido em domínios, principiaram, como é naturalmente o caso, a lutarem entre si. O que de início era obtido por violência era julgado por outros como uma forma lícita de conquista, e um segundo saqueador sucedia ao primeiro. Invadiam alternadamente os domínios que cada um havia destinado a si mesmo e a brutalidade com a qual se tratavam mutuamente explica o caráter original da monarquia. Era um biltre torturando um outro. O conquistador considerava o conquistado não como seu prisioneiro, mas como sua propriedade. Ele desfilava em triunfo, conduzindo o conquistado sob correntes e o condenava, ao seu bel prazer, à escravidão ou à morte. Como o tempo apagava a história de seu início, seus sucessores assumiram novas aparências a fim de eliminar a herança de sua infâmia. Mas seus princípios e objetivos permaneceram os mesmos. O que inicialmente era saque assumiu o nome mais suave de arrecadação de tributos e o poder originalmente usurpado eles fingiram ter herdado.

O que se poderia esperar de tal origem de governos salvo um contínuo sistema de guerra e extorsão? Estabeleceu-se como um comércio. O vício não é mais peculiar a um do que a outro, sendo os princípios comuns a todos. Não existe dentro de tais governos suficiente resistência para imprimirem-se reformas e a solução mais sumária e mais eficaz é começar novamente.

Que cenas de horror, que iniqüidade perfeita se apresentam quando contemplamos o caráter e examinamos a história desses governos! Se fôssemos esboçar a natureza humana com um coração vil e a capacidade das artimanhas hipócritas para o abalo da razão e o repúdio da humanidade, teríamos que trazer reis, cortes e gabinetes para posarem para o retrato. O ser humano, na sua natureza, tal como é, com todas as suas falhas, não se coaduna com esse perfil.

Poder-se-ia supor que se governos houvessem nascido com base num princípio correto e não tivessem interesse de adotar um princípio incorreto, o mundo poderia ter estado na condição miserável e belicosa em que o vemos? Que motivo tem o agricultor, enquanto trabalha com seu arado, de pôr de lado suas atividades pacíficas e ir para a guerra para lutar contra o agricultor de um outro país? Que motivo tem o fabricante? O que significa domínio para eles, ou para qualquer classe de seres humanos numa nação? Acrescenta um só acre à propriedade rural de qualquer homem ou aumenta o valor desta? Não é idêntico o preço da conquista e o da derrota e os tributos a conseqüência sempre infalível? Embora este raciocínio possa ser bom para uma nação, não é assim para um governo. A guerra é o tabuleiro dos governos e as nações os incautos no jogo.

Se há algo de surpreendente neste execrável cenário dos governos que poderia superar a expectativa, é o progresso que as artes pacíficas da agricultura, manufatura e comércio fizeram sob essa longa e acumulativa carga de desestímulo e opressão. Serve para mostrar que o instinto, nos animais não atua com um impulso mais forte do que os princípios da sociedade e civilização operam nos seres humanos. Diante de todos os desestímulos, o homem persegue seu objetivo e não capitula perante nada exceto diante de impossibilidades.

Capítulo III
DOS VELHOS E NOVOS SISTEMAS DE GOVERNO

Nada pode exibir maior contradição do que os princípios nos quais os velhos governos basearam seu início e a condição à qual a sociedade, a civilização e o comércio são capazes de levar a espécie humana. O governo, no velho sistema, é um assumir do poder para o engrandecimento do próprio governo; no novo, uma delegação do poder para o benefício comum da sociedade. O primeiro sustenta a si próprio ao manter um sistema baseado na guerra; o segundo promove um sistema de paz a título de meio verdadeiro para o enriquecimento da nação. O primeiro estimula preconceitos nacionais; o segundo fomenta a sociedade universal como o veículo do comércio universal. Um mede sua prosperidade pela quantidade de tributos que extorque; o outro demonstra sua excelência pela reduzida quantidade de tributos que requer.

O Sr. Burke falou dos velhos e novos *whigs*. Se ele se diverte com denominações e distinções pueris, não interromperei seu folguedo.

Não é a ele, mas ao abade Sieyes, que dirijo este capítulo. Já estou envolvido com este último cavalheiro na discussão do assunto governo monárquico e, como naturalmente se trata de comparar os sistemas velho e novo, faço disto um ensejo para apresentar-lhe minhas observações. Ocasionalmente terei o Sr. Burke em meu caminho.

A despeito da possibilidade de demonstrar que o sistema de governo atual denominado *novo* é o mais antigo do ponto de vista do princípio entre todos os que já existiram, sendo fundado nos direitos originais e inerentes do homem, como não obstante isso, a tirania e a espada suspenderam o exercício desses direitos por muitos séculos, é mais conveniente ao propósito da distinção chamá-lo de o *novo* do que reivindicar o direito de chamá-lo de o velho.

A primeira distinção geral entre estes dois sistemas é que o que agora é chamado de velho é *hereditário*, total ou parcialmente; e o novo é inteiramente *representativo*. Rejeita todo governo hereditário, *primeiro* (1) por constituir uma imposição à espécie humana, *segundo* (2) por ser inadequado às finalidades que tornam necessário o governo.

Relativamente a (1), é impossível provar com base em que direito um governo hereditário teria seu início; tampouco existe realmente na esfera do poder mortal um direito para estabelecê-lo. O homem não detém autoridade sobre os pósteros em questões de direito pessoal e, portanto, nenhum homem ou grupo de homens tinha, ou pode ter, um direito de instalar governos hereditários. Mesmo que nós próprios voltássemos à existência, em lugar de sermos sucedidos pela posteridade, não temos agora o direito de tirar de nós próprios os direitos que então seriam nossos. Sob qual fundamento, então, pretendemos tirá-los de outros?

Todo governo hereditário é, em sua natureza, tirania. Uma coroa que pode ser herdada, ou um trono que o possa ser, ou seja por qualquer outra forma que tais coisas possam ser designadas, tem uma só explicação dotada de significado: que a espécie humana constitui uma propriedade que pode ser herdada. Herdar um governo é herdar o povo, como se este fosse um rebanho ou uma manada.[51]

---

51. Eis o primeiro dos oito parágrafos de *Direitos do Homem* que levaram à decisão do governo britânico de, em 1792, processar Thomas Paine. (n.t.)

COMBINANDO PRINCÍPIO E PRÁTICA

Com respeito a (2), o de ser inadequado às finalidades que determinam a necessidade do governo, basta-nos considerar o que é o governo essencialmente, e compará-lo às circunstâncias às quais a sucessão hereditária está sujeita.

O governo deve ser uma coisa sempre plenamente madura. Deve ser construído de tal forma a ser superior a todos os acidentes aos quais o indivíduo humano está sujeito e, portanto, a sucessão hereditária, por ser *sujeita a todos eles*, é o mais irregular e imperfeito de todos os sistemas de governo.

Ouvimos falar que os *Direitos do Homem* convidou a um sistema de *nivelamento*, porém o único sistema ao qual a palavra *nivelamento* verdadeiramente se aplica é o sistema monárquico hereditário. É um sistema de nivelamento mental. Admite indiscriminadamente toda espécie de caráter a uma autoridade idêntica. Vício e virtude, ignorância e sabedoria, em síntese, toda qualidade, boa ou má, é colocada no mesmo nível. Reis se sucedem, não como seres racionais, mas como animais. Nada significa o caráter mental ou moral deles. Será, assim, de espantar o estado abjeto da mente humana nos países monárquicos, quando o próprio governo é formado conforme um tal sistema abjeto de nivelamento? Carece de caráter fixo. Hoje é uma coisa, amanhã uma outra. Muda de acordo com o humor de cada indivíduo que entra na sucessão, e está sujeito a todas as diversidades de cada um. Trata-se de um governo cujo veículo são paixões e acidentes. Manifesta-se através de todas as variadas índoles e temperamentos da infância, da decrepitude, senilidade; é alguma coisa que precisa ser pajeada, que depende de alguém, ou que caminha de muletas. Inverte a ordem sadia da natureza. Ocasionalmente coloca crianças acima de homens, e as arrogâncias da menoridade acima da sabedoria e da experiência. Em suma, não é possível conceber uma forma mais grotesca de governo do que aquilo que a sucessão hereditária, em todos os seus casos, apresenta.

Pudesse um decreto ser promulgado pela natureza ou um edito ser registrado no céu – podendo o ser humano deles ficar ciente – de que a virtude e a sabedoria pertencessem invariavelmente à sucessão hereditária, e as objeções a esta seriam afastadas. Mas quando vemos que a natureza atua como se repudiando e ridicularizando o sistema hereditário; que a capacidade mental dos sucessores em todos os países está abaixo da média do entendimento humano: que um é tirano, um outro, idiota, um terceiro, louco, e alguns tudo isto junto, é impossível atribuir confiabilidade a isso quando a razão humana tem poder para funcionar.

Não é com o abade Sieyes que preciso utilizar esse raciocínio. Ele já me poupou este aborrecimento ao dar sua própria opinião sobre o assunto. "Se for perguntado", diz ele, "qual minha opinião acerca do direito hereditário, responderei, sem hesitar, que numa boa teoria, uma transmissão hereditária de qualquer poder ou cargo, jamais pode se harmonizar com as leis de uma verdadeira representação. Hereditariedade é, neste sentido, tanto uma desonra ao princípio quanto um insulto à sociedade. Mas consultemos", prossegue ele, "a história de todas as monarquias e principados eletivos: haverá uma na qual o sistema eletivo não é pior do que a sucessão hereditária?".

Quanto a discutir qual das duas é a pior, acaba-se por admitir que ambas são ruins, no que concordamos. A preferência dada pelo abade constitui uma condenação daquilo que ele prefere. Tal método de raciocínio em torno de tal assunto é inadmissível porque finalmente resulta numa acusação da Providência, como se esta não tivesse deixado ao ser humano nenhuma outra escolha em matéria de governo exceto aquela entre dois males, o melhor dos quais ele reconhece ser: "um desonra ao princípio e um insulto à sociedade".

Passando por alto presentemente todos os males e danos que a monarquia tem ocasionado no mundo, nada pode demonstrar mais efetivamente sua inutilidade num estado de *governo civil* do que torná-la hereditária. Tornaríamos hereditário qualquer cargo que exigisse sabedoria e habilidades para ser desempenhado? E um cargo, seja qual for ele, onde a sabedoria e as habilidades são desnecessárias, é supérfluo e destituído de significado. A sucessão hereditária torna a monarquia burlesca. Coloca-a sob a mais risível das luzes ao apresentá-la como um cargo que qualquer criança ou idiota pode ocupar. Para ser um mecânico ordinário alguns talentos são necessários, mas para ser um rei a única necessidade é ter na forma animal do homem – uma espécie de autômato capaz de respirar. Esta superstição pode durar mais alguns anos, mas não pode resistir muito tempo à razão desperta do homem e aos interesses deste.

No que toca ao Sr. Burke, é um defensor pedante da monarquia, não, de modo algum, na qualidade de um pensionista, caso realmente ele o seja – no que eu acredito – mas na qualidade de um político.

COMBINANDO PRINCÍPIO E PRÁTICA

Ele se investiu de um parecer que inclui o desprezo à espécie humana, a qual, a seu turno, está assumindo o mesmo em relação a ele. Ele tem a humanidade na conta de um rebanho de seres que tem que ser governado pela fraude, a imagem e o espetáculo, e para ele um ídolo seria uma figura monárquica tão boa quanto um homem. Eu lhe farei, contudo, justiça ao dizer que, com respeito à América, ele tem sido bastante lisonjeiro. Sempre sustentou, ao menos que eu saiba, que o povo americano era mais esclarecido do que o inglês, ou que o de qualquer país da Europa; e que, portanto, a imposição[52] do espetáculo não era necessária em seus governos.

Embora a comparação feita pelo abade Sieyes, entre a monarquia hereditária e a eletiva, seja desnecessária no caso, porquanto o sistema representativo rejeita ambas, tivesse eu que fazer o cotejo, decidiria contrariamente ao que ele fez.

As guerras civis provocadas pela contestação de títulos hereditários são mais numerosas e têm sido mais terríveis e de maior duração do que as provocadas pelo sistema eletivo. Todas as guerras civis na França se originaram do sistema hereditário; ou foram produzidas devido a reivindicações de direitos hereditários ou devido à imperfeição da forma hereditária, a qual admite regências ou a monarquia infantil pajeada. Quanto à Inglaterra, sua história está repleta de infortúnios idênticos. As disputas pela sucessão entre as Casas de York e de Lancaster duraram um século inteiro, e outras, de natureza semelhante, foram renovadas desde aquela época. As de 1715 e de 1745 foram do mesmo tipo. A guerra de sucessão pela coroa da Espanha envolveu quase a metade da Europa. Os transtornos na Holanda são causados pela hereditariedade do vice-rei. Um governo que se considera livre, com um cargo hereditário, é como um espinho na carne que produz uma inflamação que se empenha em expulsá-lo.

Mas devo ir além e também fazer remontar guerras com países estrangeiros, de qualquer tipo, à mesma causa. É somando o mal da sucessão hereditária ao da monarquia que são criados os interesses permanentes de uma família, cujos objetivos constantes são domínio e arrecadação de tributos. A Polônia, embora uma monarquia eletiva, tem sofrido menos guerras do que as monarquias hereditárias, e é o

---

52. É bem provável a intenção do autor de jogar com o múltiplo sentido desta palavra: *imposition* significa, entre outras coisas, tanto imposição quanto logro, impostura. (n.t.)

único governo que fez uma tentativa voluntária, ainda que modesta, de corrigir o estado do país.

Uma vez que lançamos um olhar em alguns defeitos dos sistemas de governo velhos ou hereditários, cumpre compará-los com o novo ou representativo.

O sistema representativo toma a sociedade e a civilização como sua base, a natureza, a razão e a experiência por seu norte.

A experiência, em todas as épocas e todos os países, tem demonstrado que é impossível controlar a natureza na sua distribuição de capacidades mentais. A natureza as confere como lhe apraz. Seja qual for a regra segundo a qual ela, aparentemente para nós, as distribui à espécie humana, esta regra permanece um mistério para o homem. Seria tão ridículo tentar fixar a hereditariedade da beleza humana, como a da sabedoria. Não importa no que consista a sabedoria, é semelhante a uma planta sem sementes; pode ser cultivada quando surge, mas não pode ser voluntariamente produzida. Há sempre uma aptidão em algum lugar da massa da sociedade para todos os propósitos, mas no que concerne às partes da sociedade, está continuamente mudando seu lugar. Aparece em um lugar hoje, em outro amanhã, e com grande probabilidade visitou rotativamente todas as famílias da Terra e, novamente, se afastou.

Considerando que assim é na ordem da natureza, a ordem do governo deve necessariamente segui-la, ou o governo degenerará, como constatamos que degenera, em ignorância. O sistema hereditário, portanto, é tão repugnante à sabedoria humana quanto aos direitos humanos, e é tão absurdo quanto é injusto.

Como a república das letras promove as melhores produções literárias ao proporcionar ao talento uma oportunidade justa e universal, o sistema representativo de governo é calculado para produzir as leis mais sábias colhendo a sabedoria onde esta pode ser encontrada. Sorrio para mim ao imaginar a grotesca insignificância em que a literatura e todas as ciências mergulhariam se fossem tornadas hereditárias, e transfiro esta mesma idéia para os governos. Um governante hereditário é tão inconsistente quanto um autor hereditário. Não sei se Homero ou Euclides tiveram filhos, mas arriscarei a opinião de que se tiveram e houvessem deixado suas obras incompletas, esses filhos não poderiam tê-las completado.

Combinando Princípio e Prática

Necessitaremos nós de uma evidência mais incisiva do absurdo do governo hereditário do que aquilo que é visto nos descendentes dos homens, em todas os setores da vida, que uma vez foram famosos? Haverá sequer um exemplo que não apresente um total inverso do caráter da personalidade? É como se a maré de faculdades intelectuais fluísse o máximo que pudesse em certos canais e, então, abandonasse seu curso e surgisse em outros. Quão irracional, por conseguinte, é o sistema hereditário, o qual estabelece canais de poder em cuja companhia a sabedoria se recusa a fluir! Por insistir em dar prosseguimento a este absurdo, o homem está perpetuamente em contradição consigo mesmo; aceita como um rei, ou como um grande magistrado, ou como um legislador, uma pessoa que não elegeria para oficial de polícia.

As pessoas pensam geralmente que as revoluções produzem gênio e talento, porém tais acontecimentos nada mais fazem do que apresentá-los. Existe no homem um volume de inteligência num estado latente que, a não ser que alguma coisa leve a manifestar-se na esfera da ação, descerá nesse mesmo estado com ele ao túmulo. Como é vantajoso para a sociedade que todas suas faculdades sejam empregadas, a construção de um governo deve ser tal que, mediante uma operação silenciosa e regular, faça se manifestar todo esse grau de capacidade que nunca deixa de surgir nas revoluções.

Isso não pode ocorrer no insípido estado do governo hereditário, não só porque este o obsta, como também porque atua no sentido de insensibilizar. Quando o intelecto de uma nação é submetido por qualquer superstição política presente em seu governo, como é a sucessão hereditária, perde uma considerável porção de seus poderes em todas as outras matérias e objetos. A sucessão hereditária requer obediência idêntica à ignorância e à sabedoria; e uma vez a mente chegue a fazer esta confusa vênia, desce abaixo da estatura da coragem mental. Tornar-se-á apta a ser grande somente nas coisas pequenas. Realiza uma traição de si mesma e sufoca as sensações que anseiam por se manifestar.

Ainda que os antigos governos nos apresentem um retrato deplorável da condição do homem, há um que acima de todos os demais isenta a si mesmo da descrição geral. Refiro-me à democracia dos atenienses. Vemos mais o que admirar e menos que condenar naquele grande, extraordinário povo do que em qualquer outra coisa que a história nos proporcione.

COMBINANDO PRINCÍPIO E PRÁTICA

O Sr. Burke está tão pouco familiarizado com os princípios constitutivos do governo que confunde democracia com representação. Representação era algo desconhecido das antigas democracias. Nestas o povo se reunia e promulgava leis (gramaticamente falando) na primeira pessoa. A democracia simples não era outra coisa senão a câmara municipal dos antigos. Significa tanto a *forma* quanto o princípio público do governo. Com o aumento da população e da extensão territorial desses Estados democráticos, a forma democrática simples[53] tornou-se de difícil controle e impraticável, e como o sistema representativo era desconhecido, o efeito foi ou degenerarem convulsivamente em monarquias ou serem absorvidas pelas que então existiam. Se o sistema representativo fosse então compreendido, como é agora, não haveria porque crer que aquelas formas de governo atualmente chamadas de monárquicas ou aristocráticas tivessem surgido. Foi a falta de algum método para consolidar as partes da sociedade após esta se tornar demasiado populosa e demasiado grande para a forma democrática simples e, também, a condição lassa e solitária de pastores e vaqueiros em outras regiões do mundo que ensejaram a instauração daquelas formas de governo anti-naturais.

Como é necessário remover o entulho de erros no qual o assunto governo foi lançado, deter-me-ei em alguns outros.

A arte política de cortesões e reinados sempre consistiu em abusar de algo a que davam o nome de republicanismo. Mas o que era ou é republicanismo, jamais procuraram explicar. Examinemos um pouco isso.

As únicas formas de governo são a democrática, a aristocrática, a monárquica e, o que é atualmente chamado, de forma representativa.

Aquilo que se denomina *república* não é nenhuma *forma particular* de governo. Significa inteiramente a característica do teor, matéria ou objeto para os quais o governo deve ser instituído, e sobre o que é para ser praticado: *res publica*, os negócios públicos, ou o bem público, ou traduzido literalmente, a *coisa pública*. É uma palavra de boa origem, que se refere ao que deve ser o caráter e função do governo; e neste sentido se opõe naturalmente à palavra monarquia, que detém uma significação original vil, ou seja, significa o poder arbitrário concentrado num indivíduo, em cujo exercício *ele próprio* e não a *res publica* é o objeto.

---

53. Ou forma democrática *direta*, isto é, sem representação. (n.t.)

Combinando Princípio e Prática

Todo governo que não funciona com base no princípio de uma *república*, ou em outras palavras, que não faz da *coisa pública* a sua meta total e exclusiva, não é um bom governo. Governo republicano nada mais é do que o governo estabelecido e conduzido para o interesse público, tanto individual quanto coletivamente. Não está ligado necessariamente à qualquer forma particular, mas se associa mais naturalmente com a forma representativa, como sendo melhor calculada para assegurar o fim para o qual uma nação custeia as despesas de um governo.

Várias formas de governo pretendem se intitular repúblicas. A Polônia se classifica como uma república, sendo uma aristocracia hereditária com o que é chamado de monarquia eletiva. A Holanda se classifica como uma república, que é, sobretudo, aristocrática, com um vice-rei hereditário. Mas o governo da América, que está completamente no sistema representativo, é a única república efetiva, no seu caráter e na sua prática, atualmente existente. Seu governo tem como exclusiva função e objetivo os negócios públicos da nação, sendo, portanto, propriamente uma república. E os americanos têm tomado cuidado para que *este*, e nenhum outro, seja sempre o objetivo de seu governo, rejeitando tudo que é hereditário e estabelecendo o governo somente com base no sistema representativo.

Aqueles que afirmaram que uma república não é uma *forma* de governo concebida para países de grande extensão confundiram, em primeiro lugar, os *negócios* de um governo com uma *forma* de governo, uma vez que a *res publica* diz respeito igualmente à toda extensão territorial e população; e, em segundo lugar, se sua referência é a algo tocante à *forma*, era a forma democrática simples, o sistema de governo das democracias antigas, nas quais não havia representação. Não se trata, portanto, de uma república não poder ser vasta, mas de não poder sê-lo na forma democrática simples. E a pergunta naturalmente se apresenta: *Qual é a melhor forma de governo para conduzir a res publica,*[54] *ou os negócios públicos de uma nação depois que ela se torna demasiado vasta e populosa para a forma democrática simples?*

Não pode ser a monarquia porque a monarquia está sujeita a uma objeção da mesma natureza a que estava sujeita a forma democrática simples.

---

54. Paine insiste na forma latina original. (n.t.)

COMBINANDO PRINCÍPIO E PRÁTICA

É possível que um indivíduo possa formular um sistema de princípios no qual o governo será constitucionalmente estabelecido para qualquer extensão territorial. Trata-se apenas de uma teoria produzida pela mente, que opera mediante seus próprios poderes. A prática, porém, com base em tais princípios, na medida em que se aplica a diversas e numerosas circunstâncias de uma nação, sua agricultura, manufatura, transações mercantis, comércio etc., etc., exige um conhecimento de diferente ordem, e que só pode ser extraído das várias partes da sociedade. Trata-se de um conjunto de conhecimento prático que nenhum indivíduo pode possuir; e, portanto, a forma monárquica é tão limitada, em termos de prática útil, pela incompetência de conhecimento quanto era a forma democrática pela multiplicidade populacional. Esta última descamba em confusão devido ao problema da extensão, ao passo que a forma monárquica degenera, por ignorância, em incapacidade,[55] do que são evidência todas as grandes monarquias. A forma monárquica, portanto, não poderia substituir a democrática porque apresenta inconvenientes idênticos.

Muito menos o poderia ser quando tornada hereditária. Esta é a mais eficiente de todas as formas no sentido de barrar o conhecimento. Tampouco poderia a mente altamente democrática se submeter voluntariamente a ser governada por crianças e idiotas e todo o elenco variegado de personalidades insignificantes que servem a um sistema meramente animal, que constitui a vergonha e a desaprovação perante a razão e o ser humano.

Quanto à forma aristocrática, apresenta os mesmos vícios e defeitos da monárquica, exceto pelo fato da possibilidade representada pelas capacidades ser melhor por conta da proporção numérica. Mas, mesmo assim, não há garantia para o uso e aplicação corretos de tais capacidades.[56]

Referindo-as à democracia simples original, esta fornece os dados genuínos de como o governo em larga escala pode iniciar. A democracia original simples é incapaz de extensão, não por conta de seu princípio, mas em função da inconveniência de sua forma; a monarquia e a aristocracia devido a sua incapacidade. Retendo, portanto, a democracia como o fundamento, e rejeitando os sistemas corruptos

---

55. O que chamaríamos hoje de *ingovernabilidade*. (n.t.)
56. No que tange a um caráter da aristocracia, o leitor pode consultar a Primeira Parte de *Direitos do Homem*.

COMBINANDO PRINCÍPIO E PRÁTICA

da monarquia e da aristocracia, o sistema representativo naturalmente se apresenta, remediando imediatamente as falhas da democracia simples do ponto de vista de sua forma, e a incapacidade das outras duas formas por causa do conhecimento.

Democracia simples era a sociedade governando a si mesma sem o auxílio de recursos secundários. Enxertando a representação na democracia, obtemos um sistema de governo capaz de abarcar e unir todos os vários interesses e qualquer extensão territorial e contingente populacional; e isso com vantagens tão largamente superiores ao governo hereditário quanto a república das letras as apresenta em relação à literatura hereditária.

Esse sistema é a base do governo americano. É representação enxertada na democracia. Fixou a forma mediante uma escala paralela, na totalidade dos casos, à abrangência do princípio. O que Atenas foi em miniatura, a América será em larga escala. Uma foi a maravilha do mundo antigo, ao passo que a outra está se tornando o objeto de admiração e paradigma do presente. Trata-se, entre todas as formas de governo, daquela de mais fácil compreensão e a mais conveniente na prática, além de excluir de imediato a ignorância e a insegurança do sistema hereditário, e a inconveniência da democracia simples.

É impossível conceber um sistema de governo capaz de atuar sobre tal extensão territorial e tal círculo de interesses, como é imediatamente produzido pelo processo representativo. A França, grande e populosa como é, não passa de um ponto ao contemplar a capacidade do sistema, que é preferível à democracia simples mesmo em pequenos territórios. Atenas, através do sistema representativo, teria rivalizado e superado sua própria democracia.

Aquilo que é chamado de governo, ou melhor, aquilo que devemos conceber que seja o governo, não é mais do que um certo centro comum onde se unem todas as partes da sociedade. Isso não pode ser realizado por qualquer método que encaminhe os vários interesses da comunidade senão pelo sistema representativo. Este concentra o conhecimento necessário ao interesse das partes e do todo. Coloca o governo num estado de contínua maturidade. Não é, como já foi observado, nunca jovem ou velho. Não está sujeito nem a menoridade nem à decrepitude. Jamais se encontra no berço ou nas muletas. Não admite uma separação entre o conhecimento e o poder e é superior, como o governo deve sempre ser, aos acidentes que afetam o indivíduo humano, daí sendo superior ao que é chamado de monarquia.[57]

Uma nação não é um corpo, figura a ser representada pelo corpo humano, mas é como um corpo encerrado num círculo, com um centro comum no qual se encontram todos os raios. Este centro é formado pela representação. Conectar a representação com o que é chamado de monarquia é governo excêntrico. A representação é em si mesma a monarquia delegada de uma nação e não pode aviltar a si própria dividindo-a com uma outra.

O Sr. Burke, em seus discursos no Parlamento e em sua publicação, fez uso de uma aliteração incapaz de expressar idéias. Falando do governo, diz: "É melhor ter a monarquia por sua base, e o republicanismo por seu corretivo, do que o republicanismo por sua base e a monarquia por seu corretivo.". Se quer dizer que é melhor corrigir a ignorância com a sabedoria do que a sabedoria com a ignorância, limitar-me-ei a contestá-lo afirmando que seria muito melhor repudiar a ignorância inteiramente.

Mas o que é isso que o Sr. Burke chama de monarquia? Ele o explica? Todas as pessoas conseguem entender o que é a representação e que esta deve necessariamente incluir variados conhecimentos e talentos. Mas que garantia existe neste sentido para as mesmas qualidades da parte da monarquia? Ou, quando essa monarquia é uma criança, onde estará a sabedoria? O que sabe ela sobre governo? Quem então é o monarca ou onde reside a monarquia? Se tiver que ser realizada pela regência, revela-se uma farsa. A regência é uma espécie simulada de república e o todo da monarquia não merece melhor definição. É uma coisa tão variada quanto o possa pintar a imaginação. Nada possui o caráter estável que o governo tem que possuir. Toda sucessão é uma revolução e toda regência, uma contra-revolução. É inteiramente um cenário de perpétua conspiração e intriga da corte, do que o Sr. Burke é pessoalmente um exemplo. Para tornar a monarquia compatível com o governo, o próximo na sucessão não deveria nascer criança, mas imediatamente homem e este homem um Salomão. É ridículo que as nações tenham que esperar e que o governo seja suspenso até que meninos cresçam para se tornarem homens.

---

57. A monarquia é a forma de governo na qual o poder é detido por um único indivíduo. (n.t.)

COMBINANDO PRINCÍPIO E PRÁTICA

Se o caso é dispor eu de muito pouca percepção para ver, ou de demasiada para ser logrado, porque acalento excessivo orgulho ou demasiado pouco orgulho, ou qualquer outra coisa, não o questiono. Mas certo é que aquilo que é chamado de monarquia parece-me ser sempre uma coisa tola e desprezível. Comparo-a a alguma coisa guardada atrás de uma cortina, em torno da qual há muita azáfama e espalhafato, e um ar magnífico de aparente solenidade. Mas quando, acidentalmente, acontece da cortina ser descerrada, e o grupo de pessoas vê do que se trata, este se põe a gargalhar.

No sistema representativo de governo, nada disso pode acontecer. Semelhantemente à própria nação, ele possui um vigor perpétuo, tanto de corpo quanto de mente, e se apresenta no franco teatro do mundo de uma maneira justa e viril. Sejam quais forem suas excelências ou defeitos, são visíveis a todos. Não existe por meio de engano e mistério; não se ocupa do discurso hipócrita e sofístico, mas se inspira numa linguagem que passando de coração para coração, é sentida e compreendida.

É preciso que cerremos nossos olhos para a razão, é preciso que rebaixemos vilmente nosso entendimento para não ver a loucura daquilo que é chamado de monarquia. A natureza é ordenada em todas suas obras, mas essa é uma forma de governo que contraria a natureza. Coloca o progresso das faculdades humanas de cabeça para baixo. Sujeita a idade ao governo de crianças e a sabedoria ao governo da ignorância.

Pelo contrário, o sistema representativo mantém sempre um paralelismo com a ordem e as leis imutáveis da natureza, além de contemplar a razão humana em todas as partes. Apresentamos um exemplo disso a seguir.

No governo federal americano, é delegado mais poder ao Presidente dos Estados Unidos do que a qualquer outro membro individual do Congresso. Ele não pode, portanto, ser eleito para esse cargo com menos de trinta e cinco anos. Nesta idade, o discernimento do homem se torna amadurecido e ele já viveu o suficiente para estar familiarizado com os seres humanos e as coisas, e também com o país em que vive. Na concepção monárquica, porém (à exclusão das numerosas possibilidades, que existem e que são contrárias a que todo homem que vem ao mundo ganhe um prêmio na loteria das faculdades humanas), o próximo sucessor, seja ele quem for, é colocado no

COMBINANDO PRINCÍPIO E PRÁTICA

comando de uma nação e de um governo com a idade de dezoito anos. Parece este um ato de sabedoria? É compatível com a dignidade própria e o caráter viril de uma nação? Onde a justeza e decência de classificar um tal rapaz como o pai do povo? Em todos os demais casos, uma pessoa é menor até a idade de vinte e um anos. Até então não lhe é confiado a administração de um acre de terra, ou da propriedade herdada de um rebanho de ovinos ou de suínos. Mas... que maravilha dizê-lo! Pode-se confiar a um jovem de dezoito anos uma nação!

Que a monarquia não passa de um embuste, um mero artifício da corte para obter dinheiro, é evidente (ao menos para mim) em todos os aspectos que possa ser encarada. Seria impossível no sistema racional do governo representativo admitir um projeto de lei em torno de despesas do enorme vulto que esse logro admite. O governo não é em si mesmo uma instituição muito dispendiosa. Toda a despesa do governo federal da América, fundado, como já disse, no sistema representativo, e que se estende por um país quase dez vezes maior do que a Inglaterra, não passa de seiscentos mil dólares, ou trinta e cinco mil e cem libras esterlinas.

Presumo que nenhum homem no estado de lucidez comparará o caráter nos reis europeus com o do general Washington. No entanto, na França, como também na Inglaterra, só a despesa civil, para o sustento de um único homem, é oito vezes maior do que toda a despesa do governo federal da América. Parece quase impossível atribuir uma razão para isso. Os habitantes em geral da América, especialmente os pobres, têm maior capacidade para pagar impostos do que os habitantes em geral da França ou da Inglaterra.

O fato é que o sistema representativo difunde um tal conjunto de conhecimento sobre o governo por toda a nação, que a ignorância é destruída e o engano barrado. A arte da astúcia das cortes é inoperante nesse terreno. Não há lugar para o mistério, nenhum lugar para que comece a germinar. Aqueles que não estão no corpo representativo conhecem tanto da natureza dos negócios quanto aqueles que estão. Uma afetação de importância carregada de mistério seria aí vigiada. Nações não podem ter segredos e os segredos das cortes, como os dos indivíduos, são sempre suas falhas.

No sistema representativo, a razão de tudo deve aparecer publicamente. Todo homem é um proprietário no governo e o considera uma parte de seus negócios que é necessário compreender. Concerne ao seu interesse porque afeta sua propriedade. Ele examina o custo e estima o custo/benefício e, acima de tudo, não adota o costume de escravo de seguir o que nos outros governos é chamado de *líderes*.

Só pode ser cegando o entendimento do homem e o induzindo a crer que o governo é alguma coisa fantástica e misteriosa que arrecadações excessivas de tributos são obtidas. A monarquia é bem calculada para assegurar esse fim. É o papismo do governo, algo mantido para entreter o ignorante e aquietá-lo a caminho dos tributos.

O governo de um país livre, expressando-nos com propriedade, não está nas pessoas, mas nas leis. A promulgação destas não requer grandes despesas e quando são administradas, o inteiro governo civil é efetivado – todo o resto é artifício das cortes.

Capítulo IV
DAS CONSTITUIÇÕES

Que os homens queiram dizer coisas distintas e independentes quando falam de constituições e governos, é evidente; ou por que são tais termos empregados de modo distinto e independente? Uma Constituição não é o ato de um governo, mas de um povo que constitui um governo; e governo sem Constituição é poder sem direito.

Todo poder exercido sobre uma nação tem que possuir alguma origem. Tem que ser ou delegado ou assumido. Não há outras origens. Todo poder delegado é confiança e todo poder assumido é usurpação. O tempo não altera a natureza de um ou outro.

Ao examinar este assunto, o exemplo e as circunstâncias da América se apresentam como no começo de um mundo. E nossa investigação da origem do governo é abreviada pela referência aos fatos que têm ocorrido em nossa própria época. Não temos motivo para vagar a esmo em busca de informação no domínio obscuro da antigüidade, nem de nos arriscarmos em conjeturas. Somos levados de imediato à condição de ver o governo nascer, como se houvéssemos vivido no início do tempo. O volume real, não de história, mas de fatos está bem a nossa frente, não mutilado pela sagacidade ou pelos erros da tradição.

Indicarei aqui concisamente os primórdios das Constituições americanas, o que fará vir suficientemente à luz a diferença entre Constituições e governos.

Talvez não seja inconveniente lembrar o leitor que os Estados Unidos da América consistem de treze Estados separados, cada um dos quais estabeleceu um governo para si depois da declaração da independência ocorrida em 4 de julho de 1776. Cada Estado agiu independentemente dos demais na formação de seu governo. Entretanto, o mesmo princípio geral impregna o todo. Quando os vários governos dos Estados estavam formados, procederam à formação do governo federal que atua sobre o todo em todas as matérias que dizem respeito ao interesse do todo, ou que se vinculam às relações dos vários Estados entre si, ou com as nações estrangeiras. Começarei dando um exemplo de um dos governos estaduais (o da Pensilvânia) e, em seguida, passarei ao governo federal.

O Estado da Pensilvânia, embora tendo quase a mesma extensão territorial da Inglaterra, foi então dividido em apenas doze condados. Cada um destes condados elegera um comitê por ocasião do início do conflito com o governo inglês, e como a cidade de Filadélfia, que também tinha seu comitê, era a mais central do ponto de vista estratégico da inteligência, tornou-se o centro de comunicação com os diversos comitês dos condados. Quando tornou-se necessário proceder à formação de um governo, o comitê da Filadélfia propôs que uma conferência de todos os comitês fosse realizada naquela cidade, e eles se reuniram nos últimos dias de julho de 1776.

Embora esses comitês tenham sido eleitos pelo povo, não o foram expressamente para o propósito, ou investidos da autoridade, de formar uma Constituição; e como não podiam, em coerência com as idéias americanas de direito, assumir tal poder, só podiam conferenciar acerca dessa questão e inseri-la num processo de discussão. Os conferencistas, portanto, se restringiram a enunciar o problema e recomendaram aos vários condados que elegessem seis representantes para cada condado para que se reunissem numa convenção na Filadélfia, com poderes para criar uma Constituição, além de propô-lo para o julgamento público.

COMBINANDO PRINCÍPIO E PRÁTICA

Tendo essa convenção, da qual Benjamin Franklin foi o presidente, ocorrido, deliberado e atingido um consenso quanto ao teor de uma Constituição, foi ordenado, ato contínuo, que fosse publicada, não como algo estabelecido, mas para a apreciação de todo o povo, sua aprovação ou rejeição. Foi marcada, então, uma data específica para uma nova sessão da convenção. Vencido o prazo desta data, a convenção reuniu-se novamente, e como a opinião do povo em geral fora a favor e em aprovação do teor constitucional publicado, a Constituição foi assinada, selada e proclamada com base na *autoridade do povo*, e o instrumento original depositado como um registro público. A convenção, em seguida, marcou um dia para a eleição geral dos representantes que iriam compor o governo e a hora em que a eleição deveria começar. Feito isso, a convenção foi dissolvida e seus membros voltaram às suas casas e às suas ocupações.

Nessa Constituição foi formulada, em primeiro lugar, uma declaração de direitos; seguia-se a forma que o governo devia ter e os poderes que devia possuir: a autoridade das cortes de justiça e dos júris; a maneira na qual as eleições deviam ser realizadas e a proporção dos representantes em relação ao número de eleitores; o tempo que cada assembléia sucessiva devia durar, que era um ano; a forma de arrecadação de impostos e a contabilidade dos gastos do dinheiro público, da nomeação de funcionários públicos, etc., etc.

Nenhum artigo desta Constituição podia ser alterado ou violado a critério do governo que se seguisse a ela. Era uma lei para o governo. Mas como não teria sido sábio obstruir o benefício da experiência, e também com o fito de prevenir o acúmulo de erros, caso algum fosse encontrado, e preservar uma harmonia entre o governo e as circunstâncias vividas pelo Estado a todos os tempos, a Constituição provia que ao fim de cada sete anos, um convenção devia ser eleita para o propósito expresso de revisar a Constituição e executar alterações, emendas ou supressões, se algumas destas coisas fosse julgada necessária.

Contemplamos aqui um processo regular: um governo emergindo de uma Constituição, formado pelo povo de acordo com o caráter original deste, e essa Constituição servindo não só como uma autoridade, mas também como uma lei controladora do governo. Tratava-se da bíblia política do Estado. Raramente uma família não a tinha. Todos os membros do governo tinham uma cópia, e nada era mais comum quando ocorria qualquer debate em torno do princípio de um projeto de lei, ou a respeito da abrangência de qualquer tipo de autoridade, do que os membros retirarem a Constituição impressa de seus bolsos e ler o capítulo com o qual a matéria em questão estava relacionada.

Após fornecer um exemplo de um dos Estados, indicarei os procedimentos através dos quais a Constituição Federal dos Estados Unidos surgiu e foi construída.

O Congresso, em suas primeiras duas sessões, em setembro de 1774 e maio de 1775, não passava de uma delegação das legislaturas das diversas províncias, posteriormente Estados, e não detinha outra autoridade senão a vinculada ao que se originava do assentimento comum e da necessidade que tinha ela de atuar como um órgão público. Em tudo que se relacionava aos assuntos internos da América, o Congresso não ia além da emissão de recomendações às várias Assembléias provinciais, as quais, ao seu critério, adotavam-nas ou não. Nada, da parte do Congresso, era compulsório; e não obstante isso, nesta situação era mais fiel e afetuosamente obedecido do que qualquer governo europeu. Este exemplo, como o da Assembléia Nacional da França, mostra suficientemente que a força do governo não consiste em algo *dentro* dele, mas no apego de uma nação e no interesse que as pessoas têm em respaldá-la. Quando isso se perde, o governo é como uma criança investida de poder, e embora como o velho governo da França, possa, durante algum tempo, assediar os indivíduos, se limita realmente a facilitar sua própria queda.

Depois da declaração da independência, tornou-se coerente com o princípio no qual se funda o governo representativo, que a autoridade do Congresso fosse definida e estabelecida. A questão, então, não era se essa autoridade deveria ser maior ou menor do que aquela que o Congresso na ocasião exercia discricionariamente. Tratava-se exclusivamente da exatidão da medida.

Com essa finalidade, a lei denominada *lei da confederação* (que era uma espécie de Constituição Federal imperfeita) foi proposta e, depois de demorada deliberação, foi concluída em 1781. Não foi uma lei emanada do Congresso, uma vez que repugna aos princípios do governo representativo um órgão outorgar poder a si mesmo. O Congresso começou por informar os vários Estados sobre os poderes de

COMBINANDO PRINCÍPIO E PRÁTICA

que pensava ser necessário investir a União[58] a fim de capacitá-la a executar as obrigações e serviços dela requeridos. Os vários Estados concordaram entre si e concentraram esses poderes no Congresso.

Talvez não fosse impróprio observar que nesses dois exemplos (o da Pensilvânia e o dos Estados Unidos da América) não há algo como uma idéia de um pacto entre o povo de um lado e o governo, do outro. O pacto foi entre os povos dos Estados americanos para produzir e constituir um governo.[59] Supor que qualquer governo possa ser uma parte num pacto com todo o povo é supor que ele exista antes que possa ter um direito a existir. O único exemplo no qual um pacto pode ocorrer entre o povo e aqueles que exercem o governo seria aquele no qual o povo os pagaria enquanto optasse por empregá-los.

Governo não é uma transação que qualquer homem, ou qualquer grupo de homens tem o direito de estabelecer e exercer para seu próprio lucro, mas inteiramente um depósito de confiança em direito daqueles pelos quais o depósito de confiança é delegado, e por quem é sempre reassumível. Por si mesmo, ele não possui direitos – são integralmente deveres.

Uma vez exibidos os dois exemplos da formação original de uma Constituição, mostrarei a maneira na qual ambas foram alteradas desde sua primeira promulgação.

Considerou-se, por força da experiência, que os poderes dos quais foram investidos os diversos governos dos Estados eram excessivamente grandes e aqueles dos quais o governo federal havia sido investido, mediante a lei da confederação, demasiado pequenos. O defeito não residia no princípio, mas na distribuição dos poderes.

Surgiram numerosos artigos em panfletos e jornais sobre a propriedade e necessidade de uma remodelação do governo federal. Após algum tempo despendido em debate público, levado a efeito através da imprensa e de conversações, o Estado da Virgínia, experimentando alguns inconvenientes no tocante ao comércio, propôs a realização de uma conferência continental, em decorrência da qual uma delegação proveniente de cinco ou seis das Assembléias dos Esta-

---

58. Ou seja, a *Confederação dos Estados Unidos da América*. (n.t.)
59. Quer dizer, o governo federal, ou mais precisamente, o governo *confederativo* dos Estados. (n.t.)

dos se reuniu em Anápolis, em Maryland, em 1786. Esta reunião não tendo sido auto-reconhecida como suficientemente autorizada a entrar no mérito da questão de uma reforma, nada mais fez do que enunciar seus pontos de vista gerais a respeito da justeza da medida e recomendou que uma convenção de todos os Estados fosse realizado no ano seguinte.

Esta convenção aconteceu em Filadélfia em maio de 1787, sendo que o general Washington foi eleito para presidi-la. Naquela ocasião, ele não se achava ligado a nenhum dos governos estaduais, ou com o Congresso. Abandonara suas incumbências no fim da guerra e desde então havia vivido como um cidadão privado.

A convenção tratou com profundidade de todos os assuntos e tendo, após várias discussões e investigações, chegado a um consenso entre seus membros acerca das diversas partes de uma Constituição federal, contemplou a questão seguinte, que era a forma de conferir a ela autoridade e aplicação.

Com esse propósito em mente, não mandaram buscar – como cortesãos num conluio – um vice-rei holandês ou um Eleitor alemão, mas referiram toda a matéria à inteligência e aos interesses do país.[60]

Primeiramente orientaram para que a Constituição proposta fosse publicada; em segundo lugar, que cada Estado elegesse membros para uma convenção expressamente com a função de apreciá-la e, em seguida, ratificá-la ou rejeitá-la; e que logo que a aprovação e ratificação de quaisquer nove Estados fossem eventualmente dadas, estes Estados deveriam proceder à eleição de sua proporção de membros para o novo governo federal; e que o funcionamento deste deveria então iniciar-se, com a cessação do atual governo federal.

Os vários Estados passaram, em conformidade com a orientação, a eleger seus membros para as convenções. Algumas destas ratificaram a nova Constituição graças às maiorias muito expressivas, e duas ou três por unanimidade. Nas outras houve muita polêmica e divergência de opiniões. Na convenção de Massachusetts, que se reuniu em Boston, a maioria não foi além de dezenove ou vinte em cerca de trezentos membros, mas tal é a natureza do governo representativo que decide tranqüilamente todas as matérias por maioria.

---

60. Este parágrafo também se destaca no processo movido contra Paine pelo governo britânico. (n.t.)

Após o debate na convenção de Massachusetts ter se encerrado e a votação tomada, os membros que se opunham se levantaram e declararam:

"Que embora houvessem argumentado e votado contra ela porque algumas partes lhes apareciam numa diferente luz daquela em que apareciam a outros membros, ainda assim, como o voto decidira em favor da Constituição como proposta, lhe dariam o mesmo apoio efetivo tivessem eles votado a seu favor."

Obtida a concordância de nove Estados (e os restantes seguiram na ordem em que suas convenções foram eleitas), a antiga estrutura do governo federal foi removida, e a nova adotada, que é aquela da qual o general Washington é o presidente. Aqui não posso deixar de observar que o caráter e os serviços deste cavalheiro bastam para reduzir todos esses homens chamados de reis à vergonha. Enquanto estes últimos recebem do suor e dos labores da humanidade uma prodigalidade de pagamentos de tributos, aos que não podem autorizá-los nem suas capacidades nem seus serviços, Washington presta todos os serviços ao seu alcance e recusa toda recompensa pecuniária. Não aceitou pagamento algum como comandante. Não aceita nenhum como presidente dos Estados Unidos.

Depois da promulgação da nova Constituição Federal, o Estado da Pensilvânia, entendendo que algumas partes de sua própria Constituição exigiam alteração, elegeu uma convenção para esse propósito. As alterações propostas foram publicadas, e tendo o povo com elas concordado, foram estabelecidas.

Na construção dessas Constituições ou em sua alteração enfrentou-se pouca ou nenhuma inconveniência. O curso ordinário das coisas não foi interrompido, e as vantagens foram expressivas. Constitui sempre o interesse de uma maioria esmagadora de pessoas numa nação, ter coisas certas do que deixá-las permanecer erradas, e quando os assuntos públicos estão abertos ao debate, e o julgamento público é livre, não decidirá erroneamente a menos que decida precipitadamente.

Nos dois exemplos de mudança de Constituições, os governos então existentes não foram agentes de uma maneira ou outra. O governo não tem direito de fazer de si mesmo um partido em qualquer discussão em torno dos princípios ou formas de formação ou alteração de Constituições. Não é para o benefício dos que exercem os poderes governamentais que as Constituições, e os governos que delas brotam, são estabelecidos. Em todas estas matérias, o direito de julgar e agir é daqueles que pagam e não daqueles que recebem. Uma Constituição é a propriedade de uma nação e não daqueles que exercem o governo. Todas as Constituições da América são declaradas como estabelecidas com a autoridade do povo. Na França, a palavra nação é empregada em lugar de povo; porém, em ambos os casos uma Constituição é algo que antecede o governo e sempre alguma coisa distinta deste.

Na Inglaterra, não é difícil perceber que tudo tem uma constituição exceto a nação. Toda sociedade e associação estabelecidas começam por um consenso em torno de muitos artigos originais, compilados numa formulação que é sua constituição. Em seguida, são apontados seus administradores, cujos poderes e competências são descritos naquela constituição, com o que o governo dessa sociedade se inicia. Esses administradores, não importa por quais nomes sejam chamados, não têm autoridade para efetuar acréscimos, alterações nos artigos originais bem como condensá-los. Tal direito pertence exclusivamente ao poder constituinte.

Devido à falta de compreensão da diferença entre uma Constituição e um governo, o Dr. Johnson e todos os autores de seu gênero sempre incorrem em confusão. Limitaram-se a perceber que deve haver necessariamente um poder *controlador* que exista em algum lugar, e o colocaram no critério das pessoas que exercem o governo, ao invés de o colocarem numa Constituição construída pela nação. Quando está numa Constituição tem a nação por seu sustentáculo, e os poderes controladores natural e político estão unidos. As leis que são promulgadas pelos governos controlam os homens apenas como indivíduos, ao passo que a nação, através de sua Constituição, controla a totalidade do governo e possui uma capacidade natural para fazê-lo. O poder controlador final, portanto, e o poder constituinte original são um e o mesmo poder.

O Dr. Johnson não podia ter apresentado tal posição em qualquer país em que houvesse uma Constituição e ele, pessoalmente, uma evidência de que nada como uma Constituição existe na Inglaterra. Mas apesar disso, pode-se levantar como questão que merece investigação, que se uma Constituição não existe, de onde proveio a idéia de sua existência estabelecida de maneira tão geral?

COMBINANDO PRINCÍPIO E PRÁTICA

Para dar uma resposta a esta questão, é necessário examinar uma Constituição em ambos seus casos: primeiro, enquanto criando um governo e lhe conferindo poderes; segundo, enquanto regulando e restringindo os poderes assim conferidos.

Se começarmos por Guilherme da Normandia, descobriremos que o governo da Inglaterra era originalmente uma tirania, fundada numa invasão e conquista do país. Isto admitido, parecerá que o esforço da nação em distintos períodos para atenuar essa tirania e torná-la menos intolerável foi creditado a uma Constituição.

A *Magna Charta*, como foi chamada (é atualmente como um almanaque da mesma data), se limitou a compelir o governo a renunciar a uma parte de suas pretensões. Não criou nem conferiu poderes ao governo da forma que faz uma Constituição; foi, dentro do seu alcance, algo da natureza de uma reconquista e não de uma Constituição, uma vez que pudesse a nação ter expulsado totalmente o usurpador, como a França fez com seus déspotas, teria tido então uma Constituição para produzir.

A história dos Eduardos e dos Henriques[61] e até o começo dos Stuarts, exibe tantos exemplos de tirania quanto podiam ser efetivados dentro dos limites aos quais a nação havia confinado a tirania. Os Stuarts se empenharam em transpor tais limites e seu destino é notório. Em todos esses exemplos não vemos a atuação de nenhuma Constituição, mas apenas restrições ao poder tomado.

Depois disso, um outro Guilherme, descendente da mesma estirpe, e reivindicando ser da mesma origem, tomou posse; e dos dois males, *Jaime* e *Guilherme*, a nação preferiu o que foi considerado o menor, uma vez que naquelas circunstâncias, tinha que assumir um. A lei, chamada de *documento dos direitos* (*Bill of Rights*), vem aqui à luz. E o que é esta senão um ajuste vantajoso que as partes do governo fizeram entre si a fim de repartir poderes, lucros e privilégios? Terás tanto e eu ficarei com o resto. E no tocante à nação, se dizia, *tua cota será o direito de fazer petições*. Assim sendo, o *documento dos direitos* é mais propriamente o *documento das injustiças e do insulto*. Quanto ao que foi chamado de *parlamento da convenção*, foi uma coisa que gerou a si própria e, em seguida, gerou a autoridade

---

61. Este parágrafo e os três subseqüentes contribuíram, muito particularmente, para o processo contra o autor movido pelo governo inglês. (n.t.)

através da qual atuou. Umas poucas pessoas se reuniram e designaram a si próprias com esse nome. Algumas delas jamais haviam sido eleitas e nenhuma delas para a função do tal parlamento.

Desde o tempo de Guilherme um tipo de governo surgiu, rebento desse *documento dos direitos* de coalizão; e mais tivemos dele a partir da corrupção introduzida pela sucessão de Hanover, pela ação de Walpole, que não merece outra designação senão a de legislação despótica. Ainda que as partes possam causar-se embaraços mútuos, o todo não tem limites, e o único direito que reconhece fora de si mesmo é o direito da petição. Onde, então, está a Constituição que outorga ou restringe poder?

Não é porque uma parte do governo é eletiva que isso o torna menos despótico, se as pessoas, após eleitas, passam a possuir posteriormente, como um parlamento, poderes ilimitados. Eleição neste caso se divorcia da representação e os candidatos são candidatos ao despotismo.

Não posso acreditar que qualquer nação, raciocinando em torno de seu próprio direito, teria pensado em classificar essas coisas como uma *Constituição*, se o apelo da Constituição não houvesse sido estabelecido pelo governo. Entrou em circulação como as palavras *bore* e *quiz*, por ser anotada nos discursos do Parlamento, como aquelas palavras estavam nos postigos das janelas e batentes das portas. Mas seja onde for que a Constituição possa estar em outros aspectos, foi indubitavelmente *a mais produtiva máquina de tributação já inventada*. Os impostos na França, sob a nova Constituição, não chegam a treze xelins por cabeça,[62] e os impostos da Inglaterra, sob o que é chamado de sua presente Constituição, é de oitenta e oito xelins e seis *pence* por cabeça – homens, mulheres e crianças – totalizando quase dezessete milhões de esterlinas, além dos gastos da própria cobrança, que acrescentam mais um milhão.

---

62. O valor total da estimativa dos tributos da França, para o presente ano, é trezentos milhões de libras, o que corresponde a doze milhões e meio de esterlinas; e os impostos incidentais estão estimados em três milhões, totalizando quinze milhões e meio, o que, entre vinte e quatro milhões de pessoas, não chega a treze xelins por cabeça. A França reduziu seus impostos desde a Revolução em quase nove milhões de esterlinas por ano. Antes da Revolução, a cidade de Paris pagava um direito aduaneiro de mais de 30% sobre todos os artigos que entravam na cidade. Este imposto era cobrado nos portões da cidade. Foi abolido no primeiro dia do último mês de maio e os portões, removidos.

Num país como a Inglaterra, onde todo o governo civil é realizado pelo povo de toda cidade e condado através dos funcionários públicos das paróquias, magistrados, sessões trimestrais dos tribunais de justiça, júris e sessões periódicas de tribunais superiores por condado, sem qualquer transtorno para o que é chamado de governo, ou qualquer outra despesa sobre o erário além do salário dos juízes, é espantoso como tal volume de arrecadação de impostos pode ser empregado. Nem sequer a defesa interna do país é paga com dinheiro do erário. Em todas as oportunidades, sejam reais ou forjadas, recorre-se continuamente a novos empréstimos e a novos tributos. Não é à toa, por conseguinte, que uma máquina de governo tão vantajosa aos advogados da corte seja enaltecida em meio a tanto triunfo. Não é à toa que *St. Jame's* e *St. Stephen's* ecoem com o contínuo brado de Constituição! Não é à toa que a Revolução Francesa seja condenada e a *res publica* tratada com reprovação! O *livro vermelho* da Inglaterra, como o livro vermelho da França, explicarão a razão.[63]

Dedicarei agora, a título de relaxamento, uma consideração ou duas ao Sr. Burke. Peço-lhe desculpas por desconsiderá-lo tanto tempo.

"A América", diz ele (em seu discurso sobre o texto constitucional do Canadá), "jamais sonhou com uma doutrina absurda como a dos *Direitos do Homem*.".

O Sr. Burke presume coisas de maneira tão ousada e apresenta suas afirmações e premissas com um discernimento tão deficiente, que sem nos incomodar com princípios de filosofia ou política, percebemos o ridículo mesmo em suas conclusões lógicas. Eis um exemplo.

Se os governos, como afirma o Sr. Burke, não têm como fundamento os *Direitos do Homem*, mas *quaisquer direitos*, conseqüentemente precisam ter como fundamento o direito de *alguma coisa* que *não é o homem*. E o que, então, é esta *alguma coisa*?

Falando em termos gerais, desconhecemos outras criaturas que habitem a Terra além dos homens e dos animais, e em todos os casos em que somente duas coisas se apresentam, e uma necessita ser admitida, demonstrada uma negação sobre qualquer uma das duas, ela redunda numa afirmação sobre a outra. E, portanto, o Sr.

---

63. O que é chamado de *livre rouge*, livro vermelho, na França não era exatamente semelhante ao calendário da corte na Inglaterra, porém mostrava suficientemente como uma grande parte da arrecadação dos impostos era esbanjada.

Burke, ao argumentar contra os Direitos do *Homem*, argumenta a favor do *animal*. E, por conseguinte, argumenta e demonstra que o governo é um animal, e como coisas difíceis às vezes se explicam, percebemos agora a causa de conservar animais selvagens na Torre, pois certamente só podem servir para mostrar a origem do governo. Estão no lugar de uma Constituição. Oh, Tom Bull, que honras perdeste por não ser um animal selvagem! Poderias, com base no sistema do Sr. Burke, ter estado na Torre pelo resto da vida. Se os argumentos do Sr. Burke não possuem peso suficiente para nos mantermos circunspectos, a falta é menos minha do que dele, e visto que desejo pedir desculpas ao leitor pela liberdade que tomei, espero que o Sr. Burke também peça as suas por haver proporcionado a causa.

Tendo feito, assim, ao Sr. Burke o cumprimento constituído por lembrar-me dele, volto ao nosso assunto.

Da ausência de uma Constituição na Inglaterra para refrear e regular o impulso selvagem do poder resulta que muitas das leis são irracionais e tirânicas e sua administração, imprecisa e problemática.

A atenção do *governo da Inglaterra* (pois prefiro chamá-lo assim do que de *governo inglês*) parece – a partir de sua conexão política com a Alemanha – ter sido tão completamente dominada e absorvida pelos negócios estrangeiros, e os meios de aumentar impostos, que se tem a impressão que não existe para outros propósitos. Os interesses domésticos são negligenciados e, com respeito às leis regulares, mal existe tal coisa.[64]

Quase todos os casos atualmente devem ser determinados mediante algum precedente, seja este bom ou mau precedente, ou quer seja aplicável ou não; e a prática se tornou tão geral a ponto de sugerir uma suspeita de que procede de uma política mais profunda do que, à primeira vista, parece.

Desde a Revolução Americana, e ainda mais, desde a francesa, esta pregação de doutrinas dos precedentes, extraídas de ensejos e circunstâncias que antecederam esses eventos, tem sido a prática estudada do governo inglês. O caráter geral desses precedentes se funda em princípios e opiniões, o contrário do que deveria ser; e quanto maior a distância no tempo do que são extraídos, mais são

---

64. Este parágrafo foi um dos itens (o quarto) que serviram de base para o processo que o governo inglês moveu contra Paine. (n.t.)

suspeitos. Mas ao associar esses precedentes a uma reverência supersticiosa por coisas antigas, como os monges mostram relíquias e as classificam como santas, a humanidade em geral é ludibriada nesse plano. Há governos que agora atuam como se receassem despertar uma só reflexao no homem. Conduzem-no suavemente ao sepulcro dos precedentes para amortecer suas faculdades e afastar a atenção da cena das revoluções. Sentem que o homem está chegando ao conhecimento mais depressa do que desejam, e sua política dos precedentes é o barômetro de seus receios. Este papismo político, como o papismo eclesiástico de outrora, teve o seu dia e ruma celeremente para seu desfecho. A relíquia desgastada e o precedente antiquado, o monge e o monarca se desfarão juntos. O governo pelo precedente, sem nenhum respeito pelo princípio do precedente, é um dos sistemas mais vis que podem ser instalados. Em numerosos casos, o precedente deve operar como uma advertência e não como um exemplo, e requer ser evitado em lugar de ser imitado. Mas ao invés disso, os precedentes são tomados em conjunto e formulados imediatamente para a Constituição e para a lei. Ou a doutrina dos precedentes é política para manter o homem num estado de ignorância, ou é uma confissão prática que a sabedoria degenera nos governos à medida que estes envelhecem e passam a possuir somente a capacidade de claudicar com as andas e muletas dos precedentes. Como conceber que as mesmas pessoas que orgulhosamente se julgariam mais sábias do que seus predecessores pareçam, ao mesmo tempo, meramente os fantasmas da sabedoria mortal? Quão estranhamente é tratada a antigüidade! No tocante a alguns propósitos, referem-se a ela como a era das trevas e da ignorância, e para atender a outros propósitos, é apresentada como a luz do mundo.

    A acatar a doutrina dos precedentes, será desnecessário que as despesas do governo permaneçam as mesmas. Por quê pagar homens que têm pouco a fazer, de modo extravagante? Se tudo que é possível acontecer já se encontra no precedente, a legislação é definitiva e o precedente, como um dicionário, determina todos os casos. Ou, portanto, o governo atingiu sua decrepitude, exigindo sua renovação, ou todas as oportunidades para exercer sua sabedoria ocorreram.

    Assistimos agora em toda a Europa, e particularmente na Inglaterra, o curioso fenômeno de uma nação olhando para um lado, e o governo para outro – uma para frente e o outro, para trás. Se os governos devem ter continuidade por meio do precedente, enquanto as nações por meio do melhoramento, precisarão, em última instância, separar-se, e quanto mais cedo e mais civilmente determinarem esse ponto, melhor.⁶⁵

Tendo assim, abordado em geral as Constituições, na qualidade de coisas distintas dos governos efetivos, passemos agora ao exame das partes que compõem uma Constituição.

Há maior divergência de opiniões quanto a este ponto do que quanto ao todo. Que uma nação deve ter uma Constituição, em regra, para a condução de seu governo constitui uma simples questão que, salvo pelos cortesãos, goza da concordância de todos os homens. É somente em torno do elemento componente que as questões e opiniões são múltiplas.

Mas essa dificuldade, como qualquer outra, diminuirá quando disposta numa seqüência corretamente entendida.

A primeira coisa é que uma nação tem o direito de estabelecer uma Constituição.

Se ela exerce esse direito da maneira mais judiciosa de início, é questão totalmente distinta. Exerce-o em concordância com o discernimento que possui, e ao prosseguir fazendo-o, todos os erros serão, finalmente, destruídos.

Quando esse direito é estabelecido numa nação, não há receio de que será empregado para o seu próprio dano. Uma nação não pode ter interesse em ser injusta.

Embora todas as Constituições da América obedeçam a um único princípio geral, ainda assim nem sequer duas delas são exatamente semelhantes nas suas partes componentes ou na distribuição dos poderes que conferem aos governos efetivos. Algumas são mais complexas, outras menos complexas.

---

65. Na Inglaterra, os melhoramentos na agricultura, artes úteis, manufaturas e comércio têm sido feitos em oposição ao gênio de seu governo, que é o de seguir precedentes. É graças à iniciativa e trabalho dos indivíduos e de suas numerosas associações, nas quais, nos expressando chulamente, o governo não é nem travessuro nem almofada, que esses melhoramentos têm ocorrido. Homem algum pensou no governo, ou em quem *nele estava*, ou nele *não estava*, quando se achava planejando ou realizando essas coisas, e tudo que teve que esperar, com respeito ao governo, foi *que este o deixasse em paz*. Três ou quatro jornais ministeriais muito tolos insistem em criticar o espírito do melhoramento atribuindo-o a um Ministro. Podem, com idêntica verdade, atribuir este livro a um Ministro.

COMBINANDO PRINCÍPIO E PRÁTICA

Ao formar uma Constituição, é necessário, em primeiro lugar, considerar: quais são os fins para os quais o governo é necessário? Em segundo lugar, quais são os melhores meios e os menos dispendiosos para atingir esses fins?

O governo não é mais do que uma associação nacional e o objetivo dessa associação é o bem de todos, tanto individual quanto coletivamente. Todo homem deseja exercer sua profissão e fruir os frutos de seus labores e da renda de suas propriedades em paz e segurança e com a menor despesa possível. Quando estas coisas são efetuadas, todas as funções para as quais o governo deve ser estabelecido são cumpridas.

É costume considerar o governo sob três divisões distintas: o legislativo, o executivo e o judiciário.

Mas se permitirmos que nosso discernimento atue liberado do hábito de utilizar termos múltiplos, poderemos perceber não mais do que duas divisões do poder que compõe o governo civil, quais sejam, a que legisla ou promulga leis e a que as aplica ou administra. Todas as coisas, portanto, que pertencem ao governo civil, se classificam em uma ou outra dessas duas divisões.

No que concerne à aplicação das leis, o que é denominado poder judiciário é estrita e propriamente o poder executivo de todo país. É a este poder que todo indivíduo tem que recorrer e que produz a aplicação da lei; tampouco possuímos nós qualquer outra clara idéia quanto à aplicação oficial das leis. Na Inglaterra e também na América e na França, este poder principia com o magistrado e perpassa todas as cortes de justiça. Transfiro aos cortesãos a tarefa de explicar o que se pretende dizer ao chamarem o poder executivo de monarquia. Trata-se apenas de um nome através do qual são executados os atos do governo; e qualquer um deles, ou nenhum deles, atenderia ao mesmo propósito. As leis não possuem nem mais nem menos autoridade por conta disso. Deve ser da justeza de seus princípios e do interesse que uma nação nisso experimenta que retiram apoio. Se exigirem qualquer outra coisa além disso, significa que algo no sistema de governo é imperfeito. Leis de difícil aplicação não podem, em geral, ser boas.

Quanto à organização do *poder legislativo*, têm sido adotadas diferentes modalidades em diferentes países. Na América é geralmente composto de duas Câmaras. Na França consiste de apenas uma; em ambos os países, porém, é inteiramente por representação.

O fato é que a humanidade (devido à longa tirania do poder assumido) tem tido tão poucas oportunidades de realizar as tentativas necessárias no tocante a sistemas e princípios de governo, com o fito de descobrir o melhor, *que o governo só atualmente começa a ser conhecido* e a experiência é ainda lacunar para a determinação de muitos detalhes.

As objeções contra duas Câmaras são, em primeiro lugar, que há uma inconsistência em qualquer parte de um todo da legislatura, redundando numa determinação final pelo voto em qualquer matéria, enquanto *esta matéria*, com respeito *àquele todo*, se encontra somente num processo de deliberação e, conseqüentemente, aberta a novas ilustrações.

Em segundo lugar, que tomando o voto sobre cada uma, como um corpo separado, admite-se sempre a possibilidade e é amiúde o caso na prática da minoria governar a maioria, e de em alguns exemplos isso ocorrer num grau de elevada incoerência.

Em terceiro lugar, que duas Câmaras se verificando ou se controlando entre si é incoerente porque não pode ser provado com base nos princípios da justa representação, que uma ou outra seja mais sábia ou melhor do que a outra. Podem verificar, tanto no errado quanto no certo e, portanto, fornecer o poder onde não podemos fornecer a sabedoria para usá-lo, nem estarmos seguros de ser ele corretamente usado, torna o risco, ao menos, igual à precaução.[66]

---

66. Com respeito às duas Câmaras, das quais é composto o Parlamento inglês, parecem efetivamente influenciar-se entre si e fundir-se e, como legislatura, carecer de caráter próprio. O Ministro, seja quem for ele, a qualquer tempo, a toca como se fora com um bastão de ópio e ela adormece obediente. Mas se olharmos para as distintas capacidades das duas Câmaras, a diferença parecerá tão grande a ponto de exibir a incoerência de colocar poder onde não pode haver certeza alguma do critério para usá-lo. Na condição deplorável em que se acha a representação na Inglaterra, é a virilidade comparada ao que é chamado de *Câmara dos lordes*, e tão pouco é considerada esta Câmara alcunhada que o povo raramente indaga em qualquer ocasião o que está ela realizando. Parece também estar majoritariamente sob influência, e o mais afastada possível do interesse geral da nação. No debate em torno do envolvimento na guerra entre Rússia e Turquia, a maioria na Câmara dos Pares a seu favor era superior a noventa, quando na outra Câmara, cujo número de membros é mais do que o dobro daquela, a maioria era sessenta e três. A medida judicial do projeto de lei do Sr. Fox, no que concerne aos direitos dos júris, também é digna da nota. As pessoas chamadas de pares não eram os objetos desse projeto de lei. Já detêm mais privilégios do que esse projeto de lei conferiu a outras pessoas. São seu próprio júri e se alguém dessa Câmara fosse processado em função de um libelo, nada sofreria, mesmo sendo condenado no caso de trans-

A objeção contra uma única Câmara é que está sempre numa condição de comprometer-se demasiado cedo. Mas deve-se, ao mesmo tempo, lembrar que quando há uma Constituição que define o poder, e que estabelece os princípios sob os quais atuará uma legislatura, já existe uma verificação que opera mais poderosamente do que qualquer outra verificação.

A seguir um exemplo.

Fosse introduzido um projeto de lei semelhante ao que foi aprovado e transformado em lei pelo Parlamento inglês no começo do reinado de Jorge I, determinando o aumento de duração das Assembléias em relação à duração atual de suas sessões, a verificação ou controle estaria presente na Constituição que, com efeito, diz: *Até este ponto irás e não adiante.*

Mas com o fito de eliminar a objeção contra a Câmara única, a de agir mediante um impulso demasiado rápido e, ao mesmo tempo evitar as incoerências, em alguns casos os absurdos surgidos das duas Câmaras, o método a seguir foi proposto a título de aperfeiçoamento de ambas.

Em primeiro lugar, ter apenas uma representação.

Em segundo lugar, dividir essa representação por sorteio em duas ou três partes.

Em terceiro lugar, que todo projeto de lei proposto será primeiramente debatido nessas partes sucessivamente, de modo que possam se tornar os ouvintes uma da outra, mas sem colher nenhum voto. Depois disso, toda a representação deverá reunir-se para a realização de uma discussão geral e deliberação por voto.

A essa proposta de aperfeiçoamento foi acrescentada uma outra com a finalidade de manter a representação num estado de constante renovação, que consiste em um terço da representação de cada país exonerar-se vencido um ano, e o número de representantes afastados ser substituído mediante novas eleições. Sucessivamente, um

---

gressão primária. Esta desigualdade perante as leis não deveria existir em nenhum país. A Constituição francesa diz que *a lei é a mesma para todo indivíduo, quer para proteger, quer para punir. Todos são iguais perante elas.* [(*) Aproximadamente a primeira metade da nota acima do autor também engrossou os motivos para que fosse movido contra ele o processo por parte do governo inglês. (n.t.)].

outro terço vencido o segundo ano e substituído de modo análogo, acontecendo de três em três anos uma eleição geral.[67]

Mas seja qual for a maneira pela qual as partes de uma Constituição possam ser organizadas, há um *único* princípio geral que distingue a liberdade da escravidão, a saber, *que todo governo hereditário em relação a um povo é para este uma espécie de escravidão e que o governo representativo significa liberdade.*

Considerando o governo sob a única luz na qual deve ser considerado, aquela de uma *Associação Nacional*, deve ser construído de tal forma a não ser desordenado por quaisquer acidentes que ocorram entre as partes. E, portanto, nenhum poder extraordinário, capaz de produzir tal efeito, deveria ser colocado nas mãos de qualquer indivíduo. A morte, a doença, a ausência ou a deserção de qualquer indivíduo num governo, deve ser uma matéria sem maiores conseqüências no que concerne à nação do que se a mesma circunstância ocorresse num membro do Parlamento inglês, ou da Assembléia Nacional Francesa.

Dificilmente qualquer coisa apresenta um caráter mais degradante em matéria de grandeza nacional do que quando é arrojada na confusão por alguma coisa que acontece a qualquer indivíduo, ou que é produto da ação de qualquer indivíduo; e o ridículo do quadro é freqüentemente aumentado pela insignificância natural da pessoa pela qual é ocasionado. Se um governo fosse construído de modo a ser impossibilitado de se manter em funcionamento salvo se uma gansa ou um ganso estivesse presente no senado, as dificuldades seriam tão grandes e tão reais, no que diz respeito ao vôo ou a enfermidade da gansa ou do ganso, quanto se fosse chamado de rei. Rimos de indivíduos devido às dificuldades tolas que criam para si próprios, sem perceber que as mais expressivas coisas ridículas ocorrem nos governos.[68]

---

67. No que toca ao estado da representação na Inglaterra, seria por demais disparatado buscar sua base racional. Quase todas as partes representadas têm sua população diminuída, ao passo que as partes não representadas experimentam o aumento de sua população. Uma *convenção geral* da nação é necessária para examinar a totalidade da condição de seu governo.

68. Relata-se que no cantão de Berna, na Suíça, costumava-se desde tempos imemoriais manter um urso às expensas do dinheiro público, e as pessoas haviam sido ensinadas a acreditar que se não possuíssem um urso, acabariam arruinadas. Pois bem... sucedeu há alguns anos que o urso, ainda vivo, adoeceu e morreu tão subitamente que não houve tempo para que fosse imediatamente substituído. Durante o interregno na seqüência, as pessoas descobriram que os cereais cresciam e a

COMBINANDO PRINCÍPIO E PRÁTICA

Todas Constituições da América encontram-se num plano que exclui os embaraços pueris que ocorrem nos países monárquicos. Nenhuma suspensão do governo pode nelas ocorrer num só momento a partir de quaisquer circunstâncias. O sistema de representação tudo provê e é o único sistema no qual nações e governos podem sempre se manifestar mediante seu próprio caráter.

Como poder extraordinário não deve ser colocado nas mãos de qualquer indivíduo, do mesmo modo não deve haver nenhuma apropriação do dinheiro público por parte de pessoa alguma do que aquilo que corresponda ao valor de seus serviços. Não importa se um homem é chamado de presidente, rei, imperador, senador ou por qualquer outro nome que a decência ou a loucura possam conceber, ou a arrogância assumir: trata-se apenas de um certo serviço que ele é capaz de executar no Estado; e o serviço de um tal indivíduo na rotina de um cargo público superior, seja este classificado como monárquico, presidencial, senatorial ou mediante qualquer outra designação ou título, jamais pode exceder o valor de dez mil libras anuais. Todos os grandes serviços prestados no mundo são realizados por voluntários que nada recebem por eles. A rotina do funcionário público, entretanto, é sempre regulada segundo um padrão geral de habilidades, de sorte que possa ser realizada por um certo número de pessoas, não podendo, conseqüentemente, merecer recompensas extraordinárias. *Governo*, diz Swift, *é uma coisa simples e enquadrada na capacidade de muitas cabeças.*

É desumano falar de um milhão de esterlinas por ano, pago através de tributos públicos de qualquer país para sustentar um indivíduo, enquanto os milhares que são forçados para isso contribuir definham devido às privações e lutam contra a miséria. O governo não consiste no contraste de prisões com palácios, de pobreza e pompa. Não é constituído para subtrair dos necessitados os seus centavos, e aumentar a infelicidade dos infelizes. Mas desta parte do assunto, ocupar-me-ei posteriormente, ao me restringir às observações políticas.

---

vindima prosperava, o sol e a lua continuavam a nascer e a se pôr, e tudo prosseguia da mesma forma que antes. Reunindo coragem diante de tais circunstâncias, as pessoas resolveram não sustentar mais ursos, pois diziam: "Um urso é um animal muito voraz e dispendioso e éramos obrigados a extrair suas unhas para que não ferisse os cidadãos." — A história do urso foi relatada em alguns dos jornais franceses por ocasião da fuga de Luís XVI e sua aplicação à monarquia era inequívoca na França. Mas parece que a aristocracia de Berna aplicava-a a si mesma e, desde então, proibiu a leitura de jornais franceses.

Quando poder extraordinário e pagamento extraordinário são atribuídos a qualquer indivíduo num governo, este se torna o centro em torno do qual todo tipo de corrupção é gerada e formada. Dá a qualquer homem um milhão por ano e adiciona a isso o poder de criar e dispor de cargos às expensas de um país, e as liberdades desse país deixarão de ser seguras. Aquilo que é classificado como o esplendor de um trono não é outra coisa senão a corrupção do Estado constituída por um bando de parasitas vivendo uma vida de indolência e luxo às custas do dinheiro público.

Quando tal sistema vicioso é implantado, torna-se o instrumento de salvaguarda e proteção de todos os abusos inferiores. O homem que recebe um milhão por ano será a última pessoa a promover o espírito de reforma, a menos que seja ele próprio atingido desfavoravelmente. Será sempre seu interesse defender abusos inferiores, como tantas fortificações exteriores, para proteger a cidadela; e quanto a essa espécie de fortificação política, todas as partes gozam de uma tal dependência comum que jamais se deve esperar que se atacarão entre si.[69]

A monarquia não teria perdurado ao longo de tantas épocas no mundo não fosse pelos abusos que protege. Trata-se da fraude maior, que abriga todas as demais. Admitindo uma participação no espólio,

---

69. É praticamente impossível abordar qualquer assunto que não sugira uma alusão a alguma corrupção nos governos. A analogia com as "fortificações" infelizmente acarreta consigo uma circunstância que diz respeito diretamente à matéria acima aludida.

Entre os numerosos exemplos de abusos produzidos ou protegidos por governos antigos ou modernos, não há maior do que abrigar um homem e seus herdeiros publicamente, a serem mantidos às expensas do dinheiro público. A humanidade determina uma provisão para os pobres. Mas com base em que direito, moral ou político, pretende qualquer governo declarar que a pessoa chamada Duque de Richmond deverá ser sustentada pelo dinheiro público? Não obstante isso, a julgar pelos relatos correntes, nem sequer um só mendigo em Londres é capaz de comprar sua ínfima cota de carvão sem arcar com a lista governamental onde figura o Duque de Richmond. Fosse o produto total dessa imposição um só xelim por ano e o princípio da iniqüidade seria ainda o mesmo. Mas quando totaliza, como dizem que totaliza, não menos que vinte mil libras por ano, a enormidade é demasiado grave para que se permita sua continuidade. Este é um dos efeitos da monarquia e da aristocracia.

Ao abordar este assunto, não sou movido por nenhuma antipatia pessoal. Embora eu julgue mesquinho que qualquer homem viva às custas do dinheiro público, o vício tem sua origem no governo; e tão geral isso se torna, que estarem os partidos no Ministério ou na oposição não faz nenhuma diferença. Estão certos da garantia de cada um.

fazem-se amigos, e quando se deixa de fazê-lo, se deixará de ser o ídolo dos cortesãos.

Como o princípio segundo o qual as Constituições atualmente são formadas rejeita todas as pretensões hereditárias ao governo, rejeita igualmente todo aquele elenco de pretensões conhecidas pelo nome de prerrogativas.

Se é que pode haver qualquer governo no qual prerrogativas possam ser confiadas, com aparente segurança, a qualquer indivíduo, este é o governo federal da América. O presidente dos Estados Unidos da América é eleito apenas por quatro anos. Ele não é somente responsável na acepção geral da palavra, como também um sistema particular é formulado na Constituição para investigá-lo. Ele é inelegível com menos de trinta e cinco anos, além de ser obrigatório que seja um nativo do país.

Numa comparação desses exemplos com o governo da Inglaterra, a diferença no que se refere a este último constitui um absurdo. Na Inglaterra, a pessoa que faz uso de prerrogativa é, amiúde, um estrangeiro, sempre metade estrangeira e sempre casada com um estrangeiro. Nunca tem uma ligação completa, de caráter natural ou político, com o país, não é responsável por coisa alguma e se torna maior com dezoito anos; e, não obstante isso, é permitido a essa pessoa estabelecer alianças externas, sem sequer o conhecimento da nação, além de travar guerra e celebrar a paz sem o consentimento da nação.

Mas isso não é tudo. Embora tal pessoa não possa dispor do governo como o faz um testador, dita as uniões matrimoniais, o que, com efeito, cumpre uma grande parte do mesmo objetivo. Não pode legar diretamente metade do governo à Prússia, porém pode criar uma associação por casamento que produzirá quase a mesma coisa. Em tais circunstâncias, representa uma felicidade para a Inglaterra não estar situada no continente, caso contrário poderia, como a Holanda, cair nas garras da ditadura da Prússia. A Holanda, pelo expediente do casamento, é tão efetivamente governada pela Prússia, como se toda a tirania de legar o governo houvesse sido o meio.

A presidência na América (ou, como é às vezes chamada, o executivo) é o único cargo do qual está excluído um estrangeiro, e na Inglaterra é o único ao qual ele é admitido. Um estrangeiro não pode ser membro do Parlamento, mas pode ser o que é denominado um rei. Se houver qualquer razão para a exclusão de estrangeiros, deverá ser daqueles casos onde danos podem ser mais produzidos e onde, pela união de toda tendência representada por interesses e apegos, a confiança é melhor assegurada. Mas à medida que as nações se dedicarem à importante atividade de formar Constituições, examinarão com maior precisão a natureza e função desse departamento chamado executivo. O que são os departamentos legislativo e judiciário todos são capazes de perceber, porém quanto ao que é chamado na Europa de executivo, no que é distinto dos dois acima, trata-se ou de uma superfluidade política ou de um caos de coisas desconhecidas.

Todo o necessário é algum tipo de departamento oficial para o qual deverão ser dirigidos os relatórios provenientes das diferentes regiões da nação, ou do exterior, a serem apresentados aos representantes nacionais. Entretanto, é incoerente chamar isso de executivo; tampouco pode ser considerado sob qualquer outra luz senão como inferior ao legislativo. A autoridade soberana em qualquer país é o poder de fazer leis, e tudo o mais constitui um departamento oficial.

Ao arranjo dos princípios e à organização das diversas partes de uma Constituição segue-se a provisão a ser feita para o suporte das pessoas às quais a nação confiará a administração dos poderes constitucionais.

Uma nação não tem direito ao tempo e serviços de pessoa alguma às expensas desta, e que a nação possa escolher para empregar ou investir em qualquer departamento que seja; tampouco pode alegar-se qualquer razão para a provisão do suporte de qualquer parte de um governo e não de outra.

Admitindo-se, porém, que a honra de ter a si confiada qualquer porção do governo seja tida como suficiente recompensa, deve ser assim igualmente para todas as pessoas. Se os membros da legislatura de qualquer país tiverem que servir às suas próprias custas, aquilo que é chamado de executivo, quer seja qualificado como monárquico ou com qualquer outra designação, deverão servir de modo análogo. É incoerente remunerar uns e aceitar o serviço gratuito dos outros.

Na América, todo departamento do governo conta com orçamento adequado para o pagamento dos funcionários. Ninguém é, contudo, pago de maneira extravagante. A todo membro do Congresso e das Assembléias é facultado o suficiente para suas despesas, ao passo que na Inglaterra se faz uma provisão pródiga para o sustento de

Combinando Princípio e Prática

uma parte do governo e nenhuma para a outra, com a conseqüência de uma receber os recursos para a corrupção e a outra ser colocada na condição de ser corrompida. Menos de uma quarta parte de tal despesa, tal como aplicada na América, remediaria uma grande parte da corrupção.

Uma outra reforma nas Constituições americanas é a abolição de todos os juramentos pessoais. O juramento de fidelidade na América é exclusivamente feito à nação. Instalar qualquer indivíduo numa formalidade nacional é inadequado. O bem-estar de uma nação constitui o objetivo supremo e, portanto, a intenção de um juramento de fidelidade não deve ser eclipsada pelo seu caráter formal, ou por ser feito o juramento em nome de qualquer pessoa. O juramento, chamado de juramento cívico na França, a saber, a *"nação, a lei e o rei"* é impróprio. Se for, afinal, para o juramento ser feito, deverá ser feito, como na América, somente à nação. É possível que a lei seja boa ou não, mas neste lugar não pode ter outro significado senão conduzir ao bem-estar da nação e, portanto, está nele incluída. O resto do juramento não é apropriado sob o fundamento de que todos os juramentos pessoais devem ser abolidos. Constituem o entulho da tirania de uma parte e da escravidão, da outra, e o nome do *Criador* não deve ser utilizado para testemunhar a degradação de suas criaturas, ou se for tomado, conforme já foi mencionado, como formalmente figurativo da nação, será nesta oportunidade, redundante. Mas seja qual for a apologia feita a favor de juramentos na instalação de um governo, posteriormente não deverão ser permitidos. Se um governo requer o apoio de juramentos, é um sinal de que não é digno de apoio e de que não deve ser apoiado. Fazei o governo como aquilo que deve ser e ele sustentará a si mesmo.

Para concluirmos esta parte do assunto, cabe-nos declarar que um dos maiores aprimoramentos já realizados a favor da segurança e progresso perpétuos da liberdade constitucional, é a provisão que as novas Constituições fazem para que sejam, de tempos em tempos, revistas, alteradas e emendadas.

O princípio que serve de fundamento ao Sr. Burke para formar seu credo político, o de *"obrigar e controlar os pósteros até o fim dos tempos, e de renunciar e abdicar dos direitos de toda a posteridade para sempre,"* tornou-se agora excessivamente detestável para converter-se em tema de discussão e, portanto, eu o passo por alto, sem nenhuma preocupação exceto expô-lo.

COMBINANDO PRINCÍPIO E PRÁTICA

Governo é algo que principia agora a ser conhecido. Até hoje não passou de um mero exercício de poder que obstou toda investigação efetiva em torno dos direitos, e suas raízes fincam-se inteiramente na posse. Enquanto o inimigo da liberdade era seu juiz, o progresso de seu princípio deve ter sido realmente modesto.

As Constituições da América e também a da França ou estabeleceram um período para sua revisão ou formularam a forma segundo a qual o aprimoramento deverá ser feito. É talvez impossível estabelecer qualquer coisa que combine princípios com opiniões e prática, que o progresso das circunstâncias, ao longo dos anos, não vá, numa certa medida, perturbar ou tornar incoerente; e, portanto, a fim de prevenir o acúmulo de inconveniências, até que desestimulem reformas ou provoquem revoluções, é melhor prover o meio de regulá-las à medida que ocorrem. Os *Direitos do Homem* são os direitos de todas as gerações dos homens e não podem ser monopolizados por nenhuma delas. O que valer a pena receber continuidade, receberá continuidade pelo fato de valer a pena e é nisso que reside sua segurança e não em quaisquer condições às quais possa estar ligado. Quando um homem lega a propriedade aos seus herdeiros, não o vincula a uma obrigação de aceitá-la por parte deles. Por quê, então, deveríamos agir diferentemente com respeito a Constituições? As melhores Constituições atualmente concebíveis, compatíveis com a condição do momento presente, podem ser extremamente carentes daquela excelência que uns poucos anos são capazes de proporcionar. Há uma aurora da razão irrompendo sobre o homem no que tange a governos que jamais irrompeu no passado. Quando o barbarismo dos atuais velhos governos morrer, o estado moral das nações no tocante ao seu mútuo relacionamento será alterado. O homem não será educado sendo alimentado com a idéia selvagem de considerar sua espécie como sua inimiga, porque o acidente do nascimento outorga existência aos indivíduos em países que se distinguem por diferentes nomes; e como as Constituições mantiveram sempre alguma relação tanto com circunstâncias externas quanto com circunstâncias domésticas, o recurso de beneficiar através de toda mudança, estrangeira ou doméstica, deveria ser uma parte de toda Constituição.

Já vemos uma alteração na disposição nacional da Inglaterra e da França, mutuamente, que se lançarmos um olhar apenas alguns anos no passado, representa em si mesma uma revolução. Quem poderia ter previsto, ou quem poderia ter acreditado que uma Assembléia

Nacional Francesa seria algum dia um objeto de comemoração popular na Inglaterra, ou que uma aliança amistosa das duas nações pudesse se transformar no desejo de uma e outra? Isso mostra que o homem, se não corrompido pelos governos, é naturalmente amigo do homem e que a natureza humana não é, em si, perversa. Esse espírito de inveja e ferocidade, inspirado pelos governos de ambos os países e que eles tornaram subserviente ao propósito da tributação, cede agora aos ditames da razão, do interesse e da humanidade. O comércio das cortes está começando a ser compreendido e a afetação do mistério, com todo o sortilégio artificial mediante o qual ludibriam a espécie humana, está em seu declínio. Foi ferido de morte, e embora sua agonia possa ainda durar, acabará perecendo.

O governo deveria estar tão aberto ao aperfeiçoamento quanto qualquer coisa que diga respeito ao homem, mas em lugar disso foi monopolizado era após era pelos membros mais ignorantes e perversos da raça humana. Necessitamos de qualquer outra prova de sua deplorável administração além do excesso de dívidas e impostos sob cujo peso geme toda nação e os conflitos em que precipitaram o mundo? Considerando que estamos apenas emergindo de tal estado bárbaro, é prematuro determinar até que grau de aperfeiçoamento o governo pode ainda ser conduzido. A julgar pelo que podemos prever, é possível que toda a Europa forme uma só grande república e o homem seja libertado do todo.

Capítulo V
MODOS E MEIOS DE MELHORAR A CONDIÇÃO DA EUROPA ENTREMEADOS DE OBSERVAÇÕES DIVERSAS

Ao contemplar um assunto que abarca com uma magnitude equatorial o horizonte total da humanidade, é impossível apontar a investigação restritivamente para uma só direção. O assunto ganha corpo em torno de todos os aspectos e condições que envolvem o homem, e mescla o indivíduo, a nação e o mundo.

A partir de uma pequena chispa que irrompeu na América, surgiu uma chama que não é para ser apagada. Sem consumir-se como a *Ultima Ratio Regum*, alastra seu progresso de nação à nação e executa conquistas através de uma operação silenciosa. O homem encontra a si mesmo mudado e mal percebe como. Adquire um conhecimento de seus direitos ao atender justamente ao seu interesse, e descobre no processo que a força e os poderes do despotismo consistem inteiramente no medo de lhe oferecer resistência e que *"para ser livre é suficiente que o queira"*.

Tendo em todas as partes anteriores desta obra me esforçado para estabelecer um sistema de princípios como base sobre a qual governos devem ser construídos, passarei disso aos modos e meios de pô-los em prática.

Mas para introduzir esta parte do assunto com maior propriedade e efeito, são necessárias algumas observações preliminares deduzíveis desses princípios ou a eles ligados.

Seja qual for a forma ou Constituição de governo, sua exclusiva meta deve ser o bem-estar geral. Quando, ao invés disso, atua para gerar e aumentar a maldade, em qualquer parte da sociedade, baseia-se num sistema equivocado e a reforma se torna uma necessidade.

A linguagem habitual classificou a condição do ser humano sob duas designações: a de vida civilizada e a de vida não civilizada. À primeira atribui-se felicidade e fartura; à outra sofrimento e carência. Mas embora nossa imaginação possa impressionar-se pela pintura e a analogia, é, todavia, verdadeiro que uma grande parte da espécie humana, no que é denominado países civilizados, encontra-se num estado de pobreza e miséria bem abaixo da condição de um indiano. Não me refiro a um país, mas a todos. Assim é na Inglaterra, assim é em toda a Europa.

Investiguemos a causa.

Esta não consiste em qualquer defeito natural dos princípios da civilização, mas em impedir que esses princípios tenham uma atuação universal; a conseqüência disso é um perpétuo sistema de guerra e despesas que drena o país e destrói o bem-estar geral do qual a civilização é capaz.

Todos os governos europeus (atualmente com exceção da França), estão construídos não com base no princípio da civilização universal, mas com base em seu oposto. Na medida em que esses governos se relacionam, apresentam-se na mesma condição de vida selvagem não civilizada que concebemos; colocam-se além da lei tanto de Deus quanto daquela dos homens e se posicionam, no que concerne ao princípio e à conduta recíproca, tal qual tantos indivíduos, num estado de natureza.

Os habitantes de todo país submetido à civilização das leis, civilizam-se juntos facilmente; governos, contudo, que se encontram ainda num estado de não civilização, e quase que continuamente em guerra, pervertem a fartura que a vida civilizada produz para aumentar a extensão da parte não civilizada. Imprimindo assim um governo bárbaro na civilização interna de um país, extrai deste último, e mais especialmente dos pobres, uma grande porção dos recursos que deveriam ser aplicados a favor de sua própria subsistência e conforto. Independentemente de toda reflexão de cunho moral e filosófico, constitui um fato melancólico mais de um quarto do trabalho da espécie humana ser anualmente consumido por esse sistema bárbaro.

O que serviu para dar continuidade a esse mal é a vantagem pecuniária que todos os governos da Europa encontraram na manutenção desse estado de incivilização. Concede-lhes pretextos para o poder e a cobrança de impostos, para os quais não haveria nem oportunidade nem apologia se o círculo civilizatório fosse completado. O governo civil, por si só, ou o governo das leis não produz pretextos para muitos tributos; ele opera na esfera doméstica, diretamente sob o olhar do país, e barra a possibilidade de muita imposição tributária. Mas quando a cena se desenrola no palco do conflito incivilizado dos governos, a gama de pretextos é ampliada e o país, deixando de ser um juiz, fica aberto a toda tributação que os governos desejem impor.

Nem uma trigésima, dificilmente uma quadragésima parte dos impostos que são arrecadados na Inglaterra é ocasionada pelas metas do governo civil ou a estas aplicada. Não é difícil perceber que tudo que o governo efetivo faz a esse respeito é promulgar leis, e que o país as administra e executa, às suas próprias expensas, por meio de magistrados, júris, sessões de todo tipo de tribunais, acima e além dos tributos que paga.

Sob esse ponto de vista, temos dois gêneros distintos de governo: o governo civil, ou governo das leis, que opera domesticamente, e o governo da corte ou gabinete, que opera no estrangeiro, no rústico plano da vida não civilizada, o primeiro atendido com pouco ônus, o segundo com exageros ilimitados. E tão distintos são os dois que se este último tivesse que ser tragado, por assim dizer, por uma abertura subitamente feita na terra e desaparecer, o primeiro permaneceria organizado e não sofreria qualquer transtorno. Prosseguiria em funcionamento porque é o interesse comum da nação que ele contempla, e todos os recursos se encontram na prática.

Revoluções, então, têm por seu objeto uma transformação na condição moral dos governos, e com essa transformação a carga dos tributos públicos reduzirá e a civilização poderá fruir daquela abundância da qual está agora privada.

Ao visualizar todo o conjunto desse assunto, estendo minhas opiniões ao departamento do comércio. Em todas as minhas publicações, sempre que o assunto discutido o permite, tenho sido um advogado do comércio porque sou um amigo de seus efeitos. Trata-se de um sistema pacífico que opera trazendo cordialidade às relações entre os membros da espécie humana, realizando-o ao tornar nações bem como indivíduos úteis uns aos outros. Quanto à reforma meramente teórica, jamais me ocupei dela. O processo mais eficiente consiste em melhorar a condição do ser humano tendo em vista o seu interesse. E é neste terreno que assumo meu posto.

Se fosse permitido que o comércio atuasse na escala universal de que é capaz, ele extirparia o sistema das guerras e produziria uma revolução no estado de incivilização dos governos. A invenção do comércio ocorreu desde o princípio desses governos, e é a maior aproximação da civilização universal já feita por quaisquer meios que não fluam imediatamente de princípios morais.

Tudo aquilo que apresenta uma tendência a promover o intercâmbio civil das nações através de uma troca de benefícios constitui objeto tão digno da filosofia quanto da política. O comércio nada mais é do que a transação de dois indivíduos, multiplicados numa escala numérica, e a mesma regra que a natureza destinou ao intercâmbio de dois, destinou àquele de todos. Com esse propósito, distribuiu os materiais de manufatura e comércio em variadas e distantes áreas de uma nação e do mundo; e como eles não podem ser obtidos pela guerra de maneira tão barata ou tão cômoda quanto pelo comércio, a natureza tornou este último o meio de extirpar a primeira.

Como os dois quase se opõem, a conseqüência é o estado não civilizado dos governos europeus ser prejudicial ao comércio. Todo tipo de destruição ou embaraço atua no sentido de diminuir a quantidade de atividade comercial, e pouco importa em que parte do mundo comercial inicia-se a redução. Como o sangue, não pode ser extraído de qualquer das áreas sem ser extraído de todo o sistema circulatório, e todo o conjunto participa da perda. Quando a capacidade de comprar de qualquer nação é destruída, isso não deixa igualmente de envolver o vendedor. Pudesse o governo da Inglaterra destruir o comércio de todas as demais nações, e decididamente arruinaria o seu próprio.

É possível que uma nação seja o transportador do mundo, mas não pode ser o mercador. Não pode ser o vendedor e o comprador de sua própria mercadoria. A capacidade aquisitiva tem que residir fora dela própria e, portanto, a prosperidade de qualquer nação comercial é regulada pela prosperidade das restantes. Se estas são pobres, ela não pode ser rica, e a condição dela, seja qual for, constitui um índice das altas da maré comercial em outras nações.

Que os princípios do comércio e seu funcionamento universal possam ser compreendidos sem compreender-se a prática, é uma posição que a razão não negará e é, exclusivamente, neste campo que discuto o assunto. Uma coisa é no departamento de contabilidade, outra no mundo. No que tange à sua operação, deve necessariamente ser contemplado como um elemento de reciprocidade; que apenas uma metade de seus poderes reside no interior da nação, e que o todo é tão efetivamente destruído ao se destruir a metade que reside externamente, como se a destruição tivesse sido cometida naquilo que é interior, pois nem um nem outro é capaz de atuar isoladamente.

Quando nas guerras mais recentes, bem como nas mais antigas, o comércio da Inglaterra naufragou, foi porque a quantidade de atividade comercial fora reduzida em todos os lugares; e agora há uma ascensão, porque o comércio está em ascensão em todas as nações. Se a Inglaterra, atualmente, importa e exporta mais do que em qualquer período anterior, as nações com as quais faz comércio devem necessariamente fazer o mesmo; as importações da Inglaterra são as exportações delas, e vice-versa.

Algo como uma nação detendo isoladamente florescimento comercial é impossível. Tudo que ela pode fazer é participar do comércio e a destruição deste em qualquer parte afeta necessariamente todas as nações.

Quando, portanto, os governos se encontram guerreando, o ataque é desfechado contra um fundo comum do comércio, e a conseqüência é a mesma como se cada um houvesse atacado seu fundo próprio.

O presente incremento do comércio não deve ser atribuído a Ministros ou a quaisquer dispositivos políticos, mas à sua própria atuação em decorrência da paz. Os mercados regulares haviam sido aniquilados, os canais de comércio interrompidos, a ampla via dos mares infestada de ladrões de todas as nações, e a atenção do mundo reclamou outros objetivos. Tais interrupções cessaram e a paz corrigiu o estado de desorganização das coisas, recolocando-as no seu devido lugar.[70]

Vale a pena observar que toda nação ajusta o balanço comercial a seu próprio favor, de forma que alguma coisa deve estar irregular nas idéias ordinárias sobre esse assunto.

O fato, entretanto, é verdadeiro, em consonância com o que é chamado de balanço ou saldo positivo, e é por conta desta causa que o comércio é universalmente sustentado. Toda nação experimenta a vantagem, ou abandonaria a prática. Mas a ilusão está no modo de fazer as contas e em atribuir o que é denominado lucros a uma causa errônea.

O Sr. Pitt algumas vezes se divertiu ao mostrar o que classificou como balanço comercial a partir dos livros da alfândega. Este sistema operacional não só não fornece uma regra verdadeira, como fornece uma falsa.

Em primeiro lugar, toda carga que parte da alfândega aparece nos livros como uma exportação e de acordo com o balanço da aduana, as perdas no mar e devidas a falhas estrangeiras, são todas computadas do lado dos lucros porque aparecem como exportações.

Em segundo lugar, pelo fato do comércio por contrabando não aparecer nos livros da alfândega, de modo a compor contra as exportações.

Nenhum balanço, portanto, no que diz respeito a vantagens maiores, pode ser obtido a partir desses documentos, e se examinarmos a

---

70. Na América, o aumento do comércio é proporcionalmente superior ao da Inglaterra. É hoje ao menos a metade superior a qualquer período anterior à Revolução. O maior número de navios evacuados do porto de Filadélfia antes do começo da guerra, girava entre oitocentos e novecentos. Em 1788, o número era superior a mil e duzentos. Como se estima que a população do Estado da Pensilvânia corresponde à oitava parte daquela dos Estados Unidos, o número total dos navios deve ser, atualmente, de quase dez mil.

COMBINANDO PRINCÍPIO E PRÁTICA

operação natural do comércio, veremos que a idéia é falaciosa; se verdadeira, logo se tornaria prejudicial. O grande suporte do comércio consiste em ser a balança comercial um nível de benefícios[71] entre todas as nações.

Dois mercadores de diferentes nações que fazem comércio juntos se tornarão ambos ricos e cada um efetua a balança a seu próprio favor; por conseguinte, não se tornam ricos um em função do outro, ocorrendo o mesmo relativamente às nações onde residem. O fato é que cada nação deve enriquecer independentemente de seus próprios recursos e aumentar a riqueza mediante algo que obtém de uma outra em termos de permuta.

Se um mercador na Inglaterra envia um artigo de fabricação inglesa para o estrangeiro que tem para ele um custo doméstico de um xelim e importa alguma coisa que vende por dois xelins, faz um balanço de um xelim a seu favor; mas este não é ganho em função da nação estrangeira ou do mercador estrangeiro, uma vez que este último também faz o mesmo mediante os artigos que recebe, de forma que nem um nem outro leva vantagem sobre o outro. O valor original dos dois artigos em seus respectivos países era apenas dois xelins, mas ao se deslocarem, adquiriram uma nova noção de valor correspondente ao dobro do que valiam antes, e este valor aumentado é igualmente dividido.

Não há um balanço do comércio exterior distinto do doméstico. Os mercadores de Londres e de Newcastle fazem comércio com base em princípios idênticos, como se habitassem diferentes nações, e fazem seus balanços da mesma maneira; não obstante, Londres não enriquece sem Newcastle, tanto quanto Newcastle sem Londres, embora o carvão, a mercadoria de Newcastle, tenha um valor adicional em Londres, e a mercadoria de Londres tem o mesmo em Newcastle.

A despeito do princípio de todo comércio ser o mesmo, o doméstico, do ponto de vista nacional, é o mais benéfico, porque o todo das vantagens, de ambos os lados, permanece no interior da nação, enquanto no comércio exterior, é apenas a participação na metade.

O mais desvantajoso de todo comércio é o ligado ao domínio estrangeiro. A uns poucos indivíduos pode ser benéfico meramente por ser comércio. Para a nação, todavia, é uma perda. O custo de manu-

---

71. Ou seja, uma igualdade de condições em matéria de benefícios. (n.t.)

tenção do domínio mais do que absorve o lucro de qualquer comércio. Não aumenta a quantidade geral existente no mundo, operando sim para diminuí-la, e como uma massa maior estaria em circulação por desistência do domínio, a participação sem incorrer no custo seria mais valiosa do que uma maior quantidade nele incorrendo.

Contudo, é impossível fazer crescer o comércio por meio do domínio e, portanto, é ainda mais falacioso. Não pode existir em canais confinados, necessariamente irrompendo através de meios regulares ou irregulares que frustram a tentativa... e ter êxito seria ainda pior. A França, desde a Revolução, tem se mostrado mais indiferente a possessões estrangeiras, e outras nações agirão identicamente quando investigarem o assunto relativo ao comércio.

Ao custo da manutenção dos domínios em território estrangeiro deve ser somado o das frotas, e quando os totais de ambos são subtraídos dos lucros do comércio, parecerá que aquilo que é chamado de balanço ou saldo positivo do comércio, mesmo que se admita sua existência, não é fruído pela nação, mas absorvido pelo governo.

A idéia de contar com frotas para proteger o comércio é enganosa. É implantar meios de destruição que se passam por meios de proteção. O comércio dispensa qualquer outra proteção salvo o interesse recíproco que toda nação tem em conservá-lo – trata-se de um fundo comum – existe por força de um equilíbrio de vantagens para todos; e o único obstáculo que enfrenta está na presente condição não civilizada dos governos, a qual constitui seu interesse comum corrigir.[72]

Abandonando este assunto, passo agora a outras matérias. Como é necessário incluir a Inglaterra na perspectiva da reforma geral, convém investigar as falhas de seu governo. Somente se cada nação reformar o seu próprio governo, o todo poderá ser aperfeiçoado e os plenos benefícios da reforma usufruídos. Apenas vantagens parciais podem resultar de reformas parciais.

---

72. Quando fiquei ciente da forma do Sr. Pitt estimar o balanço comercial, graças a um dos seus discursos no Parlamento, pareceu-me que ele nada sabe a respeito da natureza e do interesse do comércio, e homem algum o fustigou mais atrevidamente do que ele próprio. Durante um período de paz, o comércio foi aniquilado pelas calamidades da guerra. Por três vezes foi reduzido à estagnação e os navios destituídos de suas tripulações devido ao recrutamento forçado no período de menos de quatro anos de paz.

Combinando Princípio e Prática

A França e a Inglaterra são os dois únicos países europeus em que uma reforma dos governos poderia ser iniciada com sucesso. Um protegido pelo oceano e o outro pela amplitude de sua força interna poderiam desafiar a perversidade do despotismo estrangeiro. Mas o que ocorre com o comércio, ocorre com as revoluções, as vantagens aumentando à medida que se tornam gerais, e o dobro para um e outro daquilo que cada um receberia isoladamente.

Considerando-se que um novo sistema está agora se abrindo à observação do mundo, as cortes européias conspiram a fim de lhe fazerem oposição. Alianças, contrárias a todos os sistemas anteriores, se agitam e o interesse comum das cortes entra em formação contra o interesse comum do homem. Esta combinação traça uma linha que perpassa toda a Europa e aventa uma causa tão cabalmente nova a ponto de excluir todos os cálculos de circunstâncias passadas. Enquanto o despotismo guerreou contra o despotismo, o homem não teve interesse na contenda, mas uma causa que une o soldado com o cidadão, e nações com nações, o despotismo das cortes, ainda que sinta os perigos e cogite de vingança, tem medo de golpear.

Nos anais da história nenhuma questão surgiu que tenha encerrado a importância da questão presente. Não se trata de se este ou aquele partido estará dentro ou fora, se o *whig* ou o *tory*, o elevado ou o baixo prevalecerão, mas se o homem herdará seus direitos e a civilização universal será instaurada; se os frutos de seus labores serão fruídos por ele próprio ou consumidos pela dissipação dos governos; se a roubalheira será banida das cortes e a miséria dos países.

Quando em países classificados como civilizados, vemos os velhos irem para a casa de correção e os jovens para a forca, decerto alguma coisa está errada no sistema de governo. Pareceria, a julgar pela aparência externa desses países, que tudo se resumisse em felicidade, porém oculto do olho da observação ordinária encontra-se um acúmulo de infelicidade que dificilmente dispõe de outra chance senão acabar na pobreza e na infâmia. Seu ingresso na vida é marcado pelo prognóstico de seu destino; e até que isso seja corrigido, punir será uma ação vã.

O governo civil não consiste em execuções, mas em prover a instrução dos jovens e o amparo dos velhos, de modo a excluir, na medida do possível, a dissipação dos primeiros e o desespero dos segundos. Ao invés disso, os recursos de um país são esbanjados com reis, cortes, mercenários, impostores e prostitutas; e mesmo os próprios pobres, com todas as suas carências para suportar, são compelidos a tolerar a fraude que os oprime.

Por quê, além dos pobres, pouquíssimos são executados? Este fato é uma prova, entre outras coisas, da miséria de sua condição. Criados sem moral, e jogados no mundo sem uma perspectiva, constituem o sacrifício ao vício e à barbárie legal. Os milhões que são superfluamente dissipados nos governos são mais que suficientes para corrigir esses males e beneficiar a condição de todos os homens da nação, não incluídos nas proximidades de uma corte. É isso que espero deixar claro na seqüência deste livro.

É da natureza da compaixão associar-se ao infortúnio. Ao atrair para mim este assunto, não busco qualquer recompensa – não temo quaisquer conseqüências. Fortalecido por essa integridade orgulhosa que desdenha triunfar ou capitular, advogarei os *Direitos do Homem*.

É vantajoso para mim ter passado por um aprendizado na vida. Conheço o valor da instrução moral e tenho visto o perigo do contrário.

Com pouca idade, pouco mais do que dezesseis anos, bisonho e aventureiro, e aquecido pelo falso heroísmo de um mestre[73] que servira numa belonave, tornei-me o escultor de minha própria sorte, e entrei a bordo do terrível navio-pirata *Captain Death*.[74] Desta aventura fui felizmente barrado pela repreensão moral e afetuosa de um bom pai, o qual, devido aos seus próprios hábitos de vida, *quaker* professo, devia começar por ver em mim uma perda. Mas a impressão, muito embora não tenha correspondido a uma efetivação naquela ocasião, e apesar de ter começado a apagar-se, permaneceu e eu ingressei posteriormente no Capitão Mendez, navio corsário do rei da Prússia, e embarquei com ele rumo ao mar. No entanto, mesmo a partir desse início, e com todas as inconveniências da juventude contra mim, estou orgulhoso em dizer que com uma perseverança não consternada por dificuldades, um desapego que atraía o respeito, não apenas contribuí para erguer um novo Império no mundo, fundado num novo sistema de governo, como também atingi um alto nível em matéria de literatura política, o mais difícil dos gêneros em que se possa ter êxito e competência, os quais a aristocracia, com todos os seus recursos, não tem sido capaz de atingir ou rivalizar.

---

73. Rev. William Knowles, mestre da escola secundária de Thetford, em Norfolk.
74. Literalmente: Capitão Morte. (n.t.)

COMBINANDO PRINCÍPIO E PRÁTICA

Conhecendo o meu próprio coração, e me sentindo como agora me sinto, superior a todas as escaramuças partidárias, o inveterado de oponentes repletos de interesses e equívocos, não respondo à falsidade ou ao insulto, passando sim às falhas do governo inglês.[75]

---

75. Política e interesse pessoal têm se mantido tão uniformemente ligados que o mundo, por ser ludibriado com tanta freqüência, tem o direito de suspeitar das figuras públicas; entretanto, relativamente a mim mesmo, estou tranqüilo quanto a isso. Não dirigi meus pensamentos, na minha estréia na vida pública, há quase dezessete anos atrás, a assuntos de governo motivado por interesses pessoais, fato comprovado por minha conduta daquele momento até hoje. Vi uma oportunidade em que julguei possível fazer algum bem e segui exatamente o que meu coração ditava. Nem li livros, nem examinei a opinião de outras pessoas. Refleti por conta própria. A coisa era o seguinte:

Durante a interrupção dos velhos governos na América, tanto antes quanto no início das hostilidades, comovi-me com a ordem e o decoro com os quais tudo era conduzido, e fiquei impressionado com a idéia de que um pouco mais do que aquilo que a sociedade naturalmente realizava era tudo o que o governo precisava, e que a monarquia e a aristocracia constituíam embustes e imposições sobre a espécie humana. Foi com base nestes princípios que publiquei o texto *Common Sense*. O sucesso alcançado por esta publicação superou qualquer coisa desde a invenção da imprensa. Doei o *copyright* a todos os Estados da União, e a demanda do livro foi de não menos do que cem mil cópias. Dei prosseguimento ao assunto da mesma maneira sob o título *The Crisis* até a instalação plena da Revolução.

Depois da declaração de independência, o Congresso, unanimemente e sem que eu o conhecesse, nomeou-me Secretário do Departamento de Assuntos Estrangeiros. Isso me agradou pois proporcionou-me a oportunidade de observar as capacidades das cortes estrangeiras e sua maneira de efetuar negócios. Mas um desentendimento ocorrido entre o Congresso e eu referente a um de seus delegados naquela ocasião na Europa, o Sr. Silas Deane, levou-me a renunciar ao cargo, tendo também ao mesmo tempo educadamente rejeitado as ofertas pecuniárias feitas pelos Ministros de França e de Espanha, M. Gerard e Don Juane Mirralles.

A esse tempo tinha eu já conquistado tão completamente a atenção e a confiança da América e minha própria independência se tornara visível a ponto de me proporcionar uma envergadura na literatura política que ia além, talvez, da que qualquer homem jamais houvesse atingido em qualquer país e – o mais extraordinário – a mantive não diminuída até o fim da guerra, dela usufruindo, de maneira análoga, até o presente momento. Como meu objetivo não era eu mesmo, armei-me da determinação e, de bom grado, da disposição de não me deixar impressionar por louvores ou censuras, amizades ou calúnias, de não ser desviado de meu propósito por nenhuma altercação de ordem pessoal; com efeito, o homem incapaz de realizar isso não está apto para desempenhar um cargo público.

Com o fim da guerra, desloquei-me de Filadélfia para Borden Town, à margem leste do Delaware, onde possuo uma pequena morada. O Congresso se encontrava nesta ocasião em Prince Town, à distância de quinze milhas, e o General Washington assumira seu quartel general em Rocky Hill, nas vizinhanças do Congresso, com a finalidade de renunciar ao seu posto (cujo objeto aceitara como efetivado) e de retirar-se para a vida privada. Enquanto ocupado com este assunto, escreveu-me a carta que aqui ajuntamos:

"Rocky Hill, 10 de setembro de 1783.

Fiquei ciente, desde que me encontro neste lugar, que estás em Borden Town, aposentado ou tratando de assuntos administrativos, desconheço... Seja por uma coisa ou outra, ou por ambas, ou por seja lá o que for, se vires a este lugar, e me encontrar, ficarei sumamente feliz em vê-lo.

Tua presença poderá lembrar o Congresso de teus serviços passados prestados a este país, e se estiver em meu poder impressioná-los, exercer os meus melhores esforços com a liberdade, na medida em que capitularão com contentamento diante de alguém que mantém um vivo sentimento da importância de tuas obras, e quem, com muito prazer, dá seu próprio assentimento.

Teu sincero amigo, G. Washington"

Durante a guerra, na última parte do ano de 1780, planejei viajar para a Inglaterra e o comuniquei ao General Greene, que se encontrava naquela ocasião na Filadélfia a caminho do sul. Estando o General Washington, naquela oportunidade, a uma distância demasiado grande para que me comunicasse imediatamente com ele, entusiasmei-me com a idéia de que se pudesse atingir a Inglaterra secretamente, e permanecer em segurança o suficiente para publicar uma matéria, seria possível abrir os olhos do país para a loucura e estupidez de seu governo. Percebia que os partidos no Parlamento haviam levado o antagonismo ao máximo e estavam impossibilitados de causar quaisquer novas impressões entre si. O General Greene concordou plenamente comigo, mas o caso Arnold e André tendo ocorrido logo na seqüência, ele mudou de opinião e muito apreensivo quanto a minha segurança, escreveu urgentemente para mim de Anápolis, em Maryland, comunicando, com certa relutância, que devíamos desistir do plano, o que, com certa relutância, eu fiz. Logo depois disso, acompanhei o Coronel Lawrens, filho do Sr. Lawrens, que se achava na ocasião na Torre, à França em assuntos do Congresso. Desembarcamos em L'Orient, e durante minha permanência ali, tendo ele seguido seu caminho, surgiu uma circunstância que reviveu meu projeto anterior. Um paquete inglês, de Falmouth para New York, com o malote dos despachos do governo a bordo, chegou a L'Orient. Que um paquete fosse capturado não é coisa extraordinária, mas que o malote dos despachos fosse capturado com ele, dificilmente se acreditaria, já que sempre é atirado pela janela da cabine num saco cheio de bala de canhão, pronto para afundar rapidamente. O fato, todavia, é tal como o afirmei, uma vez que os despachos vieram parar nas minhas mãos e eu os li. A captura, como fui informado, fora um êxito graças ao seguinte estratagema: o capitão do navio-pirata Madame, homem que falava inglês, ao abordar o paquete, fez-se passar pelo capitão de uma fragata inglesa e convidou o capitão do paquete para que viesse a bordo; atendido, ele mandou alguns de seus próprios homens ao paquete e se apoderou da correspondência. Mas fossem quais fossem as circunstâncias da captura, sou positivo quanto aos despachos do governo. Eram enviados a Paris, ao conde Vergennes, e quando o Coronel Lawrens e eu retornamos à América, levamos os originais ao Congresso.

Pelo teor daqueles despachos me cientifiquei da estupidez do Gabinete inglês de modo muito mais completo do que poderia, de outra forma, ter feito, e retomei meu antigo plano. Mas o Coronel Lawrens estava tão pouco predisposto a retornar sozinho, mais particularmente porque, entre outras coisas, éramos objeto de uma acusação que envolvia mais de duzentas mil libras esterlinas, que cedi aos seus desejos e, finalmente, desisti de meu plano. Mas agora estou certo que se tivesse podido executá-lo, não teria sido um completo fracasso.

Começo pelas cartas patentes e corporações.

É uma perversão terminológica afirmar que uma carta patente confere direitos. Opera por meio de um efeito contrário, o de usurpar direitos. Direitos são inerentes a todos os habitantes, mas as cartas patentes, ao anularem esses direitos na maioria, depositam o direito, por exclusão, nas mãos de uns poucos. Se as cartas patentes fossem constituídas de modo a expressar em termos diretos *"que todo habitante que não é membro de uma corporação não exercerá o direito do voto"*, tais cartas patentes seriam, evidentemente, cartas patentes não de direitos, mas de exclusão. O efeito é idêntico na forma que atualmente assumem, e as únicas pessoas sobre as quais operam são as pessoas que excluem. Aqueles cujos direitos estão garantidos por não serem usurpados, somente exercem direitos como membros da comunidade a que estão habilitados sem uma carta patente; e, portanto, todas as cartas patentes não apresentam outra operação salvo uma operação indireta. Não conferem direitos a A, mas produzem uma diferença a favor de A ao retirar o direito de B, sendo, conseqüentemente, instrumentos de injustiça.

Entretanto, as cartas patentes e as corporações têm um efeito negativo mais extensivo do que aquilo que se vincula meramente a eleições. São fontes de conflitos intermináveis nos lugares em que existem e debilitam os direitos comuns da sociedade nacional. Não se pode dizer que um indivíduo natural da Inglaterra, sob a vigência dessas cartas patentes e corporações, seja um inglês no sentido pleno da palavra. Não é livre do ponto de vista da nação da mesma maneira que o é um francês em relação à França e um americano em relação à América. Seus direitos estão circunscritos à cidade, e em alguns casos, à paróquia de seu nascimento. Todas as demais regiões, ainda que em sua pátria, são para ele como um país estrangeiro. Para obter domicílio nessas regiões ele precisa passar por uma naturalização através de compra, caso contrário seu ingresso no lugar será proibido ou será expulso deste. Esta espécie de feudalismo é preservada para fortalecer a corporação por meio da ruína das cidades, e o efeito é visível.

As cidades corporativas em geral se acham num estado de isolada decadência e poupadas de maior ruína somente devido a alguma circunstância de sua situação, digamos um rio navegável ou um país vizinho próspero. Uma vez que a população é uma das principais fontes da riqueza (pois sem ela, a própria terra é destituída de valor), tudo aquilo que opera no sentido de barrá-la necessariamente diminui o valor da propriedade; e como as corporações não apenas apresentam essa tendência como diretamente esse efeito, só podem ser prejudiciais. Se fosse para adotar qualquer política, em lugar daquela da liberdade geral à toda pessoa de se instalar onde quiser (como na França e na América), seria mais coerente dar estímulo a novas pessoas que se estabelecem do que obstar seu ingresso cobrando-lhes ágios.[76]

As pessoas mais imediatamente interessadas na abolição das corporações são os habitantes das cidades onde estão estabelecidas as corporações. Os casos de Manchester, Birmingham e Sheffield mostram, por contraste, o prejuízo que essas instituições góticas produzem à propriedade e ao comércio. Pode-se encontrar uns poucos exemplos, como o de Londres, cujas vantagens naturais e comerciais devido à sua situação junto ao Tâmisa, permitem suportar os males de caráter político de uma corporação. Mas em quase todos os demais casos, o desastre é demasiado visível para ser posto em dúvida ou negado.

Embora o todo da nação não seja tão diretamente afetado pelo enfraquecimento da propriedade nas cidades corporativas como os próprios habitantes, partilha das conseqüências. A redução do valor da propriedade provoca a redução do volume do comércio nacional. Todo homem é um cliente proporcionalmente às suas capacidades, e como todas as partes de uma nação comercializam entre si, tudo o que afeta qualquer uma das partes, será necessariamente transmitido ao todo.

Como uma das Câmaras do Parlamento inglês é, numa grande medida, constituída por eleições provenientes dessas corporações, e como é anti-natural que um regato de águas puras flua de uma fonte

---

76. É difícil dar conta da origem das cidades por carta patente e corporativas, exceto se supormos que se originaram ou estiveram vinculadas a alguma espécie de serviço de guarnição. A época em que principiaram a surgir justifica essa idéia. Essas cidades em geral foram guarnições e as corporações eram encarregadas da vigilância dos portões das cidades quando não havia guarnições militares presentes. Sua recusa ou consentimento do ingresso de estrangeiros, que gerou o costume de dar, vender e comprar a liberdade, encerra mais da natureza da autoridade de guarnição do que o governo civil. Em toda a nação, os soldados estão livres de todas as corporações por força do mesmo decoro segundo o qual todo soldado está livre de toda guarnição – nenhuma outra pessoa o estando. A ele é facultado adotar qualquer emprego, desde que tenha a permissão de seus oficiais, em qualquer cidade corporativa em toda a nação.

suja, seus vícios se limitam a ser uma continuação dos vícios de sua origem. Um homem honrado e de bons princípios políticos não pode se curvar à lida mesquinha e aos artifícios deploráveis pelos quais tais eleições são levadas a cabo. Para ser um candidato bem sucedido, precisa ser destituído das qualidades que constituem um legislador justo, e sendo assim disciplinado para a corrupção pela forma de ingressar no Parlamento, não é de se esperar que o representante seja melhor do que o homem.

O Sr. Burke, ao se referir à representação inglesa, lançou um repto tão audacioso como jamais foi lançado na época da cavalaria ou nobreza. "Nossa representação," diz ele, "tem sido considerada *perfeitamente adequada a todos os propósitos* para os quais uma representação do povo possa ser desejada ou concebida. Desafio," continua ele, "os inimigos de nossa Constituição a mostrar o contrário". Esta declaração, partindo de um homem que fez constante oposição a todas as medidas do Parlamento durante toda a sua vida política, salvo por um ano ou dois desta, é sumamente extraordinária; e o comparando a si mesmo, não admite nenhuma outra alternativa senão pensar que ou ele agiu contra sua opinião como um membro, ou se declarou contrário a ela como um autor.

Mas não é somente na representação que estão as falhas e, portanto, passo na seqüência, à aristocracia.

O que é chamado de Câmara dos Pares é constituído com base muito semelhante àquilo contra o que há uma lei em outros casos. Resulta numa combinação de pessoas com um interesse comum.[77] Não há melhor razão que possa ser dada para explicar porque uma Câmara Legislativa devesse ser composta inteiramente por homens, cuja ocupação consiste em arrendar terras do que porque devesse ser composta por empregadores, cervejeiros, padeiros, ou por qualquer outra classe independente de homens.

O Sr. Burke denomina esta Câmara *"o grande fundamento e coluna de segurança para o interesse territorial"*. Examinemos esta idéia.

Que coluna de segurança exigirá o interesse territorial acima de qualquer outro interesse no Estado, ou que direito tem este interesse a uma representação distinta e separada do interesse geral de uma

---

77. Descontadas as diferenças da estrutura política e econômica da época, Paine acena para um conceito que se aproxima do conceito contemporâneo de *cartel*. (n.t.)

nação? O único uso a ser feito desse poder (e que sempre foi feito) é afastar dele os impostos e jogar a carga tributária sobre os artigos de consumo que menos os afetariam.

Que isso haja sido a conseqüência (e que sempre será a conseqüência) de construir governos com base em combinações, fica evidente, relativamente à Inglaterra, se atentarmos para sua história tributária.

Não obstante tenha havido aumento e multiplicação de impostos incidentes em todo artigo de consumo comum, o imposto territorial, o qual mais particularmente afeta essa "coluna" tem diminuído. Em 1778, o montante do imposto territorial era de 1.950.000 libras, que é meio milhão menos do que produziu há quase um século atrás,[78] a despeito dos arrendamentos e locações terem, em muitos casos, dobrado desde aquele período.

Antes da chegada dos *hanoverianos*, os impostos eram aproximadamente divididos em proporções iguais entre terras e artigos de consumo, na verdade as terras suportando a porção maior; desde aquela época, entretanto, quase treze milhões anuais de novos impostos têm pesado sobre o consumo, resultando num aumento contínuo do número de pobres e da miséria destes, bem como no total das taxas de auxílio aos pobres. E que se insista novamente aqui que a carga tributária não recai em proporções iguais sobre a aristocracia e o resto da comunidade. As residências dos aristocratas, urbanas ou rurais, não são misturadas com as moradias dos pobres. Eles vivem à parte da pobreza e do custo de aliviá-la. É nas cidades com fábricas e nos povoados operários que a carga tributária mais pesa; em muitas dessas cidades e povoados é uma classe de pobres que suporta a outra.

Vários dos impostos mais pesados e mais rendosos são concebidos de modo a isentar essa coluna, permanecendo assim em sua própria defesa. O imposto sobre a cerveja produzida para a venda não afeta a aristocracia, que produz sua própria cerveja com isenção desse imposto. Ele recai somente sobre aqueles que não têm recursos ou capacidade para produzir cerveja, e que precisam comprá-la em pequenas quantidades. Mas o que pensará o ser humano da jus-

---

78. Ver a *History of the Revenue* de *Sir* John Sinclair. O imposto territorial em 1646 era 2.473.499 libras.

tiça da tributação quando sabe que tal imposto, sozinho, do qual a aristocracia se acha circunstancialmente isentada, é aproximadamente igual ao total do imposto territorial do ano de 1788, e que não é hoje menos que 1.666.152 libras, e com sua proporção dos impostos que incidem sobre o malte e o lúpulo, o excede. Que um só artigo, consumido assim parcialmente, e isso principalmente pela parte trabalhadora, esteja sujeito a um imposto igual àquele que incide sobre o total do arrendamento da nação constitui, talvez, um fato sem paralelo na história da arrecadação de tributos.

Esta é uma das conseqüências resultantes de uma Câmara legislativa composta com base numa combinação que favorece interesses comuns, pois não importa quão independentes possam ser suas políticas partidárias, nisso estão unidos. Quer uma combinação funcione para aumentar o preço de qualquer artigo de venda, ou a taxa de remuneração, quer funcione para transferir impostos de uma classe para outra da comunidade, o princípio e o efeito são idênticos; e se um for ilegal, será difícil demonstrar que o outro deva existir.

De nada adianta afirmar que os impostos são primeiramente propostos na Câmara dos Comuns, pois como a outra Câmara tem sempre uma negativa, sempre pode defender-se e seria ridículo que sua aquiescência às medidas a serem propostas não foram compreendidas de antemão. Além disso, tem obtido tanta influência graças ao comércio das cidades sedes de município, e tantas de suas relações e conexões são distribuídas em ambos os lados dos comuns, que isso lhe outorga, além de uma negativa absoluta em uma Câmara, uma preponderância na outra em todas as matérias de interesse comum.

É difícil descobrir o que se quer dizer com *interesse territorial* se não significar uma combinação dos aristocráticos proprietários de terras que opõem o seu próprio interesse pecuniário ao do fazendeiro, de todos os ramos dos negócios, do comércio e da manufatura. Em todos os outros aspectos, trata-se do único interesse que não necessita nenhuma proteção parcial. Goza da proteção geral do mundo. Todo indivíduo, de baixa ou elevada extração, está interessado nos frutos da terra; homens, mulheres e crianças de todas as idades e condições, se predisporão a assistir o fazendeiro se a colheita de uma safra estiver em perigo, e não agirão assim em função de qualquer outra propriedade. Esta é a única pela qual as preces comuns da espécie humana são erguidas e a única que não pode jamais falhar por carência de recursos. Trata-se do interesse, não da política ou diplomacia, mas da existência do homem, e quando deixar de existir, o homem deverá deixar de existir.

Nenhum outro interesse em uma nação se respalda sobre o mesmo apoio congregado. Comércio, manufaturas, ofícios, ciências e tudo o mais, comparados a isso, contam apenas com suporte parcial. Sua prosperidade ou declínio não possui a mesma influência universal. Quando os valores riem e cantam, não é somente o fazendeiro ou agricultor que se regozija, mas toda a criação. É uma prosperidade que exclui toda inveja, o que não pode ser dito de qualquer outra coisa.

Por quê, então, o Sr. Burke fala de sua Câmara dos Pares como a coluna do interesse territorial? Afundasse tal coluna terra abaixo e a mesma propriedade territorial continuaria, com o mesmo trabalho com o arado, semeadura e ceifar. Os aristocratas não são os agricultores que lavram a terra e criam os produtos, não passando de consumidores do arrendamento, e quando comparados com o mundo ativo, são os zangões, um serralho de machos, que nem juntam o mel nem constroem a colméia, existindo tão-só para o gozo indolente.

O Sr. Burke, em seu primeiro ensaio, chamou a aristocracia de *"capitel coríntio da sociedade polida"*. Para completar a figura, acrescentou agora a *coluna*. Entretanto, ainda falta a base e sempre que uma nação opta por agir como Sansão, não cego, mas ousado, desmoronados estarão o templo de Dagon, os senhores e os filisteus.

Se uma Câmara legislativa deve ser constituída por homens pertencentes a uma classe com o propósito de proteger um interesse distinto, todos os demais interesses devem dispor do mesmo. A desigualdade, bem como a carga tributária nasce de admiti-lo em um caso e não em todos. Houvesse uma Câmara de fazendeiros e não teria havido leis da caça; e uma Câmara de mercadores e fabricantes e os impostos não teriam sido nem tão desiguais nem tão excessivos. É pelo fato do poder da tributação estar nas mãos daqueles que são capazes de retirar uma tão grande parte dela de seus próprios ombros que tem produzido tanta devastação sem sofrer qualquer controle.

Homens de propriedades rurais pequenas ou de moderadas proporções são mais prejudicados pelos impostos que incidem sobre artigos de consumo do que tranqüilizados por protegê-lo da propriedade territorial pelas seguintes razões:

Em primeiro lugar, consomem mais dos artigos rendosos tributáveis, proporcionalmente às suas propriedades, do que aqueles das grandes propriedades rurais.

Em segundo lugar, sua residência está principalmente em cidades, enquanto sua propriedade em casas, e o aumento das taxas de auxílio aos pobres ocasionado pelos impostos sobre o consumo encontra-se numa proporção muito maior do que tem sido favorecido o imposto territorial. Em Birmingham, as taxas de auxílio aos pobres não são inferiores a sete xelins por libra. Disso, como já foi observado, a aristocracia está, em grande medida, isenta.

Estes são apenas uma parte dos danos decorrentes do deplorável esquema de uma Câmara dos Pares.

Como uma combinação, ela pode sempre descartar-se de uma considerável porção de impostos; e na qualidade de uma Casa hereditária, que não presta contas a ninguém, assemelha-se a uma cidade sede de município corrupta que consente em ser cortejada pelo interesse. Poucos de seus membros não são de algum modo indivíduos que participam ou dispõem do dinheiro público. Um se transforma em criado, ou em senhor e a serviço do rei ou rainha, um outro em senhor da corte real, um primeiro senhor da corte real, ou o detentor de qualquer cargo público nominal insignificante ao qual um salário é anexado, pago a partir das taxas públicas e que evita o aparecimento direto da corrupção. Estas situações aviltam o caráter do homem, e onde são admissíveis, não é possível que a honra resida.

A todos estes devem ser acrescidos os numerosos dependentes, a longa lista de ramificações mais jovens e parentes distantes, que têm que ser sustentados às custas do dinheiro público; em síntese, se fosse realizada uma estimativa do custo da aristocracia para uma nação, descobrir-se-ia que é aproximadamente igual ao custo para o sustento dos pobres. Só o duque de Richmond (e há casos similares ao seu), consome para si mesmo o bastante para sustentar duas mil pessoas pobres e idosas. Será de surpreender-se, então, que sob um tal sistema de governo, impostos e taxas tenham se multiplicado até atingir o seu presente volume?

Ao discutir tais matérias, expresso-me numa linguagem franca e desinteressada, que não é ditada por paixão alguma salvo a da humanidade. Para mim, que não só recusei propostas porque as julguei impróprias, como também disse não a recompensas que poderia, sem ferir minha reputação, ter aceito, não é de espantar que a mesquinhez e a imposição de tributos se afigurem repulsivas. Minha felicidade reside na independência, e vejo as coisas como são, sem levar em consideração postos ou pessoas: meu país é o mundo e minha religião é fazer o bem.

O Sr. Burke, ao falar da lei aristocrática da primogenitura, declara: "É a lei permanente de nossa herança territorial, e que, inquestionavelmente, apresenta uma tendência, e julgo," prossegue ele, "uma afortunada tendência para preservar um caráter de peso e importância.".

O Sr. Burke pode classificar tal lei como lhe agrade, porém a humanidade e a ponderação imparcial a denunciarão como uma lei de brutal injustiça. Não estivéssemos nós acostumados à prática diária, e ouvíssemos nós apenas dela falar como a lei de alguma região distante do mundo, e concluiríamos que os legisladores de tais países não tinham ainda alcançado um estágio de civilização.

Quanto a preservarem um caráter de *peso e importância*, parece-me tratar-se precisamente do caso contrário. Trata-se de uma degradação do caráter, uma espécie de pirataria contra a propriedade familiar. É possível que tenha peso entre inquilinos dependentes, porém não proporciona nenhum numa escala de envergadura nacional, e muito menos universal. Falando de mim mesmo, meus pais não puderam dar-me um xelim além do que me deram em educação; e para fazer isso eles se puseram em apuros. No entanto, gozo mais do que é chamado de importância no mundo do que qualquer um dos integrantes da lista de aristocratas do Sr. Burke.

Tendo assim lançado um olhar a algumas falhas das duas Câmaras do Parlamento, passo ao que é denominado a Coroa, a respeito da qual serei bastante conciso.

Significa um órgão nominal de um milhão de esterlinas anuais, cuja função consiste em receber o dinheiro. Se a pessoa é sábia ou tola, sã ou louca, nativo do país ou estrangeiro, não importa. Todo Ministério atua como base na mesma idéia sobre a qual o Sr. Burke escreve, a saber, que o povo tem que ser logrado e mantido numa ignorância supersticiosa graças a um ou outro bicho-papão; e aquilo que é chamado de Coroa atende a esta finalidade e, portanto, atende a todas as finalidades que dela são esperadas. Isto é mais do que pode ser dito das outras duas divisões.

Combinando Princípio e Prática

O risco ao qual tal departamento é exposto em todos os países não procede de qualquer coisa que possa suceder ao ser humano, mas do que pode suceder à nação: o risco de voltar ao seu juízo.

É habitual chamar a Coroa de o poder executivo e este costume continua vigente, ainda que a razão tenha deixado de existir.

Era chamada de *executivo* porque a pessoa que representava costumava antigamente atuar à moda de um juiz, administrando ou executando leis. Naquela época, os tribunais constituíam uma parte da corte. O poder, por conseguinte, que hoje é chamado de judiciário, é o que era chamado de executivo; e, conseqüentemente, um ou outro dos termos é redundante e um destes departamentos, inútil. Quando nos referimos atualmente à Coroa, esta nada significa; não significa nem um juiz nem um general; e que se acresça a isso que são as leis que governam, e não o homem. A velha terminologia é mantida a fim de conferir uma aparência de importância a formas vazias; e o único efeito que produz é o de aumentar as despesas.

Antes de prosseguir referindo-me aos meios de tornar os governos mais conduzentes à felicidade geral da humanidade do que são atualmente, não será fora de propósito fazer um exame do progresso da tributação na Inglaterra.

Pensa-se geralmente que uma vez os tributos são implantados, jamais serão eliminados. Por mais verdadeiro que isso tenha se revelado recentemente, nem sempre foi assim. Ou, conseqüentemente, o povo de outrora era mais vigilante em relação ao governo do que os povos de hoje, ou o governo era administrado com menos extravagância.

Estamos a setecentos anos da Conquista normanda e da instauração daquilo que é chamado de a Coroa. Dividindo essa porção de tempo em sete períodos distintos de cem anos cada, o total em tributos anuais (em libras), a cada período, será como se segue:

Total anual de tributos arrecadados por Guilherme, o conquistador, a partir de 1066 .... 400.000

Total anual de tributos a partir de cem anos da Conquista (1166) 200.000

Total anual de tributos a partir de duzentos anos da Conquista (1266) 150.000

Total anual de tributos a partir de trezentos anos
da Conquista (1366) 130.000

Total anual de tributos arrecadados a partir de
quatrocentos anos da Conquista (1466) 100.000

Estas observações e as seguintes são extraídas da History of the Revenue de Sir John Sinclair, e segundo elas parece que os tributos se mantiveram em declínio por quatrocentos anos, findos os quais foram reduzidos a três quartos, quer dizer, de quatrocentas mil libras para cem mil. O atual povo inglês tem uma noção tradicional e histórica da bravura de seus antepassados; mas sejam quais possam ter sido as virtudes ou vícios deles, com certeza foi um povo que não seria enganado, e que conservava os governos numa atitude de respeito no que toca à tributação, se não no que toca ao princípio. Embora não fosse capaz de eliminar a usurpação monárquica, restringiram-na a uma economia republicana relativamente a tributos.

Mas examinemos agora os últimos trezentos anos.

Total anual de tributos a partir de quinhentos anos
da Conquista (1566) 500.000

Total anual de tributos a partir de seiscentos anos
da Conquista (1666) 1.800.000

Total anual de tributos na atualidade (1791) 17.000.000

A diferença entre os primeiros quatrocentos anos e os últimos três é tão espantosa a ponto de assegurar a opinião de que o caráter nacional dos ingleses mudou. Teria sido impossível ter obrigado os antigos ingleses a arcar com o excesso de tributos atualmente existente; e quando é considerado que o pagamento do exército, da marinha, e de todos os guarda-aduaneiros é idêntico hoje ao que era há mais de cem anos, quando os tributos não iam acima de uma décima parte do que são atualmente, afigura-se impossível explicar a enorme despesa indicando qualquer outra razão exceto a extravagância, a corrupção e as intrigas.[79]

---

79. Vários dos jornais da corte têm feito recentemente freqüente menção a Wat Tyler. Que sua memória seja caluniada por sicofantas da corte e todos os que vivem às custas do espólio do dinheiro público não é de se surpreender. Ele representou, entretanto, em seu tempo, o meio de barrar a violência e injustiça da tributação e a nação muito deve à sua coragem. A história é, sucintamente, a seguinte: na época de Ricardo II, um imposto por cabeça [* O imposto por cabeça (poll tax) era um pré-requisito para que se pudesse votar. (n.t.)] foi arrecadado em termos de um xelim por

COMBINANDO PRINCÍPIO E PRÁTICA

Com a revolução de 1688, e ainda mais a partir da sucessão dos Hanover surgiu o sistema destrutivo das intrigas continentais e a obsessão por guerras estrangeiras e domínio estrangeiro: sistemas envoltos em tal mistério que as despesas não admitem contabilidade – uma só linha significa milhões. A que excessos poderia a tributação ter chegado se a Revolução Francesa não houvesse contribuído para romper esse sistema e pôr um fim aos pretextos é impossível dizer. Vista, como deve ser vista essa revolução, como o meio afortunado de reduzir a carga tributária de ambos os países, tem tanta importância para a Inglaterra quanto para a França; e se apropriadamente aperfeiçoada a fim de incorporar todas as vantagens de que é capaz, e às quais conduz, merecerá tanta celebração num país quanto no outro.

---

cabeça, incidindo sobre todas as pessoas, de qualquer classe social ou condição, sobre pobres e ricos, acima de quinze anos de idade. Se houve algum favorecimento na lei, foi para os ricos e não para os pobres, já que nenhuma pessoa pôde ser taxada em mais do que vinte xelins relativamente a si mesmo, família e servos, ainda que sempre em grande número, ao passo que todas as demais famílias abaixo do número de vinte foram taxadas por cabeça. Sendo os impostos por cabeça sempre odiosos, e sendo este em particular, também opressivo e injusto, atraiu, como deveria naturalmente, a repulsa geral entre as classes pobre e média. A pessoa conhecida pelo nome de Wat Tyler, cujo nome correto era Walter, oleiro e comerciante de tijolos de profissão, vivia em Deptford. O coletor do imposto por cabeça, ao visitar sua casa, exigiu imposto de uma de suas filhas, que segundo declarou Tyler tinha idade inferior a quinze anos. O coletor insistiu nesta cobrança e iniciou um exame indecoroso da adolescente, o que enraivecendo o pai, levou este a atacar o coletor com um martelo, sendo que o golpe não só levou o homem ao chão como foi a causa de sua morte.

Esse incidente teve conseqüências entre os descontentes. Os habitantes das vizinhanças esposaram a causa de Tyler, que em poucos dias recebeu, de acordo com alguns historiadores, a adesão de mais de cinqüenta mil homens, e foi eleito como seu chefe. Com esta força ele marchou para Londres a fim de exigir uma abolição do imposto e uma reparação de outras injustiças. A corte, encontrando-se numa condição deplorável, e incapaz de oferecer resistência, concordou, com Ricardo à frente, em realizar uma reunião com Tyler em Smithfield, fazendo muitas belas afirmações, daquelas típicas da corte, no tocante à sua disposição de reparar a opressão. Enquanto Ricardo e Tyler conversavam sobre esses assuntos, ambos a cavalo, Walworth, então prefeito de Londres e uma das criaturas da corte, estava atento para uma oportunidade e no momento em que esta se apresentou, como um assassino covarde, utilizando uma adaga, golpeou Tyler, e imediatamente depois dois ou três outros homens se lançaram sobre Tyler, dando fim à sua vida em poucos instantes.

Tyler parece ter sido um homem intrépido e destituído de qualquer interesse pessoal. Todas suas propostas apresentadas a Ricardo se posicionavam num terreno mais justo e mais de interesse público do que as que haviam sido apresentadas a João pelos barões, e não obstante a bajulação de historiadores e de homens como o Sr. Burke, que procura encobrir uma ação sórdida da corte caluniando Tyler, a reputação deste sobreviverá às falsidades daqueles. Se os barões merecem um monumento a ser erigido em Runnymede, Tyler merece um em Smithfield.

Na continuação do exame deste assunto, iniciarei pelo tópico que se apresenta em primeiro lugar, ou seja, o da redução da carga tributária; na seqüência acrescerei matéria e propostas que dizem respeito a três nações, a saber, Inglaterra, França e América,[80] como a presente perspectiva das coisas parece justificar – quero dizer, uma aliança das três, para os propósitos que serão mencionados oportunamente.

O que aconteceu pode acontecer novamente. Pelas indicações feitas anteriormente a respeito do progresso da tributação, percebe-se que os impostos diminuíram a ponto de chegarem a ser um quarto do que tinham sido antes. Embora as atuais circunstâncias não permitam a mesma redução, ainda assim permitem um começo capaz de cumprir aquele objetivo em menos tempo do que no caso anterior.

O total de tributos para o ano que terminou na festa de São Miguel[81] de 1788, foi o seguinte (em libras):

Imposto territorial	1.950.000
Alfândega	3.789.274
Imposto de consumo (incluindo malte velho e novo) ...	6.751.727
Selos	1.278.214
Tributos diversos e conexos	1.803.755
	15.572.970

Desde o ano de 1788 mais de um milhão em novos impostos foram cobrados, além do produto das loterias, e como os impostos têm geralmente sido mais rendosos do que antes, o total pode ser estimado (em números redondos) em 17.000.000 de libras.

Note bem, a despesa da coleta e os reembolsos, que juntos atingem quase dois milhões, são pagos da quantia bruta, o indicado acima sendo a soma líquida paga ao erário.

Esse total de dezessete milhões é aplicado em dois propósitos distintos, sendo um o pagamento do juro da dívida nacional, o outro o arcar com as despesas correntes de cada ano. Cerca de nove milhões são destinados ao primeiro, enquanto o restante, perto de oito milhões, é destinado ao segundo. Quanto ao milhão que se diz ser

---

80. Como sempre, leia-se Estados Unidos da América. (n.t.)
81. Celebrada em 29 de setembro. (n.t.)

aplicado à redução da dívida, é semelhante a pagar com uma mão e tomar com a outra, de modo a não merecer muita atenção.

Foi felicidade para a França possuir ela domínios nacionais para pagar sua dívida, e com isso diminuir seus impostos; mas como não é este o caso da Inglaterra, sua redução de impostos só pode ocorrer reduzindo-se as despesas correntes, que podem hoje ser estimadas no valor de quatro ou cinco milhões anuais, como aparecerá na seqüência. Quando isso for realizado, mais do que contrabalançará o enorme ônus da guerra americana, e a economia virá da mesma fonte de que veio o mal.

No que toca à dívida nacional, não importa quão pesado seja o juro sob forma de impostos, ainda assim na medida em que serve para manter ativo um capital útil ao comércio, equilibra mediante seus efeitos uma parte considerável de seu próprio peso; e como a quantidade de ouro e prata na Inglaterra, devido a um expediente ou outro, está abaixo de sua taxa apropriada[82] (não passando de vinte milhões quando deveria ser sessenta milhões), seria além de injustiça, uma política negativa extinguir um capital que serve para compensar aquela deficiência. Mas no que concerne à despesa corrente, tudo que é daí economizado, constitui ganho. É possível que o excesso sirva para manter viva a corrupção, mas não reage em relação ao crédito e o comércio como o juro da dívida.

É atualmente muito provável que o governo inglês (não quero dizer a nação) antipatize com a Revolução Francesa. Seja o que for que sirva para expor as intrigas e diminuir a influência das cortes reduzindo a tributação, não será benvindo aos que se nutrem do espólio. Enquanto o clamor da intriga francesa, o poder arbitrário, o papismo e os sapatos de madeira puderam ser mantidos, a nação foi facilmente engodada e alarmada com tributos. Isto é hoje passado. O logro, espera-se, ceifou sua última colheita e há perspectiva de melhores dias para ambos os países[83] e para o mundo.

Tomando por certo a possibilidade de formação de uma aliança entre a Inglaterra, a França e a América com os objetivos a serem mencionados, as despesas nacionais da França e da Inglaterra poderão,

---

82. As intrigas exteriores, as guerras estrangeiras e os domínios estrangeiros são, em grande medida, responsáveis por esta deficiência.
83. Isto é, a Inglaterra e a França. (n.t.)

conseqüentemente, ser diminuídas. As mesmas frotas e exércitos não serão mais necessários a uma ou outra e a redução poderá ser feita navio por navio de cada lado. Entretanto, para cumprir essas metas, os governos deverão necessariamente se ater a um princípio comum e correspondente. Jamais é possível instaurar-se a confiança enquanto uma disposição hostil persistir em um ou outro, ou onde o mistério e o segredo de um lado se opor à candura e à franqueza do outro.

Admitidos esses pontos, os custos nacionais poderiam recuar *por conta de um precedente* ao que foram num certo período quando a França e a Inglaterra não eram inimigas, o que, por conseguinte, deve ter sido antes da sucessão de Hanover e também da revolução de 1688.[84] O primeiro exemplo que se apresenta antes dessas datas se encontra nos próprios tempos de desperdício e dissipação de Carlos II, época em que a Inglaterra e a França atuavam como aliadas. Se escolhi um período de grandes extravagâncias, servirá ele para mostrar a moderna extravagância numa luz ainda pior, especialmente porque a remuneração da marinha, do exército e dos guarda-aduaneiros não aumentou desde aquela época.

A instauração de paz foi então como se segue (ver *History of the Revenue* de John Sinclair) (valores em libras):

Marinha	300.000
Exército	212.000
Arsenal	40.000
Lista civil	<u>462.115</u>
	1.014.115

---

84. Aconteceu de eu estar na Inglaterra por ocasião da celebração do centenário da Revolução de 1688. As pessoas de Guilherme e de Mary sempre me pareceram detestáveis, a primeira procurando destruir seu tio, e a segunda seu pai, para elas próprias se apoderarem do poder – entretanto, como a nação estava disposta a cogitar de alguma coisa a partir de tal evento, condoí-me ao vê-la atribuir toda a sua reputação a um homem que a empreendera como uma negociata e que, além do que obteve de outra maneira, cobrou seiscentas mil libras a título de despesa com a pequena frota que o trouxe da Holanda. Jorge I desempenhou o mesmo papel mesquinho que Guilherme desempenhara e comprou o ducado de Bremen com o dinheiro que obteve da Inglaterra, duzentas e cinqüenta mil libras acima de sua paga como rei. Assim, ele o comprou às expensas da Inglaterra, e o acrescentou aos seus domínios *hanoverianos* a favor do seu próprio lucro pessoal. Na verdade, toda nação que não governa a si mesma é governada como uma negociata. A Inglaterra tem sido a presa de negociatas desde a Revolução.[(*) *Esta nota também serviu ao conteúdo da acusação formal feita contra Paine pelo governo britânico.* (n.t.)].

O Parlamento, contudo, estabeleceu toda a instauração de paz anual em um milhão, e duzentas mil libras. [85] Se recuarmos ao tempo de Isabel, o total dos tributos não passava de meio milhão, ainda que a nação nada veja durante aquele período que o reprove por falta de relevo.

Somadas, portanto, todas as circunstâncias derivadas da Revolução Francesa, a partir da harmonia que se aproxima, do interesse recíproco das duas nações, da abolição das intrigas da corte dos dois lados e do progresso do conhecimento na ciência de governar, os gastos anuais poderiam ser reduzidos a um milhão e meio, a saber:

Marinha	500.000
Exército	500.000
Despesas do governo	500.000
	1.500.000

Mesmo esta soma é seis vezes maior do que são as despesas de governo na América, ainda que o governo interno civil na Inglaterra (quero dizer, o administrado por sessões trimestrais de tribunal de justiça, júris e sessões periódicas de tribunais superiores, e que, de fato, é quase o todo, e realizado pela nação), represente menos despesa sobre a renda do que a mesma espécie e porção do governo são na América.

É hora das nações serem racionais e deixarem de ser governadas como se fossem animais para o prazer daqueles que as "cavalgam". Para ler a história dos reis seria necessário que um homem estivesse quase inclinado a supor que o governo consiste de uma caçada a veados e que toda nação paga um milhão por ano a um caçador. O ser humano deveria ter orgulho ou suficiente vergonha para enrubescer por ser a tal ponto ludibriado, e quando for movido por seu próprio caráter, ele o será. Em relação a todos os assuntos dessa natureza, alimenta freqüentemente uma série de idéias que ainda não adquiriu o hábito de estimular e transmitir. Retido por alguma coisa que enverga a máscara da prudência, banca o hipócrita consigo mesmo, bem como com os outros. É, contudo, curioso observar com que extraordi-

---

85. Carlos, como seus predecessores e sucessores, julgando que a guerra era a colheita dos governos, envolveu-se numa guerra com os holandeses, cujo custo ampliou os gastos anuais em 1.800.000 libras, como indicado com a data de 1666. Mas a instauração da paz custou somente 1.200.000 libras.

nária rapidez esse encanto pode ser dissolvido. Uma só expressão, concebida e proferida ousadamente, às vezes integrará um grupo inteiro nos seus próprios sentimentos e nações inteiras são afetadas de idêntica maneira.

Quanto aos cargos dos quais qualquer governo civil possa ser composto, é de pouca importância a designação que recebem. Na rotina dos negócios, como antes observado, quer um homem receba o título de presidente, de rei, de imperador, de senador ou qualquer outro, é impossível que qualquer serviço que possa prestar mereça de uma nação mais do que dez mil libras por ano; e como nenhum homem deve ser remunerado além do serviço que presta, todo homem honesto não receberá mais. O dinheiro público deve ser tocado com a mais escrupulosa probidade; esse dinheiro não é apenas oriundo de riquezas, mas também do ganho suado do trabalho e da pobreza. É extraído até mesmo do amargor da carência e da miséria. Nem um único mendigo passa pelas ruas ou nelas perece cujo quinhão não esteja nessa massa.

Se fosse possível que o Congresso da América estivesse tão extraviado em seu dever e em relação ao interesse de seus constituintes, a ponto de oferecer ao General Washington, na qualidade de Presidente da América, um milhão por ano, ele não o aceitaria e não poderia aceitá-lo. Seu senso de honra é de outro tipo. Tem custado à Inglaterra quase setenta milhões de esterlinas manter uma família importada do estrangeiro, de capacidade muito inferior, para milhares na nação; e dificilmente transcorre um ano em que não tenha produzido alguma nova aplicação mercenária. Até as contas do médico têm sido enviadas para que o dinheiro público as pague. Não é de se surpreender que as cadeias estejam lotadas e que os impostos e a taxa para auxílio dos pobres aumentaram. Em tais sistemas nada se antecipa exceto o que já aconteceu; e no que tange à reforma, quando ocorrer, tem que se originar da nação, e não do governo.

Com o fito de mostrar que a soma de quinhentas mil libras é mais que suficiente para custear todas as despesas do governo, com a exclusão da marinha e do exército, adicionamos a estimativa a seguir, para qualquer país da mesma extensão da Inglaterra.

Em primeiro lugar, trezentos representantes eleitos corretamente são suficientes para todas as funções que dizem respeito à legislação, e preferível a um número maior. Podem ser divididos em duas ou três

Câmaras ou se reunirem numa única, como na França, ou ainda de qualquer forma que venha a ser determinada por uma Constituição.

Como a representação é sempre considerada nos países livres como a mais honrosa de todas as situações, o recurso a ela destinado é meramente para custear as despesas em que incorrem os representantes em função de seu serviço, e não destinado a ela como o pagamento de um cargo.

Se um recurso, na proporção de quinhentas libras por ano, for destinado a cada representante, deduzido no caso de não comparecimento, a despesa, se a totalidade dos representantes comparecer durante seis meses a cada ano, seria de 75.000 libras; os cargos oficiais não podem, por uma questão de razoabilidade, exceder o número a seguir, incluídos os salários, ou seja, três cargos a dez mil libras cada, totalizando 30.000 libras; dez cargos a cinco mil libras cada, totalizando 50.000 libras; vinte cargos, a duas mil libras cada, totalizando 40.000 libras; quarenta cargos a mil libras cada, totalizando 40.000; duzentos cargos a quinhentas libras cada, totalizando 100.000 libras; trezentos cargos a duzentas libras cada, totalizando 60.000; quinhentos cargos a cem libras cada, totalizando 50.000; setecentos cargos a setenta e cinco libras cada, totalizando 52.500 libras. O TOTAL GERAL É 497.500 LIBRAS.

Se uma nação escolher, poderá deduzir 4% de todos os cargos e produzir um em vinte mil anualmente.

Todos os agentes do fisco são pagos com base nas somas que arrecadam e, portanto, não constam nessa estimativa.

O que apresentamos acima não é disponibilizado como uma informação exata e minuciosa das repartições, mas apenas para mostrar o número de taxas e salários que quinhentas mil libras suportarão; e se constatará, pela experiência, ser impraticável encontrar negócios suficientes que justifiquem até mesmo essa despesa. No que toca em como os negócios oficiais são atualmente realizados, as chefias nas diversas repartições, tais como o correio e certas secretarias do tesouro, etc., pouco fazem mais do que assinar seus nomes três ou quatro vezes por ano, e todas as obrigações são cumpridas por funcionários subordinados.

Tomando, portanto, um milhão e meio como um suficiente estabelecimento de paz para todas as finalidades honradas do governo, o que constitui trezentos mil libras superior ao estabelecimento de paz nos tempos de dissipação e prodigalidade de Carlos II (ainda que, como já foi observado, os pagamentos e salários do exército, da marinha e dos agentes do fisco continuam os mesmos daquele período), prosseguirá havendo um excedente de mais de seis milhões fora das atuais despesas correntes. E aqui se coloca a questão: como dispor desse excedente?

Quem quer que haja observado a forma na qual o comércio e os impostos se entrelaçam, tem que estar ciente da impossibilidade de separá-los repentinamente.

Em primeiro lugar porque os artigos agora disponíveis já suportam o ônus do tributo e a redução não pode ocorrer com a presente mercadoria; em segundo lugar porque em todos esses artigos sobre os quais o imposto é cobrado no total (bruto), como por barril, quartola, peso de 112 lb, ou tonel, a abolição do imposto não permite sua divisão tão baixo a ponto de aliviar plenamente o consumidor, que compra pela pinta ou pela libra. O último imposto cobrado sobre a cerveja forte e o *ale* foi de três xelins por barril, o qual, se deduzido, reduziria a compra em apenas meio *farthing* por pinta, e conseqüentemente, não representaria na prática um alívio.[86]

Sendo esta a condição de grande parte dos tributos, será necessário procurar outros que estejam isentos desse embaraço e, em relação aos quais, o alívio seja direto e visível, e capaz de permitir uma operação imediata.

Em primeiro lugar, portanto, as taxas para auxílio aos pobres constituem um imposto direto sentido por todo aquele que cuida da economia doméstica e quem sabe, até cada *farthing*, a soma que ele paga. O montante nacional referente ao total das taxas para auxílio aos pobres não é positivamente conhecido, porém pode ser obtido. *Sir* John Sinclair, em sua *History of the Revenue* o estimou em 2.100.587 libras, do que uma parte considerável é gasta em litígios, graças aos quais os pobres, em lugar de serem aliviados, são submetidos a uma tortura. A despesa, entretanto, é a mesma para a paróquia, não importa qual seja a sua origem.

---

86. A *libra*, medida inglesa de peso, corresponde a 453,59 gramas; a *pinta*, medida inglesa de capacidade, corresponde a 0,568 litros; quanto ao *farthing*, no sistema monetário inglês, é a moeda de cobre que vale 1/4 de *pêni*, moeda que vale 1/12 de *xelim*, que por sua vez vale 1/20 da *libra esterlina* (unidade padrão), ou seja, 1 *farthing* vale 1/960 libra. (n.t.)

COMBINANDO PRINCÍPIO E PRÁTICA

Em Birmingham, o montante das taxas para auxílio dos pobres é 14.000 libras por ano. Este valor, embora corresponda a uma grande soma, é moderado proporcionalmente à população. Diz-se que a população de Birmingham é 70.000 almas, e a uma proporção de setenta mil para quatorze mil em matéria de taxas para auxílio dos pobres, o montante nacional de tais taxas, supondo que a população da Inglaterra seja de sete milhões de pessoas, seria de apenas um milhão e quatrocentas mil libras. É, portanto, mais provável que a população de Birmingham esteja superestimada. Quatorze mil libras é a proporção sobre cinqüenta mil almas, tomando dois milhões em matéria de taxas para auxílio aos pobres como o valor nacional.

Seja como for, não representa outra coisa senão a conseqüência da carga excessiva dos impostos, uma vez que quando os impostos eram muito baixos, os pobres eram capazes de manterem a si mesmos, e não havia taxas para auxílio aos pobres.[87] No estado em que se encontram as coisas atualmente, um trabalhador, com esposa e dois ou três filhos, não paga menos do que entre sete e oito libras por ano em impostos. Não está ciente disso, porque está disfarçado para ele nos artigos que compra e ele pensa apenas em termos de como são caros; mas como os impostos retiram dele, ao menos, uma quarta parte de seus ganhos anuais, torna-se, conseqüentemente, incapacitado para prover as necessidades de uma família, especialmente se ele próprio, ou qualquer membro da família, for atingido pela doença.

O primeiro passo, portanto, que possibilitaria um efetivo alívio seria abolir inteiramente as taxas para auxílio dos pobres e no lugar delas criar uma redução de impostos que atinjam os pobres, correspondente ao dobro do montante das presentes taxas para auxílio dos pobres, ou seja, quatro milhões por ano retirados dos impostos excedentes. Por meio desta medida, os pobres seriam beneficiados com dois milhões e aqueles que mantêm os lares com dois milhões. Isso, por si só, seria igual a uma redução de mais de vinte milhões da Dívida Nacional, e, por conseguinte, equivalente ao custo total da Guerra americana.

Restará examinar o modo mais eficaz de distribuir essa redução de quatro milhões.

---

87. As taxas para auxílio dos pobres foram criadas e instauradas na época de Henrique VIII, quando os impostos começaram a aumentar, e desde então tais taxas têm aumentado à medida que os impostos em geral aumentam.

COMBINANDO PRINCÍPIO E PRÁTICA

Pode-se perceber facilmente que os pobres pertencem geralmente a grandes famílias, constituídas por crianças e pessoas idosas que já ultrapassaram a idade de trabalho. Se estas duas categorias forem atendidas, o remédio terá tal poder de cura que o que restará fazer será incidental, e numa larga medida, ficará por conta dos clubes beneficentes, os quais, a despeito de constituírem uma modesta invenção, merecem estar classificados entre as melhores instituições modernas.

Supondo que a população da Inglaterra seja de sete milhões de almas, se um quinto desta pertencer a essa classe de pobres que necessita amparo, o número que teremos será de um milhão e quatrocentos mil; deste número, cento e quarenta mil serão pobres velhos, como será mostrado adiante, e para os quais se aventará uma provisão distinta.

Restarão, então, um milhão e duzentos e sessenta mil que, a cinco almas por família, totalizam duzentas e cinqüenta e duas mil famílias, tornadas pobres por força da despesa com os filhos e o peso dos tributos.

O número de filhos com idade inferior a quatorze anos em cada uma dessas famílias se revela como sendo cerca de cinco de duas em duas famílias, algumas tendo dois, e outras, três; algumas um, e outras, quatro; algumas, nenhum e outras, cinco; raramente, entretanto, acontece que mais de cinco tenham menos de quatorze anos, e depois dessa idade são capazes de trabalhar ou de se tornarem aprendizes.

Admitindo o número de cinco filhos (com idade inferior a quatorze anos) para cada duas famílias...

...o número de filhos seria 630.000, enquanto o número de pais, no caso de estarem todos vivos, seria 504.000.

É certo que se os filhos receberem sustento, os pais ficarão, conseqüentemente, aliviados, pois é o custo da criação dos filhos que gera a pobreza deles.

Uma vez que indicamos o maior número que se supõe possa necessitar de ajuda no que toca a jovens famílias, passo ao modo de assistência ou distribuição, que é o que se segue.

Pagar, a título de redução de impostos a cada família pobre, a partir dos impostos do excedente, em substituição às taxas para auxílio dos pobres, quatro libras anuais para cada filho de menos de quatorze anos, com a obrigação por parte dos pais, de tais filhos, de enviá-los à escola para aprender a ler, escrever e a aritmética elementar. Os sacerdotes de todas as paróquias, de todas as denominações religiosas, deverão certificar conjuntamente a uma secretaria, criada para este propósito, que tal obrigação está sendo cumprida. A conta desse custo será:

Para seiscentas e trinta mil crianças a quatro libras por ano cada: 2.520.000 libras.

Adotando-se esse método, não só a pobreza dos pais será atacada, como a ignorância será banida da geração nascente, o número dos pobres sendo doravante reduzido, porque suas capacidades, graças ao efeito da educação, aumentarão. Muitos jovens, dotados de expressivo talento natural, que são aprendizes nas artes mecânicas ligadas ao comércio, como a carpintaria, a marcenaria, a construção de moinhos, a construção de barcos e a arte do ferreiro, além de outras, são impedidos de avançar profissionalmente por todas suas vidas por falta de uma educação elementar quando eram meninos.

Devoto-me agora à questão dos velhos.

Divido essa faixa etária em duas categorias: a primeira é a aproximação da velhice, começando aos cinqüenta anos; a segunda é a velhice propriamente dita, começando aos sessenta anos.

Aos cinqüenta anos, embora as faculdades mentais do homem estejam em pleno vigor, e o seu discernimento melhor do que em qualquer período anterior, suas capacidades físicas para o trabalho estão em declínio. Ele não é capaz de suportar o mesmo grau de fadiga que suportava no passado. Começa a ganhar menos e se torna menos capaz de suportar as condições atmosféricas desfavoráveis e os rigores do clima; e naqueles empregos que exigem acuidade visual, ele falha, e se vê, como um pangaré, preterido e desamparado.

Aos sessenta anos, será imperioso que não trabalhe mais, ao menos por simples questão de sobrevivência. É doloroso assistir aos velhos trabalhando no exaurir das forças vitais pelo pão de cada dia nos países ditos civilizados.

A fim de formar algum juízo no tocante ao número daqueles de idade superior a cinqüenta anos, por diversas vezes contei as pessoas encontradas nas ruas de Londres: homens, mulheres e crianças, e concluí, a grosso modo, que a média é aproximadamente um para dezesseis ou dezessete. Se é que dizem que as pessoas de idade não freqüentam muito as ruas, o mesmo se poderia dizer das crianças pequenas; e uma grande proporção de adolescentes se encontra nas escolas e nas oficinas como aprendizes. Tomando, assim, dezesseis anos como um divisor, o número total de pessoas na Inglaterra de cinqüenta anos e acima dessa idade, de ambos os sexos, ricos e pobres, será quatrocentos e vinte mil.

As pessoas a serem providas fora desse número bruto serão lavradores, trabalhadores comuns, artífices subordinados ligados a todas as formas de comércio e suas esposas, marinheiros, e soldados licenciados, servos já extenuados de ambos os sexos e viúvas pobres.

Haverá também um número considerável de comerciantes medíocres, que após terem vivido decentemente na primeira parte da vida, começam, com a aproximação da velhice, a perder seus negócios até, finalmente, entrar em franca decadência.

Além desses, haverá os constantemente descartados no giro daquela roda que homem algum é capaz de deter ou regular, um certo número proveniente de todas as classes da vida vinculadas ao comércio e aos negócios de risco.

Com o propósito de dar conta de todos esses acidentes, e seja lá mais o que for que possa acontecer, tomo o número de pessoas que, numa ocasião ou outra de suas vidas, após os cinqüenta anos de idade, possam sentir que é necessário, ou mais seguro, contarem com melhor sustento do que aquele que podem prover para si mesmas – isso não por uma questão de graça e favor, mas de direito, a um terço do número total, que é cento e quarenta mil, como indicado a algumas páginas atrás, e para os quais uma provisão distinta foi aventada. Se houver mais, a sociedade, a despeito do espetáculo e da pompa do governo, encontra-se numa condição deplorável na Inglaterra.

Desses cento e quarenta mil, tomo uma metade, ou seja, setenta mil, como tendo cinqüenta anos e menos de sessenta, e a outra como tendo sessenta anos e acima disso. E uma vez confirmada a provável proporção numérica das pessoas velhas, passo a indicar a maneira de tornar sua condição confortável, que corresponde ao que se segue.

COMBINANDO PRINCÍPIO E PRÁTICA

Pagar a todas essas pessoas com cinqüenta anos e até que atinja a idade de sessenta, a soma de seis libras por ano, subtraídas dos impostos excedentes, e dez libras por ano durante a vida após os sessenta anos, com o que se gastará (em libras)...

Setenta mil pessoas a seis libras por ano	*420.000*
Setenta mil pessoas a dez libras por ano	*700.000*
	1.120.000

Esse amparo, como já observado, não constitui caridade, mas um direito. Toda pessoa na Inglaterra, homem e mulher, paga uma média de impostos de duas libras, oito xelins e seis *pence* por ano desde o dia de seu nascimento; e se somarmos a despesa com a arrecadação, ele ou ela paga duas libras, onze xelins e seis *pence*; conseqüentemente, após cinqüenta anos, terá pago cento e vinte e oito libras, quinze xelins e aos sessenta anos, cento e cinqüenta e quatro libras e dez xelins. Convertendo-se, portanto, seu (dele ou dela) imposto individual numa anuidade, o dinheiro que receberá depois dos cinqüenta anos será pouco mais do que o juro legal da quantia líquida que pagou; o resto é constituído por aqueles cujas circunstâncias não exigem que façam uso desse apoio, e o capital em ambos os casos custeia as despesas do governo. É com este fundamento que estendi as prováveis reivindicações a um terço do número das pessoas velhas na nação. É, então, melhor que as vidas de cento e quarenta mil velhos tenham conforto, ou que um milhão por ano do dinheiro público seja gasto num indivíduo qualquer, geralmente detentor do caráter mais indigno ou do mais insignificante? Permitam que a razão e a justiça, a honra e a humanidade, e mesmo a hipocrisia, a bajulação e o Sr. Burke, Jorge, Luís, Leopoldo, Frederico, Caterina, Cornwallis, ou Tippo Saib, respondam a esta questão.[88]

---

88. Computando os impostos por famílias, cinco para uma família, cada família paga uma média de 12 lb., 17 s. e 6 d. por ano *[(*) lb. = libra; s. = xelin; d. = pêni (complemento do tradutor)]*. A esta soma devem ser somadas as taxas para auxílio dos pobres. Embora todos paguem impostos nos artigos que consomem, nem todos pagam taxas para auxílio dos pobres. Cerca de dois milhões estão isentos – alguns por não serem mantenedores de lares, outros por não serem capazes e os próprios pobres que recebem a assistência. A média, portanto, das taxas para auxílio dos pobres que recai sobre o número restante é quarenta xelins por cada família de cinco pessoas, o que perfaz o montante médio total de impostos e taxas de 14 lb., 17 s. e 6 d.; para seis pessoas, 17 lb. e 17 s.; para sete pessoas, 20 lb., 16 s. e 6 d. A média de impostos na América, sob o novo sistema de governo, ou seja, o representativo, incluindo o juro da dívida contraída na guerra, e supondo que a popula-

A soma assim remetida aos pobres será:

Para duzentas e cinqüenta e duas mil famílias pobres, contendo seiscentas e trinta mil crianças .... 2.520.000 libras

Para cento e quarenta mil pessoas velhas .... <u>1.120.000</u> libras

3.640.000 libras

Restarão então trezentas e sessenta mil libras fora dos quatro milhões, parte do que pode ser aplicado como se segue.

Depois de se dar conta de todos os casos acima, ainda haverá um número de famílias que, embora não propriamente pertencentes à classe dos pobres, encontram dificuldades em dar educação aos seus filhos, e estes, em tal caso, estariam numa condição pior do que se seus pais fossem realmente pobres. Uma nação com um governo bem administrado não deveria permitir que quem quer que seja permanecesse sem instrução. São apenas os governos monárquicos e aristocráticos que requerem ignorância para sua sustentação.

Suponhamos, então, que quatrocentas mil crianças estejam em tal condição, que constitui um número maior do que o que deveria ser suposto após as medidas já tomadas. O método, neste caso, seria como se segue.

Fornecer uma pensão de dez xelins anuais a cada uma dessas crianças para as despesas escolares durante seis anos, o que lhes proporcionará uma escolaridade de seis meses por ano; acrescentar meia coroa[89] por ano para papel e cartilhas.

ção seja de quatro milhões de almas, que é o que atinge agora, e cresce a cada dia, é cinco xelins por cabeça, homens, mulheres e crianças. A diferença, portanto, entre os dois governos, é como segue:

	Inglaterra			América		
	lb.	s.	d.	lb.	s.	d.
Para uma família de cinco pessoas	14	17	6	1	5	0
Para uma família de seis pessoas	17	17	0	1	10	0
Para uma família de sete pessoas	20	16	6	1	15	0

89. Moeda de cinco xelins. (n.t.)

O custo disso será de anualmente[90] 250.000 libras.

Restarão então cento e dez mil libras.

Apesar das grandes formas de assistência que o governo dotado das melhores instituições e dos melhores princípios possa conceber, haverá uma quantidade de casos menores que numa nação constitui tanto boa política quanto beneficência considerar.

Se vinte xelins fossem dados imediatamente a uma mulher que o solicitasse por ocasião do nascimento de seu filho, e ninguém mais o solicitasse quando as circunstâncias não o exigissem, isso poderia aliviar um elevado grau de angústia imediata.

Ocorrem cerca de duzentos mil nascimentos por ano na Inglaterra, e se tal coisa fosse reivindicada por um quarto, a quantia seria 50.000 libras. Se somássemos a isto vinte xelins para cada casal recém-casado, que o reivindicasse de maneira análoga, isso não excederia o valor de 20.000 libras.

Que também fossem utilizadas vinte mil libras para o custeio de despesas com o funeral de pessoas que, tendo que viajar para trabalhar, podem vir a morrer longe de seus amigos. Ao se poupar as paróquias desse encargo, o doente estrangeiro será melhor tratado.

Encerrarei esta parte do assunto com um plano adaptado à condição particular de uma metrópole, tal como Londres.

Continuamente ocorrem casos numa metrópole que são diferentes dos que ocorrem no campo, razão pela qual é necessária uma forma de assistência diferente, ou, de preferência, adicional. No campo, mesmo em cidades grandes, as pessoas se conhecem e o sofrimento

---

90. As escolas públicas não atendem a finalidade geral no tocante aos pobres. Estão localizadas principalmente na região urbana, com a exclusão das cidades e povoados do campo ou, se admitidos estes últimos, a distância enseja uma enorme perda de tempo. A educação, para que seja útil aos pobres, deve estar disponível no local, e a melhor forma de tornar isso exeqüível, segundo o que creio, é capacitar os pais a eles próprios pagar as despesas. Há sempre pessoas de ambos os sexos que podem ser encontradas em todos os povoados, especialmente mais velhas, que são capazes de empreender esse tipo de tarefa. Vinte crianças, a dez xelins cada uma (e isso durante não mais do que seis meses por ano) seria o suficiente para pessoas que vivem nas regiões remotas da Inglaterra e há, com freqüência, viúvas desamparadas de clérigos para as quais uma tal renda seria aceitável. Seja o que for que seja dado às crianças nesses termos atende a dois propósitos: para as crianças significa educação; para os que as educam significa um meio de vida.

jamais atinge os extremos que atinge por vezes numa metrópole. Não acontece no campo pessoas morrerem literalmente de fome ou de frio por falta de um abrigo. Entretanto, casos deste gênero e igualmente deploráveis sucedem em Londres.

Muitos jovens chegam a Londres cheios de expectativas, munidos de pouco ou nenhum dinheiro, e se não obtiverem imediatamente um emprego, estarão perdidos; e os meninos são criados em Londres sem quaisquer meios de subsistência, e como ocorre habitualmente em relação a pais dissolutos, se encontram numa condição ainda pior; e servos há muito deslocados, não se acham em situação muito melhor. Em resumo, um mundo de casos mesquinhos engrossa continuamente, do qual a vida ocupada ou afluente não toma conhecimento, abrindo a primeira porta para o infortúnio. A fome não está entre as carências adiáveis, e um dia, mesmo umas poucas horas numa tal condição representa, com freqüência, a crise de uma vida de ruína.

Essas circunstâncias, que constituem a causa geral de pequenos furtos e ratonices que levam a crimes mais sérios, podem ser evitadas. Restam ainda vinte mil libras dos quatro milhões de impostos excedentes, que somados a um outro fundo a ser mencionado, totalizando cerca de mais vinte mil libras, não podem ser melhor aplicados do que com essa finalidade. E o plano será o que se segue.

Em primeiro lugar, construir dois ou mais prédios, ou utilizar alguns já construídos, capazes de encerrar ao menos seis mil pessoas e contar nesses lugares com o máximo de tipos de emprego que possam ser concebidos, de modo que toda pessoa que chegue possa encontrar alguma coisa capaz de fazer.

Em segundo lugar, receber todos que cheguem, sem indagar quem ou o que são. A única condição imposta é que para tanto ou tantas quantas forem as horas de trabalho, a pessoa receberá um igual número de refeições de alimento saudável e alojamento quente, ao menos tão bom quanto uma barraca. Uma certa porção do valor do trabalho de cada pessoa será reservada e entregue a ele ou ela no momento de sua partida; e que cada pessoa permaneça um tempo tão longo ou tão curto, ou se apresente com a freqüência que quiser, nestas condições.

Se cada pessoa efetivasse uma estadia de três meses, seria possível a assistência rotativa de vinte e quatro mil pessoas por ano, ainda que o número real, em todas as ocasiões, fosse apenas seis mil. Construindo um abrigo desse gênero, pessoas temporariamente atingidas pela adversidade teriam a oportunidade para se recuperarem e se capacitarem a procurar melhores empregos. Permitindo que o trabalho delas pague a metade do custo para mantê-las, depois de reservar uma porção de seus ganhos para si mesmas, a soma de quarenta mil libras adicionais cobriria todos os demais custos, mesmo para um número superior a seis mil.

O fundo muito apropriadamente convertível para essa finalidade, adicionando-se às vinte mil libras restantes do primeiro fundo, será o produto do imposto do carvão, tão injusta e dissipadamente aplicado no sustento do Duque de Richmond. É horrível que qualquer homem, mais particularmente ao preço em que se encontra atualmente o carvão, deva viver com base na angústia de uma comunidade; e qualquer governo que permita um tal abuso deve ser destituído. Diz-se que esse fundo gira em torno de vinte mil libras por ano.

Concluirei agora este plano enumerando os diversos aspectos particulares, depois do que passarei a outras matérias.

A enumeração é a seguinte:

Em primeiro lugar: abolição de dois milhões em taxas de auxílio aos pobres.

Em segundo lugar: provisão para duzentas e cinqüenta e duas mil famílias pobres.

Em terceiro lugar: educação para um milhão e trinta mil crianças.

Em quarto lugar: provisão de conforto para cento e quarenta mil pessoas velhas.

Em quinto lugar: doação de vinte xelins para cada um de cinqüenta mil nascimentos.

Em sexto lugar: doação de vinte xelins para cada um de vinte mil casamentos.

Em sétimo lugar: pensão de vinte mil libras para os custos de funeral de pessoas que viajam para trabalhar e que morrem longe de seus amigos.

Em oitavo lugar: emprego contínuo para os pobres ocasionais nas cidades de Londres e Westminster.

Com a implantação desse plano, as leis referentes aos pobres, estes instrumentos de tortura civil, serão substituídas, e evitado o gasto inútil com litígios. Os corações humanos não precisarão se comover e se chocar com crianças esfarrapadas e famintas e com pessoas idosas de setenta e oitenta anos mendigando pão. Os moribundos pobres não serão arrastados de um lugar a outro para o seu último alento, como uma represália de paróquia contra paróquia. As viúvas contarão com o sustento de seus filhos e não serão carreadas, por ocasião da morte de seus maridos, como culpados e criminosos; e filhos não serão mais considerados o fator de aumento das aflições de seus pais. Os retiros dos infelizes serão conhecidos, porque isso será para o proveito deles, e o número dos pequenos delitos, o produto da angústia e da pobreza, será reduzido. Os pobres, bem como os ricos, estarão então interessados no apoio ao governo, e a causa e a apreensão de subversões e tumultos cessarão. Vós que sentais tranqüilamente, e vos alegrais na fartura – e destes há na Turquia e na Rússia, como na Inglaterra – e que dizeis a vós mesmos: "Não estamos bem da vida?" Já pensais nessas coisas? Quando o fizerdes, deixareis de falar e sentir somente por vós mesmos.

O plano é de fácil realização. Não constrange o comércio com uma súbita interrupção na ordem tributária, efetuando a assistência através da mudança da aplicação dos impostos; e o dinheiro necessário ao propósito pode ser retirado da cobrança do imposto sobre o consumo, que é feita oito vezes por ano em toda cidade que possui mercado na Inglaterra.

Uma vez tratado e concluído este assunto, procedo ao seguinte.

Estimando as atuais despesas correntes em sete milhões e meio, que representa a quantia mínima em que se acham hoje, restará (depois da soma de um milhão e meio ser subtraída para as novas despesas correntes e quatro milhões para o serviço anteriormente mencionado) a soma de dois milhões, parte da qual deve ser aplicada como se segue.

Embora frotas e exércitos, mediante uma aliança com a França, se tornarão, em grande medida, inúteis, as pessoas que se devotaram a esses serviços, com o que se tornaram inaptas para outras atividades na vida, não devem sofrer por força dos meios que trazem a felicidade a outras. Constituem um gênero de indivíduos diferente daqueles que dependem ou se agarram a uma corte.

COMBINANDO PRINCÍPIO E PRÁTICA

Uma parte do exército permanecerá, ao menos durante alguns anos, como também uma da marinha, para as quais uma provisão já foi feita na primeira parte deste plano correspondente a um milhão, que é quase meio milhão mais do que o estabelecimento de paz do exército e da marinha nos tempos pródigos de Carlos II.

Suponha-se, então, quinze mil soldados sendo licenciados, destinando uma pensão a cada um desses homens de três xelins por semana durante a vida, isentos de todas as deduções, a serem pagos da mesma maneira que o são os pensionistas do *Chelsea College*, para que retornem aos seus negócios e aos seus amigos; por outro lado, deve ser feita uma adição de quinze mil *sixpences* (seis pences) por semana para pagamento dos soldados que permanecerão na ativa. O gasto (em libras) anual será:

Para o pagamento de quinze mil soldados licenciados a 3 xelins semanais	117.000
Pagamento adicional aos soldados que permanecem na ativa	19.500
Valor do pagamento dos oficiais licenciados suposto como sendo igual à soma da pensão dos soldados licenciados	117.000
Sub-total	253.500
A fim de evitar estimativas grosseiras, admitir a mesma soma dos licenciados do exército para os licenciados da marinha e idêntica adição de pagamento	253.500
Total	507.000

Todo ano, alguma parte dessa soma de meio milhão (eu omito as excedentes sete mil libras com o propósito de manter a conta sem embaraços) acabará, e com o tempo, a totalidade dela, como ocorre no campo das rendas vitalícias, salvo o pagamento aumentado de trinta e nove mil libras.[91] Na medida em que acabar, parte dos impostos poderá ser suprimida; por exemplo, quando ocorrer o esgotamento de trinta mil libras, o imposto sobre o lúpulo poderá ser totalmente eliminado, e à medida que outras partes se esgotarem, os impostos

---

91. Em muitas edições consta *vinte e nove* e não trinta e nove. Entretanto, seguindo os cálculos de Paine, o número correto seria *trinta e nove*. (n.t.)

sobre velas e sabão poderão ser reduzidos, até finalmente deixarem de existir completamente. Restará, agora, ao menos um milhão e meio de impostos excedentes.

O imposto sobre casas e janelas é desses impostos diretos que, como a taxa para auxílio dos pobres, não se confunde com o comércio, e que uma vez eliminado, fará sentir imediatamente o alívio. Esse imposto constitui um pesado ônus sobre os ombros da classe média.

O valor desse imposto, com base no relatório de 1788, foi:

Casas e janelas, pela lei de 1766 .... 385.459 lb. 11s. 7d.

O mesmo pela lei de 1779 .... 130.739 lb. 14s. 5d.

Total .... 516.199 lb. 6s. 0d.

Se esse imposto for cortado, restará então cerca de um milhão em impostos excedentes; e como é sempre apropriado manter uma soma de reserva para emergências, pode ser melhor não estender reduções na primeira instância, mas sim considerar o que pode ser realizado através de outras formas de reforma.

Entre os impostos mais pesadamente sentidos está o imposto sobre permutas. Proporei, portanto, um plano para sua abolição, substituindo-o por um outro, o que atenderá imediatamente a três objetivos.

Primeiro, o objetivo de remover o ônus para onde ele possa ser suportado melhor; *segundo*, o objetivo de restaurar a justiça entre as famílias através da distribuição da propriedade; *terceiro*, o objetivo de extirpar a exagerada influência proveniente da lei não-natural da primogenitura, que constitui uma das principais fontes de corrupção nas eleições.

O valor do imposto sobre permutas com base no relatório de 1788 foi de 771.657 libras.

Sempre que se propõem impostos, o país se alegra com o discurso razoável de taxar o luxo. Uma coisa é classificada como luxo num tempo, e de outra coisa em outro. Entretanto, o verdadeiro luxo não consiste no artigo, mas nos meios para obtê-lo, o que nunca se tem em vista.

Desconheço porque qualquer planta ou erva do campo tenha que ser um luxo maior num país do que em outro. Uma propriedade rural excessivamente grande num ou outro, todavia, constitui um luxo em todas as épocas e, como tal, é o objeto apropriado da taxação. É certo, portanto, nos dirigirmos a esses amáveis cavalheiros criadores de impostos nos seus próprios termos, e argumentar com base no princípio que eles próprios formularam, o de *taxar o luxo*. Se eles, ou seu campeao, o Sr. Burke, que, receio estar desatualizado, tal como o homem da armadura, forem capazes de provar que uma propriedade rural de vinte, trinta ou quarenta mil libras por ano não é um luxo, terei que desistir do argumento.

Admitindo que qualquer soma anual, digamos mil libras, sejam necessárias ao sustento de uma família, conseqüentemente as segundas mil libras representarão um luxo, as terceiras mil libras ainda mais, e indo adiante finalmente chegaremos a uma soma que não pode impropriamente ser classificada como um luxo proibitivo. Seria politicamente incorreto estabelecer limites para a propriedade adquirida pela atividade e o empenho, sendo, portanto, correto situar a proibição além da aquisição provável que a atividade e o empenho podem atingir; deve, contudo, haver um limite para a propriedade ou sua acumulação através de herança. Deveria passar por alguma outra linhagem. Os mais ricos em todas as nações têm parentes pobres e, com freqüência, muito próximos em consangüinidade.

A tabela que se segue referente à taxação progressiva é composta com base nos princípios acima, e a título de uma substituição do imposto sobre permutas. Ela alcançará o ponto de proibição através de uma operação regular, e com isso anulará a lei aristocrática da primogenitura.

Tabela I

Um imposto sobre todas as propriedades rurais no valor líquido anual de 50 libras, após a dedução do imposto territorial e acima de 50 libras:

Até 500 libras	0s. 3d. por libra
De 500 a 1000 libras	0s. 6d. por libra
Nas segundas 1000 libras	0s. 9d. por libra

Nas terceiras 1000 libras	1s. 0d. por libra
Nas quartas 1000 libras	1s. 6d. por libra
Nas quintas 1000 libras	2s. 0d. por libra
Nas sextas 1000 libras	3s. 0d. por libra
Nas sétimas 1000 libras	4s. 0d. por libra
Nas oitavas 1000 libras	5s. 0d. por libra
Nas nonas 1000 libras	6s. 0d. por libra
Nas décimas 1000 libras	7s. 0d. por libra
Nas décimas primeiras 1000 libras	8s. 0d. por libra
Nas décimas segundas 1000 libras	9s. 0d. por libra
Nas décimas terceiras 1000 libras	10s. 0d. por libra
Nas décimas quartas 1000 libras	11s. 0d. por libra
Nas décimas quintas 1000 libras	12s. 0d. por libra
Nas décimas sextas 1000 libras	13s. 0d. por libra
Nas décimas sétimas 1000 libras	14s. 0d. por libra
Nas décimas oitavas 1000 libras	15s. 0d. por libra
Nas décimas nonas 1000 libras	16s. 0d. por libra
Nas vigésimas 1000 libras	17s. 0d. por libra
Nas vigésimas primeiras 1000 libras	18s. 0d. por libra
Nas vigésimas segundas 1000 libras	19s. 0d. por libra
Nas vigésimas terceiras 1000 libras	20s. 0d. por libra

A tabela acima indica a progressão por libra a cada mil libras. A tabela seguinte indica o montante do imposto sobre cada mil libras separadamente, e na última coluna o total geral de todos os montantes independentes somados.

Tabela II
Uma propriedade rural de:

50 libras por ano a 3d. por libra, paga	0lb. 12s. 6d.
100 libras por ano a 3d. por libra, paga	1lb. 5s. 6d.
200 libras por ano a 3d. por libra, paga	2lb. 10s. 0d.
300 libras por ano a 3d. por libra, paga	3lb. 15s. 0d.
400 libras por ano a 3d. por libra, paga	5lb. 0s. 0d.
500 libras por ano a 3d. por libra, paga	7lb. 5s. 0d.

Depois das quinhentas libras o imposto de 6d. por libra toma lugar nas segundas quinhentas libras; conseqüentemente uma propriedade rural de mil libras por ano paga 21 libras, 15 xelins, e assim por diante.

			Total geral
1as. 500 libras a	0s. 3d. por libra	7lb. 5s.	— —
2as. 500 libras a	0s. 6d. por libra	14lb. 10s.	21lb. 15s.
2as. 1000 libras a	0s. 9d. por libra	37lb.10s.	59lb. 5s.
3as. 1000 libras a	1s. 0d. por libra	50lb. 0s.	109lb. 5s.
4as. 1000 libras a	1s. 6d. por libra	75lb. 0s.	184lb. 5s.
5as. 1000 libras a	2s. 0d. por libra	100lb. 0s.	284lb. 5s.
6as. 1000 libras a	3s. 0d. por libra	150lb. 0s.	434lb. 5s.
7as. 1000 libras a	4s. 0d. por libra	200lb. 0s.	634lb. 5s.
8as. 1000 libras a	5s. 0d. por libra	250lb. 0s.	880lb. 5s.
9as. 1000 libras a	6s. 0d. por libra	300lb. 0s.	1180lb. 5s.
10as. 1000 libras a	7s. 0d. por libra	350lb. 0s.	1530lb. 5s.
11as. 1000 libras a	8s. 0d. por libra	400lb. 0s.	1930lb. 5s.

12ᵃˢ. 1000 libras a	9s. 0d. por libra	450lb. 0s.	2380lb. 5s.
13ᵃˢ. 1000 libras a	10s. 0d. por libra	500lb. 0s.	2880lb. 5s.
14ᵃˢ. 1000 libras a	11s. 0d. por libra	550lb. 0s.	3430lb. 5s.
15ᵃˢ. 1000 libras a	12s. 0d. por libra	600lb. 0s.	4030lb. 5s.
16ᵃˢ. 1000 libras a	13s. 0d. por libra	650lb. 0s.	4680lb. 5s.
17ᵃˢ. 1000 libras a	14s. 0d. por libra	700lb. 0s.	5380lb. 5s.
18ᵃˢ. 1000 libras a	15s. 0d. por libra	750lb. 0s.	6130lb. 5s.
19ᵃˢ. 1000 libras a	16s. 0d. por libra	800lb. 0s.	6930lb. 5s.
20ᵃˢ. 1000 libras a	17s. 0d. por libra	850lb. 0s.	7780lb. 5s.
21ᵃˢ. 1000 libras a	18s. 0d. por libra	900lb. 0s.	8680lb. 5s.
22ᵃˢ. 1000 libras a	19s. 0d. por libra	950lb. 0s.	9630lb. 5s.
23ᵃˢ. 1000 libras a	20s. 0d. por libra	1000lb. 0s.	10.630lb. 5s.

Nas vigésimas terceiras mil libras o imposto se torna vinte xelins por libra, e conseqüentemente todas mil libras além disso não podem produzir lucro algum senão através da divisão da propriedade rural. No entanto, por mais formidável que esse imposto possa parecer, não produzirá, penso, tanto quanto o imposto de permutas: caso produza mais, deverá ser reduzido àquele valor sobre propriedades rurais sob duas ou três mil libras por ano.

No caso de propriedades rurais pequenas e medianas, é mais leve (como se pretende que seja) do que o imposto de permutas. Não é até ir além de sete ou oito mil por ano que começa a ser pesado. A meta não é tanto o produto do imposto quanto a justiça da medida. A aristocracia protegeu-se demasiadamente e isso serve para restaurar parte do equilíbrio perdido.

A título de exemplo dessa proteção, basta remontar à primeira promulgação das leis tributárias, ao que é denominado a *Restauração*, ou o advento de Carlos II. O interesse aristocrático então no poder alterou as obrigações feudais às quais estava ele próprio subordinado, estabelecendo um imposto sobre a cerveja fermentada para *venda*, isto é, negociou com Carlos II uma isenção dessas obrigações que favorecia os aristocratas e seus herdeiros mediante um imposto a ser pago por outras pessoas. A aristocracia não compra cerveja fermentada para venda, já que fermenta sua própria cerveja com isenção do tributo, e se fosse necessária naquele tempo qualquer alteração, deveria ter sido feita às expensas daqueles para quem se pretendia a isenção de tais obrigações ou tributos. [92] Em lugar disso, foi lançado sobre uma classe totalmente diferente.

Mas o principal propósito desse imposto progressivo (além da justiça de tornar os tributos mais iguais do que são) é, como já mencionado, extirpar a influência excessiva proveniente da lei anti-natural da primogenitura, que constitui uma das principais causas da corrupção nas eleições.

Seria recebida, muito a contragosto, a investigação de como começaram imensas propriedades rurais de trinta, quarenta ou cinqüenta mil anuais, numa época em que o comércio e a manufatura não se achavam em condições de admitir tais aquisições. Que bastasse para remediar o mal colocá-las em condição de retornarem à comunidade mediante o meio discreto de distribuí-las eqüitativamente entre todos os herdeiros e herdeiras dessas famílias. Isso representará a maior das necessidades, uma vez que até agora a aristocracia tem aquartelado seus filhos mais jovens e parentes em postos, cargos e departamentos inúteis que quando abolidos os deixarão destituídos, a menos que a lei da primogenitura seja também abolida ou revogada.

Um imposto progressivo produzirá, em grande medida, esse efeito, e isso no interesse das partes mais imediatamente envolvidas, como poder-se-á ver pela tabela que se segue, que indica a produção líquida em relação a toda propriedade rural após a dedução do imposto. Graças a essa tabela, se verá que depois de uma propriedade rural exceder treze ou catorze mil por ano, o resto produzirá pouco lucro para o titular, o qual conseqüentemente será transferido ou para os filhos mais jovens ou para outros parentes.

---

92. O imposto sobre a cerveja fermentada para venda, do qual está isenta a aristocracia, é quase um milhão superior ao atual imposto de permutas, sendo segundo os relatórios de 1788, 1.666.152 libras e, conseqüentemente, a aristocracia deve absorver para si o montante do imposto de permutas, na medida em que já está isenta de um imposto que é superior em quase um milhão.

Tabela III

Esta tabela mostra o produto líquido de toda propriedade rural de mil a vinte e três mil libras anuais:

Número de libras anuais	Dedução total do imposto (lb.)	Produto líquido (lb.)
1.000	21	979
2.000	59	1.941
3.000	109	2.891
4.000	184	3.816
5.000	284	4.716
6.000	434	5.566
7.000	634	6.366
8.000	880	7.120
9.000	1.100	7.820
10.000	1.530	8.470
11.000	1.930	9.070
12.000	2.380	9.620
13.000	2.880	10.120
14.000	3.430	10.570
15.000	4.030	10.970
16.000	4.680	11.320
17.000	5.380	11.620
18.000	6.130	11.870
19.000	6.930	12.170
20.000	7.780	12.220
21.000	8.680	12.320
22.000	9.630	12.370
23.000	10.630	12.370

N. B.: os xelins excedentes são desprezados nesta tabela.

De acordo com esta tabela, uma propriedade rural não pode produzir mais do que 12.370 libras isentas do imposto territorial e do imposto progressivo, e portanto, e divisão de tais propriedades rurais se seguirá como questão de interesse familiar. Uma propriedade rural de 23.000 libras anuais dividida em cinco propriedades rurais de quatro mil cada uma e uma de três mil serão tributadas em apenas 1.129 libras, o que representa somente 5%, que, entretanto, se a tributação recaísse sobre um só proprietário seria de 10.630 libras.

Embora uma investigação a respeito da origem dessas propriedades rurais seja desnecessária, a preservação delas sob sua forma atual constitui um outro assunto. Trata-se de uma matéria de interesse nacional. Na qualidade de propriedades rurais hereditárias, a lei criou o mal, devendo também fornecer o remédio. A primogenitura deve ser suprimida, não somente porque é anti-natural e injusta, mas também porque o país padece devido à sua aplicação. Ao afastar (como observado antes) os filhos mais jovens de sua apropriada porção da herança, o público é onerado com o custo da manutenção deles; e a liberdade das eleições é violada pela intolerável influência produzida por esse monopólio injusto da propriedade da família. E isso não é tudo. Ocasiona também um desperdício de propriedade nacional. Uma parte considerável da terra do país é tornada improdutiva devido à grande extensão dos parques e das áreas para caça que essa lei serve para manter, e isso num tempo em que a produção anual de cereais não iguala o consumo nacional.[93] Em resumo, os males do sistema aristocrático são tão grandes e numerosos, tão incompatíveis com tudo que é justo, sábio, natural e benéfico, que quando são considerados não resta dúvida que muitos que são hoje classificados como tais, desejarão ver tal sistema suprimido.

Qual o prazer que podem extrair da contemplação da condição de abandono e quase certa mendicância de seus filhos mais jovens? Toda família aristocrática possui um apêndice de mendigos da família que a ela permanecem pendurados, e que em poucas idades ou em poucas gerações são sacudidos e derrubados, e que passam a se consolar em contar suas histórias nos albergues, asilos e prisões. Esta é a conseqüência natural da aristocracia. O par e o mendigo pertencem freqüentemente à mesma família. Um extremo produz o outro. Para produzir um rico, muitos precisam ser re-

---

93. Consulte-se os relatórios sobre o comércio do trigo.

duzidos à pobreza; e tampouco pode esse sistema ser conservado por outros meios.

Há duas classes de pessoas para as quais as leis da Inglaterra são particularmente hostis, e estas as mais impotentes: os filhos mais novos e os pobres. Acabei de me referir aos primeiros; quanto aos segundos, mencionarei um exemplo entre os muitos que poderiam ser apresentados, e com o qual darei por encerrado este assunto.

Várias leis existem para regular e limitar os salários dos trabalhadores. Por que não deixá-los livres para fazerem suas próprias negociações como fazem os legisladores com suas fazendas e propriedades? O labor pessoal é toda a propriedade que possuem. Por que infringir essa pequena liberdade de que desfrutam? Mas a injustiça se mostrará maior se considerarmos a aplicação e as conseqüências de tais leis. Quando os salários são fixados pelo que se classificava como uma lei, os salários legais permanecem estacionários enquanto tudo o mais se mantém progredindo; e como os que produzem esta lei continuem ainda impondo novos tributos através de outras leis, aumentam o custo de vida por meio de uma lei e removem os recursos por meio de uma outra.

Mas se esses senhores legisladores e criadores de impostos julgaram correto limitar o salário insignificante que o trabalho pessoal pode produzir, e com o qual toda uma família tem que ser sustentada, certamente deveriam sentir-se à vontade e felizes diante de uma limitação de sua parte de não menos do que doze mil libras por ano, isso da propriedade que jamais adquiriram (nem propriamente nenhum de seus antepassados), e do que eles têm feito um uso tão ruim.

Uma vez encerrado este assunto, levarei os diversos aspectos particulares a constituir um só ponto de vista, e então passarei a outros assuntos.

Os primeiros *oito artigos* são aventados a partir da enumeração dessas oito particularidades que apresentamos algumas páginas atrás.

1. Abolição de dois milhões de taxas para auxílio aos pobres.
2. Provisão para 252.000 famílias pobres à razão de quatro libras por cabeça para cada criança de menos de catorze anos, o que, com o acréscimo de 250.000 libras permite também a educação de 1.030.000 crianças.

3. Anuidade de seis libras para cada uma de todas as pessoas pobres, comerciantes decadentes e outros (supõe-se setenta mil) com a idade de cinqüenta anos e até sessenta.

4. Anuidade de dez libras vitaliciamente para todas as pessoas pobres, comerciantes decadentes e outros (supõe-se setenta mil) com a idade de sessenta anos.

5. Doações de vinte xelins para cada um de cinqüenta mil nascimentos.

6. Doações de vinte xelins para cada um de vinte mil casamentos.

7. Pensões de vinte mil libras para despesas com funerais de pessoas que viajam para trabalhar e que morrem distantes de seus amigos.

8. Emprego constantemente disponível para os pobres ocasionais nas cidades de Londres e Westminster.

Segunda enumeração

9. Abolição dos impostos que incidem sobre casas e janelas.

10. Pensão de três xelins semanais vitalícios para quinze mil soldados licenciados e uma pensão proporcional para os oficiais das tropas licenciadas.

11. Adição de pagamento da ordem de 19.500 libras anuais aos soldados que permanecem na ativa.

12. Idêntica pensão para os membros licenciados da marinha, e idêntica adição de pagamento aos do exército.

13. Abolição do imposto de permutas.

14. Plano de um imposto progressivo a ser praticado para extirpar a lei injusta e anti-natural da primogenitura e a influência viciosa do sistema aristocrático.[94]

---

94. Quando são feitas pesquisas sobre as condições dos pobres, muito provavelmente vários graus de sofrimento são detectados, de modo a tornar preferível um arranjo diferente daquele que já foi proposto. Viúvas com famílias se revelarão numa carência maior do que esposas com maridos vivos. Há, também, uma diferença de custo de vida de país para país, e ainda maior no que se refere ao combustível. →

Resta ainda, como já indicado, um milhão de impostos excedentes. Uma certa parte disso será necessária para dar conta de circunstâncias imprevisíveis que não se apresentam de imediato, e a parte que não atender a alguma carência permitirá uma redução adicional de impostos igual àquela soma.

Entre as reivindicações requeridas pela justiça merecerá atenção a condição dos funcionários públicos de menor renda. É censurável a qualquer governo desperdiçar uma tal imensidade de renda em sinecuras, postos e cargos nominais e desnecessários e não permitir sequer uma vida decente àqueles a quem cabe o trabalho. O salário dos funcionários inferiores do fisco tem se mantido no valor irrisório de menos de cinqüenta libras anuais por mais de um século. Deve ser de setenta libras. Cerca de cento e vinte mil libras aplicadas nesse sentido colocarão todos esses salários em uma condição decente.

Houve uma proposta para que isso fosse feito há quase vinte anos atrás, mas os lordes da tesouraria de então se alarmaram com ela, na medida em que poderia levar a expectativas similares da parte do exército e da marinha; e acabou acontecendo que o rei, ou alguém por ele, recorreu ao Parlamento para ter seu próprio salário aumentado em cem mil libras por ano; feito isso, tudo o mais foi posto de lado.

Com respeito a uma outra classe de homens, o clero inferior, abstenho-me de discorrer sobre sua condição; mas todas as parcialidades e todos os preconceitos, a favor ou contra diferentes sistemas e formas de religião colocados à parte, a justiça comum determinará se

Suponha-se, então, 50.000 casos extraordinários à razão de dez libras anuais por família	500.000 lb.
100.000 famílias, a 8 lb. por família anuais	800.000 lb.
100.000 famílias, a 7 lb. por família anuais	700.000 lb.
104.000 famílias, a 5 lb. por família anuais	520.000 lb.
E em lugar de dez xelins por cabeça para a educação de outras crianças, uma pensão de cinqüenta xelins por família com essa finalidade para 50.000 famílias	250.000 lb.
140.000 pessoas idosas, como antes	1.120.000 lb.
Total	3.890.000 lb.

Este arranjo totaliza o mesmo valor indicado na página 221, se incluirmos as 250.000 libras para educação, porém dá provisão (incluindo os velhos) para quatrocentas e quatro mil famílias, o que representa quase um terço de todas as famílias da Inglaterra.

deve haver uma renda de vinte ou trinta libras anuais para um homem e de dez mil libras para um outro homem. Refiro-me a este assunto com maior liberdade porque se sabe que não sou presbiteriano e, portanto, o brado hipócrita de sicofantas da corte sobre igrejas e assembléias, alimentado para divertir e assombrar a nação, não pode ser erguido contra mim.

Vós homens simples, em ambos os lados da questão, não vedes através dessa artimanha da corte? Se podeis vos manter disputando e lutando em torno de igrejas e reuniões, apenas atendereis ao objetivo de todos os cortesãos que se nutrem todo o tempo do saque dos impostos e riem diante de vossa credulidade. Toda religião que ensina o homem a ser bom é boa e não conheço nenhuma que o ensine a ser mau.

Todos os cálculos supracitados têm como suposto somente dezesseis milhões e meio de tributos pagos ao erário, depois que a despesa com a arrecadação e os *drawbacks* na alfândega e no exator são deduzidos, considerando que a soma paga ao erário está muito próxima de dezessete milhões, se não for exatamente isso. Os impostos arrecadados na Escócia e na Irlanda são gastos nesses países e, portanto, suas poupanças resultarão de seus próprios impostos; mas se qualquer parte for paga ao erário inglês, poderia ser remitida. Isso não produzirá uma diferença anual de cem mil libras.

Resta apenas a ser considerada a dívida nacional. No ano de 1789 o juro, exclusivo da *tontina*,[95] foi de 9.150.138 libras. Quanto o capital foi reduzido desde então, quem melhor o sabe é o Ministro. Mas depois de pagar o juro, abolir o imposto sobre casas e janelas, o imposto de permutas e as taxas para auxílio dos pobres, e se efetivar toda as providências assistenciais relativas aos pobres, para a educação das crianças, o apoio aos velhos e à parte licenciada do exército e da marinha, e o aumento dos pagamentos dos soldados e marinheiros restantes, haverá um excedente de um milhão.

A atual política de pagamento da dívida nacional me parece, manifestando-me imparcialmente, mal administrada, senão uma falácia. A

---

95. De Lorenzo *Tonti*, banqueiro italiano que concebeu o sistema no século XVII. A tontina é uma anuidade composta por um grupo de pessoas, ou um empréstimo cujo montante se origina de um conjunto de anuidades; a regra ou cláusula é que à medida que cada beneficiário morre, sua parte é dividida pelos indivíduos que sobrevivem até o montante total caber aos três, dois ou último sobrevivente. (n.t.)

carga da dívida nacional não reside no fato de consistir a dívida em tantos milhões, ou tantas centenas de milhões, mas na quantidade de impostos arrecadados todos os anos para pagar os juros. Se esta quantidade continuar a mesma, o ônus da dívida nacional será o mesmo para todos os efeitos e propósitos, seja este ou aquele o capital. O único conhecimento que o público pode experimentar sobre a redução da dívida diz respeito à redução dos impostos para pagamento dos juros. A dívida, portanto, não é reduzida em um centavo para o público por todos os milhões que têm sido pagos; e ela exigiria agora mais dinheiro para cobrir o capital do que por ocasião do início desse esquema de pagamento.

Permitindo-me discorrer por um momento sobre este ponto, ao qual retornarei, remeto-me à nomeação do Sr. Pitt para Ministro.

Encontrava-me nesta ocasião na América. A guerra terminara, mas a despeito dos ressentimentos terem cessado, as lembranças permaneciam vivas.

Quando chegaram as notícias da coalizão, ainda que não representassem para mim motivo de qualquer preocupação enquanto cidadão americano, eu as senti como homem. Continham em si mesmas algo que chocava, por ridicularizarem publicamente a decência, senão os próprios princípios. Tratava-se de impudência de *Lord* North e de falta de firmeza do Sr. Fox.

O Sr. Pitt era, naquele tempo, o que pode ser chamado de um *tipo virginal* em matéria de política. Até então, por ter sido usado, ele parecia não ser iniciado nos primeiros arcanos da intriga palaciana. Tudo se achava ao seu favor. O ressentimento contra a coalizão atuava para ele como amizade e sua ignorância do vício era creditada como virtude. Com o retorno da paz, o comércio e a prosperidade ressurgiriam por si mesmos; entretanto, mesmo esse progresso foi creditado em sua conta.

Quando veio assumir o timão, a tormenta havia passado e ele nada tinha que pudesse interromper seu curso. Exigia até mesmo engenho para errar e ele obteve êxito. Bastou pouco tempo para mostrar que era o mesmo tipo de homem que seus predecessores haviam sido. Ao invés de tirar proveito daqueles erros que tinham acumulado uma carga tributária sem paralelo no mundo, ele buscou – poderia quase dizer que atraiu – inimigos e criou meios para aumentar a taxação. Almejando algo que não sabia o que era, explorou a Europa e

COMBINANDO PRINCÍPIO E PRÁTICA

a Índia em busca de aventuras e abandonando as justas pretensões com as quais começara, tornou-se o cavaleiro andante dos tempos modernos.

É desagradável assistir o desmoronamento de um caráter. É ainda mais desagradável ver-se enganado. O Sr. Pitt nada merecera, mas prometeu muito. Apresentou sintomas de um espírito superior à mesquinhez e corrupção das cortes. Sua aparente candidez gerou expectativas e a fé pública, aturdida, fatigada e perplexa em meio a um caos de partidos, reviveu e se apegou a ele. Mas confundindo, como fez, o desagrado da nação contra a coalizão com merecimento pessoal, apressou-se a tomar medidas que se supõe que um homem que gozasse de menos apoio não tomaria.

Tudo parece mostrar que a mudança de Ministros não resulta em coisa alguma. Um sai, outra entra e ainda assim as mesmas medidas, os mesmos vícios e idêntica extravagância têm continuidade. Não importa quem seja o Ministro. A falha está no sistema. O fundamento e a super-estrutura do governo são ruins. Dê-lhe o esteio que quiser e prosseguirá descambando para um governo de cortesãos e sempre descambará.

Retorno, como prometi, ao assunto da dívida nacional – esse rebento da revolução anglo-holandesa e de sua criada, a sucessão de Hanover.

Mas agora é tarde demais para investigar sua origem. Aqueles aos quais se deve tem aumentado o dinheiro; e se foi bem ou mal gasto, ou embolsado, não constitui o crime deles. É, entretanto, fácil perceber que à medida que a nação prossegue contemplando a natureza e os princípios do governo, compreendendo os tributos e fazendo comparações entre os da América, da França e da Inglaterra, alcançará a etapa em que será impossível mantê-la na mesma inércia em que se manteve até agora. Alguma reforma tem, pela necessidade imperiosa do caso, de ser iniciada logo. Não se trata desses princípios exercerem pouca ou muita pressão no presente momento. Eles se encontram no exterior. Estão no exterior e no mundo, e nenhuma força ou pressão pode barrá-los. Como um segredo revelado, não admitem revogação e certamente está cego aquele que não vê que uma mudança já está começando a ocorrer.

Nove milhões de impostos estagnados é algo sério e isto não é somente para um mau governo, mas em grande medida para o governo estrangeiro. Instalando o poder de fazer guerra nas mãos de estrangeiros que aqui chegaram para extrair, para obter tudo que pudessem obter, pouco mais se poderia esperar do que aquilo que aconteceu.

Razões já foram aventadas neste trabalho mostrando que sejam quais forem as reformas tributárias, devem ser executadas nas despesas correntes do governo e não na parte aplicada aos juros da dívida nacional. Mitigando os impostos que incidem sobre os pobres, estes ficarão totalmente aliviados e todo descontentamento de sua parte será afastado; e suprimindo todos os impostos já mencionados, a nação mais do que se recuperará de toda a despesa feita com a insana guerra americana.

Restará somente a dívida nacional como motivo de descontentamento; e a fim de eliminá-la, ou melhor, preveni-la, seria uma boa política na própria bolsa por parte dos acionistas considerá-la como propriedade sujeita, como qualquer outra propriedade, a suportar alguma carga tributária. Isso proporcionaria a ela tanto popularidade quanto segurança, e como uma grande parte de sua atual inconveniência é compensada pelo capital que a mantém viva, uma medida desse tipo não só aumentaria essa compensação como silenciaria as objeções.

Tal coisa pode ser empreendida de uma maneira gradativa que permita que tudo que é necessário ser feito o seja com a máxima facilidade e conveniência.

Em lugar de tributar o capital, o melhor método seria tributar o juro numa proporção progressiva, e reduzir os impostos públicos na mesma proporção da diminuição do juro.

Suponhamos que o juro fosse taxado em meio *pêni* por libra no primeiro ano, um *pêni* adicional no segundo, procedendo segundo uma certa proporção a ser determinada, sempre inferior a qualquer outro imposto incidente sobre a propriedade. Tal imposto seria subtraído do juro por ocasião do pagamento sem qualquer custo de arrecadação.

Um meio pêni para cada libra reduziria o juro, e conseqüentemente os impostos em vinte mil libras. O imposto sobre carros de transporte pesados atinge essa soma e tal imposto poderia ser eliminado no primeiro ano. No segundo ano, o imposto que incide sobre criadas, ou algum outro de valor semelhante, poderia também ser eliminado e procedendo deste modo, aplicando sempre o imposto arrecadado a partir da propriedade da dívida até sua extinção, sem levá-la às obrigações correntes, ela libertaria a si mesma.

Os acionistas, a despeito desse imposto, pagariam menos tributos do que o fazem hoje. O que poupariam graças à extinção das taxas para auxílio dos pobres, o imposto sobre casas e janelas e o imposto de permutas, seria consideravelmente superior ao que é atingido por esse imposto, de ação lenta mas certa.

Parece-me prudente estar atento para medidas que sejam aplicáveis em quaisquer circunstâncias que possam se apresentar. Há atualmente uma crise nos assuntos da Europa que requer essa prudência. O preparo agora é sabedoria. Se der-se rédea solta à tributação, será difícil restabelecê-la; tampouco seria o alívio tão efetivo quanto procedendo-se através de uma redução certa e gradual.

A fraude, a hipocrisia e os logros dos governos começam hoje a ser demasiado bem compreendidos para garantir-lhes qualquer longa carreira. A farsa da monarquia e da aristocracia em todos os países sucede à da fidalguia e o Sr. Burke está se vestindo para o funeral. Que essa farsa então se encaminhe discretamente para o túmulo de todas as demais loucuras, e que as carpideiras sejam confortadas.

Não está muito distante o tempo em que a Inglaterra rirá de si mesma por ter mandado buscar homens na Holanda, em Hanover, em Zell ou em Brunswick, ao custo de um milhão por ano, homens que não entendiam nem suas leis e sua língua nem seus interesses, e cujas capacidades mal os tornariam aptos a desempenharem as funções de um guarda de paróquia. Se o governo pudesse ser confiado a tais mãos, teria que ser realmente algo simples e fácil, e materiais adequados para todas as finalidades podem ser encontrados em todas as cidades e povoados da Inglaterra.[96]

Quando qualquer país do mundo puder declarar: meus pobres são felizes, não há nem ignorância nem aflição entre eles; não há prisioneiros em minhas prisões nem mendigos em minhas ruas; os velhos não passam necessidades; os impostos não são opressivos; o mundo racional é meu amigo porque sou amigo de sua felicidade... quando estas coisas puderem ser ditas, será permissível a um país se vangloriar de sua Constituição e de seu governo.

---

96. O parágrafo anterior e este constaram nos autos de acusação que serviram no processo movido contra Paine. (n.t.)

COMBINANDO PRINCÍPIO E PRÁTICA

Num período de alguns anos assistimos a duas revoluções, as da América e da França. Na primeira, a luta foi longa e o conflito, áspero; na segunda, a nação agiu sob um impulso tão determinado que não tendo inimigo estrangeiro algum para combater, a revolução incorporou todo o poder já no momento no qual eclodiu. Estes dois exemplos evidenciam que as maiores forças que podem ser trazidas à arena revolucionária são a razão e o interesse comum; onde eles gozam da oportunidade de atuar, a oposição tomba atemorizada, ou desmorona condenada. É uma posição de destaque a que obtiveram hoje universalmente essas revoluções, e podemos doravante esperar assistir a revoluções ou mudanças de governo serem produzidas através da mesma ação silenciosa, pela qual qualquer medida, determinável pela razão e a discussão, é tomada.

Quando uma nação muda sua opinião e maneiras de pensar, isso significa que não é mais para ser governada como antes; mas seria não somente errado, como também má política, experimentar por meio da força o que deve ser feito por meio da razão. A rebelião consiste em opor pela força a vontade geral de uma nação, quer através de um partido, quer através de um governo. Deve haver, portanto, em toda nação um método de certificar-se de quando em quando sobre a opinião pública com respeito ao governo. No que tange a este ponto, o velho governo da França era superior ao atual governo da Inglaterra porque em ocasiões extraordinárias foi possível recorrer ao que era então chamado de *Estados Gerais*. Na Inglaterra, entretanto, não há tal organização ocasional, e quanto aos que são atualmente classificados como representantes, a maioria deles não passam de máquinas da corte, dúbios funcionários públicos e dependentes.

Presumo que apesar de todas as pessoas na Inglaterra pagarem impostos, nem uma centésima parte delas são eleitores e os membros de uma das Câmaras do Parlamento não representam a ninguém exceto eles próprios. Inexiste, portanto, qualquer poder exceto a vontade do povo como detentora de um direito de atuar em qualquer matéria tocante a uma reforma geral; e é o mesmo direito o que permite a duas pessoas ou a mil conferenciar sobre tal matéria. A meta em todos esses procedimentos preliminares é descobrir qual é o sentimento geral de uma nação e por ele ser guiado; se este sentimento geral preferir um governo ruim ou deficiente a uma reforma, ou optar por pagar dez vezes mais impostos do que o apropriado, tem o direito de adotar essa postura, e enquanto a maioria não impor condi-

Combinando Princípio e Prática

ções à minoria que sejam diferentes das que impõem a si mesma, ainda que possa haver muitos erros, não haverá injustiça. Tampouco persistirão os erros por muito tempo. A razão e a discussão logo acertarão as coisas, não importa quão errôneas estas tenham começado. Mediante um tal processo não ocorrera nenhum tumulto. Os pobres em todos os países são naturalmente pacíficos e gratos em todas as reformas em que são incluídos seus interesses e sua felicidade. É somente quando são alvos da negligência e da rejeição que geram o tumulto.

Os objetos que prendem atualmente a atenção pública são a Revolução Francesa e a perspectiva de uma revolução geral nos governos. De todas as nações da Europa não existe nenhuma outra tão interessada na Revolução Francesa como a Inglaterra. Inimigos durante eras, e isso a um imenso custo e sem qualquer motivo racional, surge agora uma oportunidade de dar um fim amigavelmente a esse quadro e juntarem seus esforços para reformar o resto da Europa. Ao realizarem isso, não apenas evitarão mais derramamento de sangue e aumento de impostos, como se colocarão em condição de se livrarem de uma considerável parte de seus presentes ônus, como já foi indicado. A longa experiência, entretanto, tem mostrado que reformas deste tipo não são aquelas que os velhos governos desejam promover. Por conseguinte, essas matérias se apresentam diante de nações e não diante de tais governos.

Na parte anterior deste livro falei de uma aliança entre Inglaterra, França e América, de propósitos a serem posteriormente mencionados. Embora não tenha autoridade expressa para falar pela América, tenho boas razões para concluir que a América está disposta a considerar uma tal proposta, contanto que os governos com os quais se aliaria atuassem como governos nacionais e não como cortes envolvidas em intrigas e mistérios. Que a França como nação e governo nacional preferiria uma aliança com a Inglaterra é certo. Nações, como indivíduos, que por muito tempo foram inimigas sem se conhecerem mutuamente, ou saber porque, tornam-se melhores amigas quando descobrem os erros e ilusões em função dos quais haviam agido.

Admitindo-se, portanto, a probabilidade de uma tal união, indicarei alguns pontos graças aos quais tal aliança, juntamente com a aliança com a Holanda, poderia revelar-se proveitosa, não somente para as partes diretamente envolvidas, como para toda a Europa.

COMBINANDO PRINCÍPIO E PRÁTICA

É certo – penso – que se as frotas da Inglaterra, da França e da Holanda fossem confederadas, se poriam em condições de propor com sucesso uma limitação e um desaparelhamento geral de todas as marinhas européias, chegando-se a uma proporção sob consenso. Em primeiro lugar, que nenhuma nova belonave será construída por qualquer potência européia, incluindo elas.

Em segundo lugar, que todas as marinhas hoje existentes serão reduzidas – digamos – a um décimo de sua força atual, o que representará para a França e a Inglaterra uma economia de ao menos dois milhões de esterlinas anuais para cada uma, a força relativa dos dois países permanecendo no futuro na mesma proporção que se acha agora. Se os homens se dispuserem a pensar, como devem fazer seres racionais, nada lhes parecerá mais ridículo e absurdo, à parte de qualquer reflexão de cunho moral, do que se dedicarem ao custo de construir frotas, enchê-las de tripulantes, quer dizer, homens, e então arrastá-las para o oceano, para experimentar quem afunda a frota de quem mais rápido. A paz, que nada custa, é alcançada de forma infinitamente mais vantajosa do que qualquer vitória obtida com todas suas despesas. Mas isso, ainda que atenda o melhor possível ao propósito das nações, não atende aquele dos governos monárquicos das cortes, cuja política costumeira é o pretexto para a taxação, cargos e departamentos.

É também certo – conforme penso – que os poderes confederados acima, associados ao dos Estados Unidos da América, estão em condições de propor com êxito à Espanha a independência da América do Sul e a abertura para aqueles países, detentores de imensas extensões e riquezas, ao comércio geral mundial, como ocorre hoje com a América do Norte.

É com muito maior glória e vantagem para si mesma que uma nação atua exercendo seus poderes para salvar o mundo da escravidão e criar para si amigos, de preferência a empregar esses poderes para fomentar a ruína, a desolação e a miséria. O cenário horrendo que está sendo criado atualmente pelo governo inglês nas Índias orientais seria apenas para ser contado envolvendo godos e vândalos que, destituídos de princípios, roubavam e torturavam o mundo que eram incapazes de fruir.

A abertura para a América do Sul produziria um colossal campo para o comércio e um imediato mercado financeiro para as manufaturas, o que o mundo oriental não produz. O oriente já é um país[97] repleto de manufaturas e a importação destas não constitui somente um dano às manufaturas da Inglaterra, como também uma drenagem de seu dinheiro em espécie. O balanço desfavorável à Inglaterra ocasionado por esse comércio é regularmente superior a meio milhão por ano enviado nos navios das Índias orientais em prata, sendo esta a razão, somada à intriga dos alemães e aos subsídios alemães, de haver tão pouca prata na Inglaterra.

Mas qualquer guerra constitui uma colheita para tais governos, não importa quão ruinosa possa ser para uma nação. Serve para alimentar expectativas enganosas que impedem que um povo perceba as falhas e abusos dos governos. É o *veja aqui!* e o *veja lá!* que divertem e enganam a multidão.

Jamais a Inglaterra e toda a Europa contaram com uma oportunidade tão grande como esta oferecida pelas duas revoluções da América e da França. Graças à primeira, a liberdade ganha um campeão nacional no mundo ocidental, e graças à segunda, o ganha na Europa. Quando uma outra nação unir-se à França, o despotismo e os maus governos dificilmente ousarão surgir. Para usar uma expressão trivial, *o ferro está esquentando por toda a Europa*. O alemão insultado e o espanhol escravizado, o russo e o polonês, estão começando a pensar. A presente idade daqui para a frente merecerá ser chamada de *Idade da Razão* e a atual geração se apresentará no futuro como a geração adâmica de um novo mundo.

Quando todos os governos da Europa forem estabelecidos no sistema representativo, as nações se tornarão amigas e as animosidades e preconceitos estimulados pela intriga e artifícios das cortes deixarão de existir. O soldado oprimido se tornará um homem livre e o marinheiro atormentado, não mais arrastado pelas ruas como um criminoso, efetivará sua viagem mercantil em segurança. Seria melhor que as nações prosseguissem pagando seus soldados durante a vida destes e os licenciasse, devolvendo-os à liberdade e aos seus amigos e cessassem com os recrutamentos, do que reter tais multidões a um custo idêntico numa condição inútil à sociedade e a eles próprios. A julgar pela forma que os soldados têm sido tratados na maioria dos países, poder-se-ia dizer que não contam com um só

---

97. O autor está pensando especialmente na Índia. (n.t.)

amigo. Evitados pelos cidadãos com base num receio de que sejam inimigos da liberdade e freqüentemente insultados por seus comandantes, sua condição corresponde a uma dupla opressão. Mas onde princípios gerais de liberdade penetram um povo, tudo é devolvido à ordem e o soldado, tratado civilmente, se comporta também com civilidade.

Ao observar as revoluções, não é difícil perceber que podem nascer de duas causas distintas: a primeira é escapar ou se livrar de alguma grande calamidade; a segunda é conquistar algum bem valioso positivo; e essas duas causas podem ser distinguidas pelas designações de revolução ativa e revolução passiva. Naquelas que se originam da primeira causa, os ânimos se tornam inflamados e instigados e a reforma, obtida pelo perigo, é demasiado freqüentemente manchada pela vingança. Mas naquelas que procedem da segunda causa, o coração, mais animado do que agitado, se insere serenamente no assunto. Razão e discussão, persuasão e convicção se convertem nas armas da peleja e é somente quando se tenta suprimir estas armas que se recorre à violência. Quando os homens se congregam no consenso de que *uma coisa é boa*, e que pode ser obtida, tais como o alívio de uma carga tributária e a extinção da corrupção, o objetivo já terá sido alcançado em mais da metade. O que aprovam como fim tratarão de promover no meio.

Dirá qualquer pessoa, diante do atual excesso de tributos, que incidem tão pesadamente sobre os pobres, que uma remissão de cinco libras anuais no que tange aos impostos para cento e quatro mil famílias pobres não é uma *coisa boa*? Dirá que uma remissão de sete libras anuais para mais cem mil famílias pobres, de oito libras anuais para ainda mais cem mil famílias pobres e de dez libras anuais para cinqüenta mil famílias pobres sem pai não é uma *boa coisa*? E, para que avancemos mais um degrau neste clímax, dirá que tomar medidas contra os infortúnios aos quais a vida humana está sujeita, assegurando seis libras anuais para todas as pessoas pobres, sofridas e degradadas com cinqüenta anos e até os sessenta, e dez libras anuais depois dos sessenta anos, não é uma *boa coisa*?

Dirá que uma supressão de dois milhões de taxas para auxílio aos pobres a favor dos empregados domésticos e do total do imposto sobre casas e iluminação de janelas e do imposto sobre permutas não é uma *boa coisa*? Ou dirá que dar fim à corrupção é uma *má coisa*?

COMBINANDO PRINCÍPIO E PRÁTICA

Se, portanto, o bem a ser conquistado fosse digno de uma revolução passiva, racional e sem custos,[98] seria má política preferir aguardar uma calamidade que levaria forçosamente a uma revolução violenta. Não faço idéia – a julgar pelas reformas que ocorrem e se espalham pela Europa – se a Inglaterra se permitirá constituir a última; mais vale agir quando a ocasião e a oportunidade se apresentam tranqüilamente do que aguardar uma necessidade turbulenta. É possível que se considere uma honra para as faculdades animais do homem granjear reformas por meio da coragem e do perigo, mas constitui honra maior para suas faculdades racionais atingir a mesma meta mediante a razão, o ajuste e o assentimento geral.[99]

Como reformas ou revoluções, que se as denomine como quiser, se expandem entre nações, estas nações formarão associações e convenções, e quando algumas estiverem assim confederadas, o progresso será célere, até que o despotismo e o governo corrupto estejam totalmente expulsos, ao menos de dois quartos do mundo,

---

98. ... *a passive, rational, and costless revolution*...: Paine tem em vista a Revolução Francesa que levou a classe burguesa ao poder, culminou com a instauração da Assembléia constituinte em 1789 e que realmente não envolveu o estabelecimento e a dura experiência de uma longa guerra encarniçada, o que teria custado muito dinheiro e o sacrifício de grande número de vidas; neste sentido tal revolução não foi nem *ativa* nem *dispendiosa*. Quanto ao autor entendê-la como *racional*, basta lembrarmos que Paine, como os teóricos e revolucionários da Guerra de Independência Norte-americana (Franklin, Jefferson, Washington, etc.) e da Revolução Francesa (Rousseau, Voltaire, Diderot, Robespierre, etc.) era adepto do liberalismo, do iluminismo e do racionalismo. (n.t.)

99. Estou ciente de que é opinião de muitas das pessoas mais esclarecidas da França (haverá sempre aqueles que vêem com maior acuidade nos acontecimentos), não apenas entre o conjunto geral dos cidadãos, como também entre muitos dos principais membros da antiga Assembléia Nacional, que o projeto monárquico não perdurará muitos anos nesse país. Descobriram que como a sabedoria não pode ser tornada hereditária, o poder também não deve ser hereditário; e que para um homem merecer um milhão de esterlinas por ano de uma nação, deveria necessariamente possuir uma mente capaz de compreender desde um átomo até um universo, a qual, se ele a possuísse, estaria acima de receber o pagamento. Mas não desejaram parecer que conduziam a nação mais rapidamente do que era ditado pela razão e interesse desta. Em todas as discussões de que participei em torno desse assunto, a idéia sempre foi de que quando esse tempo, a partir da opinião geral da nação, chegasse, o método honroso e generoso consistiria em oferecer um belo presente em domínio pleno de bens herdados à pessoa, fosse ela quem fosse, que ocupasse então um cargo na monarquia, para que se retirasse para o gozo da vida privada de posse de sua porção de direitos e privilégios gerais, não sendo mais responsável no que tocasse ao seu tempo e sua conduta pelos negócios públicos do que qualquer outro cidadão.

Europa e América. Poder-se-á então ordenar a cessação da pirataria argelina, uma vez que é só devido à política perversa dos velhos governos entre si que ela existe.

Ao longo de todo este livro, a despeito de serem numerosos os assuntos que abordei e discuti, há um só parágrafo acerca de religião, a saber: "que é boa toda religião que ensina o homem a ser bom."

Tive o cuidado de evitar estender-me sobre esse assunto, porque estou inclinado a acreditar que aquilo que se chama de atual Ministério deseja ver alimentadas as polêmicas em torno da religião, para impedir que a nação volte sua atenção para os assuntos do governo. É como se dissessem: "Olhem para este caminho, ou qualquer caminho, exceto este.".

Mas como muito impropriamente se faz da religião uma máquina política, com o que sua realidade é destruída, concluirei este trabalho indicando sob que luz a religião aparece a mim.

Se imaginarmos uma grande família com muitas crianças que, em qualquer dia em particular, ou em determinadas circunstâncias, têm o hábito de apresentar aos pais algum sinal de sua afeição e gratidão, cada uma delas faria uma oferenda diferente e, muito provavelmente, de uma maneira diferente. Algumas fariam sua homenagem sob forma de versos ou prosa; algumas através de pequenos engenhos, tal como seu talento determinasse, ou de acordo com o que julgassem que agradaria; e, talvez, a última dessas crianças, incapaz de fazer uma ou outra dessas coisas, ingressasse no jardim ou fosse ao campo e colhesse o que parecesse a mais bela das flores que pudesse encontrar, embora talvez não passasse de uma simples erva daninha. O pai ou a mãe ficaria mais satisfeito com tal variedade do que se todas as crianças tivessem combinado alguma coisa e cada uma houvesse feito exatamente a mesma oferenda. Isso teria assumido a fria aparência de um plano, ou o feitio áspero de um controle. Mas de todas as coisas desagradáveis, nada poderia aborrecê-los mais do que saber que todas as crianças tivessem, mais tarde, se agredido e meninos e meninas houvessem brigado, se arranhado, se insultado e se desrespeitado entre si por força da questão de decidir qual fora o melhor ou o pior presente.

Por que não podemos supor que o nosso Pai maior se agrade com uma variedade de formas de devoção? E que o maior crime que podemos perpetrar é procurar nos atormentar mutuamente e nos tornar mutuamente infelizes? Da minha parte, estou plenamente satisfeito que aquilo que realizo atualmente, movido por um esforço de conciliar a humanidade, no sentido de tornar feliz a sua condição, unir nações que até agora foram inimigas, extirpar a deplorável prática da guerra, e romper as correntes da escravidão e da opressão, é aceitável sob esse ponto de vista. E sendo o melhor serviço que sou capaz de realizar, eu o presto com contentamento.

Não creio que dois homens, em matéria do que é chamado de pontos de doutrina, pensem semelhantemente, na hipótese de pensarem. São somente aqueles que não pensaram que parecem concordar. O mesmo ocorre com aquilo que denominamos Constituição britânica. Tem sido tomado por certo que é boa e os encômios têm ocupado o posto da demonstração ou prova de que é. Mas quando a nação se dispuser a examinar seus princípios e os abusos a que ela dá margem, se constatará que contém mais falhas do que o que apontei neste trabalho e no anterior.

Quanto ao que responde pelo nome de religiões nacionais, podemos com a mesma propriedade falar de deuses nacionais. Quando cada nação possui sua divindade independente e particular, trata-se ou de um artifício político ou de um resquício do sistema pagão. Entre todos os autores do clero da Igreja inglesa, que abordaram o assunto geral da religião, o atual bispo de Llandaff não foi superado em excelência: e é com muito prazer que aproveito o ensejo para expressar esta homenagem.

Com isso cobri a totalidade do assunto, ao menos até o ponto em que ele se me revela atualmente. Foi minha intenção durante os cinco anos de estada na Europa oferecer ao povo da Inglaterra um discurso em torno do assunto governo caso uma oportunidade para isso surgisse antes que eu retornasse à América. O Sr. Burke a lançou em meu caminho e eu agradeço a ele. Numa certa ocasião, há três anos, eu insisti com ele que propusesse uma convenção nacional, para que fosse eleito com justiça para o propósito de avaliar o estado da nação; mas considerei que por mais vigorosamente que a corrente parlamentar estivesse então se opondo ao partido com o qual ele atuava, a política deles era manter tudo na esfera da corrupção e confiar em acidentes. A longa experiência tem mostrado que os parlamentos seguiriam qualquer mudança de Ministros e nisso eles apoiaram suas esperanças e expectativas.

Antigamente, quando surgiam cisões no tocante a governos recorria-se à espada e uma guerra civil se seguia. Este costume selvagem é pulverizado pelo novo sistema; e a referência passou a ser as convenções nacionais. A discussão e a vontade geral arbitram a questão, ao que a opinião privada cede com bons modos, e a ordem é preservada sem interrupção.

Alguns cavalheiros apreciaram classificar os princípios nos quais este trabalho e a primeira parte dos *Direitos do Homem* estão baseados como "uma doutrina nova". A questão não é se estes princípios são novos ou antigos, mas se estão corretos ou incorretos. Supondo o primeiro caso, o efeito será revelado mediante uma figura facilmente compreendida.

Estamos a caminho de meados de fevereiro. Se me dirigisse ao campo, veria as árvores exibirem uma aparência invernal destituída de folhas. Como as pessoas se prestam a arrancar galhos finos enquanto passeiam, eu talvez pudesse fazer o mesmo e casualmente poderia observar que um *único botão* daquele ramo estivesse começando a crescer. Estaria raciocinando muito em oposição à natureza, ou melhor, não raciocinando absolutamente, se supusesse que *esse* era o *único* botão na Inglaterra a apresentar esse aspecto. Em lugar de assim decidir, deveria instantaneamente concluir que a mesma aparência despontava, ou estava na iminência de despontar, em toda parte; e a despeito do sono vegetal perdurar mais tempo em algumas árvores e plantas do que em outras, e ainda que algumas delas possam não *florescer* durante dois ou três anos, todas terão suas folhas no verão, salvo as que estão *apodrecidas*. Que andadura o verão político pode manter em paralelo com o verão da natureza, nenhuma previsão humana é capaz de determinar. Não é, contudo, difícil perceber que a primavera se iniciou. Assim, desejando de coração liberdade e ventura para todas as nações, eu concluo a segunda parte.

APÊNDICE

Visto que a publicação deste trabalho atrasou além do que se pretendia, penso não ser impróprio, consideradas todas as circunstâncias, indicar as causas do atraso.

COMBINANDO PRINCÍPIO E PRÁTICA

O leitor provavelmente observará que algumas partes do plano contido nesta obra para redução de impostos, e certas partes do discurso do Sr. Pitt à abertura da sessão de terça-feira, 31 de janeiro, são muito semelhantes, de modo a induzir a crer que ou o autor deste trabalho se apropriou da sugestão do Sr. Pitt, ou o Sr. Pitt assim agiu em relação ao autor. Primeiramente destacarei as partes que são similares e, em seguida, indicarei as particularidades que me são familiares, deixando a critério do leitor tirar sua própria conclusão.

Considerando ser um caso quase sem precedentes propor-se a supressão de impostos, revela-se igualmente extraordinário uma tal medida ter ocorrido simultaneamente a duas pessoas; e ainda mais que (levando em conta a enorme variedade e multiplicidade dos impostos) tenham ambos aludido aos mesmos impostos específicos. O Sr. Pitt mencionou em seu discurso o imposto sobre *Carroças e Carros Pesados* – o que incide sobre as *Criadas* – a redução do imposto sobre *Velas* e a supressão do imposto de três xelins sobre *Casas* que tenham menos de sete janelas.

Todos esses impostos específicos constituem uma parte do plano contido neste trabalho e que se propõe também que sejam suprimidos. É verdade que o plano do Sr. Pitt não vai além de uma redução de trezentas e vinte mil libras, ao passo que a redução proposta nesta obra atinge quase seis milhões. Fiz meus cálculos somente sobre dezesseis milhões e meio de renda, ainda afirmando que era "muito próximo, senão exatamente dezessete milhões". O Sr. Pitt a estima em 16.690.000. Conheço a matéria o suficiente para declarar que ele não fez uma estimativa *exagerada*. Tendo fornecido assim os detalhes, que constam neste trabalho e em seu discurso, indicarei uma série de circunstâncias capazes de conduzir a alguma explicação.

A primeira sugestão para redução de impostos, e isso como uma conseqüência resultante da Revolução Francesa, pode ser encontrada no *Discurso e Declaração* dos cavalheiros que se reuniram em 20 de agosto de 1791 na *Thatched-House Tavern*. Entre muitas outras particularidades reveladas naquele discurso, encontra-se a seguinte, formulada como uma interrogação dirigida aos opositores governistas da Revolução Francesa: "Estão eles a lamentar que o pretexto para novos tributos opressivos e o ensejo para a manutenção de muitos antigos impostos acabarão?".

É bem sabido que as pessoas que principalmente freqüentam a *Thatched-House Tavern* são homens com conexões na corte e com tanta aversão encararam esse *Discurso e Declaração* relativos à Revolução Francesa e a redução dos impostos que o estalajadeiro foi obrigado a informar aos cavalheiros, que constituíram a reunião de 20 de agosto e que se propuseram a realizar uma nova reunião, que não podia recebê-los.[100]

O que foi apenas sugerido no Discurso e Declaração no tocante a impostos e princípios de governo será encontrado neste trabalho reduzido a um sistema regular. Contudo, uma vez que o discurso do Sr. Pitt encerra algumas coisas idênticas relativas a tributos, passo agora a indicar as circunstâncias a que aludi antes.

O caso é o seguinte: pretendia-se que este trabalho fosse publicado antes da reunião do Parlamento e por conta desta intenção uma parte considerável da cópia foi colocada nas mãos do impressor em setembro, e todo o restante, até a página 244, que contém as partes similares ao discurso do Sr. Pitt, foi a ele entregue seis semanas antes da reunião do Parlamento, sendo ele informado acerca da data na qual deveria ser publicado. Ele compusera quase o total cerca de uma quinzena antes da data da reunião do Parlamento e imprimira até a página 186, além de ter-me fornecido uma prova do caderno seguinte, até a página 215.[101] Contava-se então com suficiente presteza e adiantamento para que estivesse publicado na ocasião proposta, uma vez que dois outros cadernos estavam prontos para impressão. Eu dissera antes ao impressor que se ele achasse que contava

---

100. O cavalheiro que assinou o discurso e declaração como presidente da assembléia, o Sr. Horne Tooke, que geralmente se supõe ter sido quem escreveu o documento, e que foi muito elogiado em virtude dele, tem sido jocosamente acusado de louvar seu próprio trabalho. A fim de livrá-lo deste embaraço e poupá-lo do reiterado aborrecimento de mencionar o autor, como ele não deixou de fazer, não hesito em dizer que uma vez que a oportunidade de tirar proveito da Revolução Francesa facilmente me ocorreu, eu escrevi o texto em pauta e mostrei-o a ele e a alguns outros cavalheiros, que, o aprovando inteiramente, realizaram uma reunião com a finalidade de torná-lo público e contribuíram com a quantia de cinqüenta guinéus para custear a despesa do anúncio. Acredito que há hoje na Inglaterra um número maior de homens que agem com base em princípios altruísticos e determinados a examinar a natureza e as práticas de governo eles mesmos, e não confiar cegamente, como tem sido até agora o caso, ou no governo geralmente, ou em parlamentos, ou na oposição parlamentar, do que em qualquer outro período anterior. Tivesse isso sido feito há um século atrás e a corrupção e a taxação não teriam atingido o nível em que se acham agora.

101. Paine se refere às páginas da edição original deste livro. Como a questão tratada neste Apêndice é puramente técnica, não vimos a necessidade de indicar ao leitor as páginas correspondentes nesta edição em língua portuguesa. (n.t.)

com pouco tempo, eu levaria parte do trabalho para que fosse feito em outra gráfica, o que ele não queria que eu fizesse. Desta maneira permaneceu a obra na quinzena de terça-feira que antecedia a reunião do Parlamento, quando de repente, sem qualquer informação prévia, embora eu tenha estado com ele na noite anterior, ele me enviou, por intermédio de um de seus funcionários, todo o restante a partir da página 186, negando-se a prosseguir com o trabalho *sob hipótese alguma*.

Vi-me totalmente perdido quanto a avaliar essa conduta extraordinária, visto que ele parara na parte em que os argumentos em torno dos sistemas e princípios de governo eram concluídos e em que o plano para redução dos impostos, a educação das crianças e o amparo aos pobres e aos velhos começava; e ainda mais especialmente, visto que ele, quando iniciara a impressão e antes de ver o texto inteiro, havia oferecido mil libras pelo *copyright*, somando-se ao futuro *copyright* da primeira parte de *Direitos do Homem*. Eu disse à pessoa que me trouxera esta proposta que não a aceitava e que desejava que não fosse repetida, apresentando-lhe como minha razão para isso que embora acreditasse ser o impressor um homem honesto, jamais transferiria a qualquer impressor ou editor o poder de efetuar cortes ou alterações num trabalho meu, ao fazer de um ou outro o proprietário dos originais, ou conceder-lhes o direito de vendê-los a qualquer Ministro ou a qualquer outra pessoa, ou tratar como mero assunto comercial aquilo que eu pretendia que operasse como um princípio.

Sua recusa em concluir o trabalho (que não podia comprar) obrigou-me a procurar um outro impressor, o que, conseqüentemente, adiaria a publicação para depois da reunião do Parlamento, caso contrário teria parecido que o Sr. Pitt teria se apropriado apenas de uma parte do plano que eu havia enunciado mais completamente.

Se aquele senhor, ou qualquer outro, havia visto a obra, ou parte dela, é algo que vai além de minha autoridade afirmar. Mas a condição em que a obra foi devolvida e, em especial, a ocasião em que isso foi feito, e depois das ofertas que ele fizera, constituem circunstâncias suspeitas. Sei qual é a opinião dos livreiros e editores sobre um caso assim, mas no que toca a minha própria opinião, prefiro nada declarar. Há muitas formas mediante as quais provas gráficas podem ser obtidas por outras pessoas antes que uma obra seja publicada, ao que acrescerei uma certa circunstância, a saber:

Um livreiro ligado ao Ministério, em Piccadilly, que foi empregado, segundo o que se diz publicamente, por um funcionário público de um dos Conselhos estreitamente ligados ao Ministério (o Conselho do Comércio e Agricultura cujo presidente é Hawksbury), para publicar o que classifica como minha *Vida*[102] (eu desejaria que sua própria vida e as vidas de todos os membros do Gabinete fossem tão boas) costumava imprimir seus livros na mesma gráfica que utilizei. Mas quando a primeira parte de *Direitos do Homem* foi publicada, ele retirou, indignado, seu trabalho da gráfica, e por volta de uma semana ou dez dias antes do impressor devolver minha cópia, ele tornou a fazer-lhe uma oferta de seu trabalho, a qual foi aceita. Isso, por conseguinte, deu-lhe acesso à oficina gráfica onde se encontravam as provas *deste* trabalho, e como livreiros e impressores permutam liberdades entre si, ele teria tido a chance de ver o que estava acontecendo. Seja, entretanto, como for, o plano do Sr. Pitt, modesto e limitado como é, teria aparecido muito desairosamente caso este trabalho fosse publicado na ocasião na qual o impressor se comprometera a concluí-lo.

Estão aí apontadas por mim as particularidades que provocaram o atraso, da proposta de comprar à recusa de imprimir. Se todos os cavalheiros são inocentes, é bastante lamentável para eles que uma tal variedade de circunstâncias suspeitas tenha, sem qualquer desígnio, se orquestrado.

Finalizado isso, concluirei com a indicação de uma outra circunstância.

Cerca de uma quinzena ou três semanas antes da reunião do Parlamento, um pequeno acréscimo, que atingiu aproximadamente doze xelins e seis *pence* por ano, foi integrado ao pagamento dos soldados, ou melhor, o pagamento deles estava ainda mais reduzido. Alguns senhores que sabiam em parte que esta obra conteria um plano de reformas relativo à condição sofrida dos soldados, quiseram que eu adicionasse uma nota ao trabalho, indicando que a parte sobre esse assunto estivera nas mãos do impressor, algumas semanas antes desse acréscimo de pagamento ter sido proposto. Recusei-me a fazer isso com receio de que pudesse ser interpretado como uma atitude de vaidade ou um esforço para suscitar suspeitas (para as quais, talvez, poderia não haver fundamentos) de que algum dos

---

102. Trata-se de um texto difamatório de título dúbio escrito por *Francis Oldys*, pseudônimo de George Chalmers. (n.t.)

senhores do governo houvesse, empregando um meio ou outro, emitido o que este trabalho conteria, e se a impressão não tivesse sido interrompida, de modo a ocasionar um atraso além da data fixada para publicação, nada que consta neste apêndice teria sido publicado.

Thomas Paine